北京大學中國語言學研究中心

教育部人文社會科學研究一般項目：基於大規模語料庫的晚清南北官話語法差異研究(17YJC740112)

早期北京話珍稀文獻集成
主編 劉雲

—— 日本北京話教科書匯編
分卷主編 陳穎 陳曉

國家出版基金項目
NATIONAL PUBLICATION FOUNDATION

亞細亞言語集

［日］廣部精 編著
翟贇 校注

北京大學出版社
PEKING UNIVERSITY PRESS

圖書在版編目(CIP)數據

亞細亞言語集 /(日)廣部精編著；翟贇校注. —北京：北京大學出版社，2018.7
（早期北京話珍本典籍校釋與研究）
ISBN 978−7−301−29656−1

Ⅰ.①亞… Ⅱ.①廣… ②翟… Ⅲ.①北京話 —研究 Ⅳ.① H172.1

中國版本圖書館 CIP 數據核字(2018) 第 138717 號

書　　　名	亞細亞言語集 YAXIYA YANYUJI
著作責任者	［日］廣部精　編著　翟贇　校注
責 任 編 輯	宋思佳
標 準 書 號	ISBN 978−7−301−29656−1
出 版 發 行	北京大學出版社
地　　　址	北京市海淀區成府路 205 號　100871
網　　　址	http://www.pup.cn　　新浪微博：@北京大學出版社
電 子 信 箱	zpup@pup.cn
電　　　話	郵購部 62752015　發行部 62750672　編輯部 62753027
印 刷 者	北京虎彩文化傳播有限公司
經 銷 者	新華書店
	720 毫米 ×1020 毫米　16 開本　21 印張　333 千字 2018 年 7 月第 1 版　2018 年 7 月第 1 次印刷
定　　　價	90.00 元

未經許可，不得以任何方式複製或抄襲本書之部分或全部內容。
版權所有，侵權必究
舉報電話：010−62752024　電子信箱：fd@pup.pku.edu.cn
圖書如有印裝質量問題，請與出版部聯繫，電話：010−62756370

支那語學教科書

廣部精編輯 支那官話

東京書林 青山清吉藏版

亞細亞言語集

《亞細亞言語集》書影（來源：日本神户市外國語大學圖書館藏本）

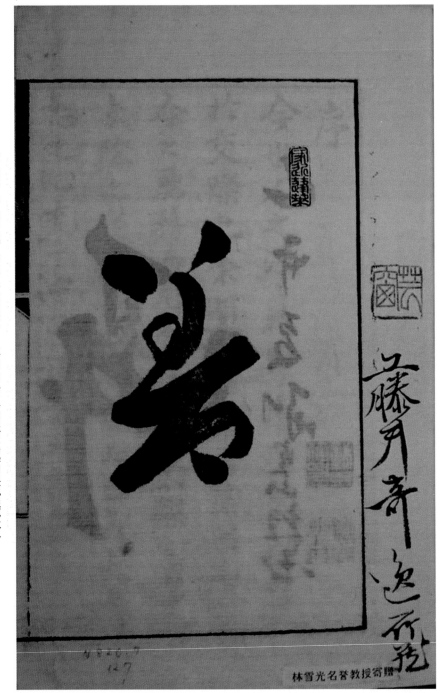

《亞細亞言語集》書影（來源：日本神戶市外國語大學圖書館藏本）

亞細亞言語集 卷一

他們來了好些個人、我不要這個、他們要這個、這個是我們的、那個是他們的、你們有這個東西沒有、我們不要這個東西、有多少人在那兒、有十幾個人、他來了沒有、他沒有來、這個人很好、那個人很不好、這個東西有不多的、你們那兒有很好的、我們不要了、的沒有、沒有好的、你沒有很好的、們有多少、沒有多少
這書價多少錢
中意的意了麼
法國的行軍書

散語第三章

不過三塊求鐵
噯呀、這麼貴麼
老爺有幾多少

進城家住著街上房間屋裏開舖
關廂出去往外頭知道做過。
住房家、住家、城裏城外、裏頭、外頭、屋裏

三間房子、十八間屋子、四個舖子、閙門開
着、往東往西、東城西城、知道、做甚麼、你
在那兒住我在城裏頭、你們那兒有多少房子、有
三十五間房子、你住的房子大小、我住的是三間
小屋子、這個房子比那個房子好多了、閙了門、
關上閙戶、進屋裏來、外頭土大、他在家裏做
甚麼沒在家、往那兒去了、你知道不知道上街去了、
那個人開着七個舖子、他的舖子是甚麼買賣開
在城裏頭、東城有三個西城有四個、我們
這兒沒有那麼大的買賣、那個舖子裏買東西的
人很多、外頭來了五六個人是甚麼人、我不知道

總　序

　　語言是文化的重要組成部分,也是文化的載體。語言中有歷史。

　　多元一體的中華文化,體現在我國豐富的民族文化和地域文化及其語言和方言之中。

　　北京是遼金元明清五代國都(遼時爲陪都),千餘年來,逐漸成爲中華民族所公認的政治中心。北方多個少數民族文化與漢文化在這裏碰撞、融合,産生出以漢文化爲主體的、帶有民族文化風味的特色文化。

　　現今的北京話是我國漢語方言和地域文化中極具特色的一支,它與遼金元明四代的北京話是否有直接繼承關係還不是十分清楚。但可以肯定的是,它與清代以來旗人語言文化與漢人語言文化的彼此交融有直接關係。再往前追溯,旗人與漢人語言文化的接觸與交融在入關前已經十分深刻。本叢書收集整理的這些語料直接反映了清代以來北京話、京味文化的發展變化。

　　早期北京話有獨特的歷史傳承和文化底蘊,於中華文化、歷史有特別的意義。

　　一者,這一時期的北京歷經滿漢雙語共存、雙語互協而新生出的漢語方言——北京話,它最終成爲我國民族共同語(普通話)的基礎方言。這一過程是中華多元一體文化自然形成的諸過程之一,對於了解形成中華文化多元一體關係的具體進程有重要的價值。

　　二者,清代以來,北京曾歷經數次重要的社會變動:清王朝的逐漸孱弱、八國聯軍的入侵、帝制覆滅和民國建立及其伴隨的滿漢關係變化、各路軍閥的來來往往、日本侵略者的占領,等等。在這些不同的社會環境下,北京人的構成有無重要變化？北京話和京味文化是否有變化？進一步地,地域方言和文化與自身的傳承性或發展性有着什麽樣的關係？與社會變遷有着什麼樣的關係？清代以至民國時期早期北京話的語料爲研究語言文化自身傳承性與社會的關係提供了很好的素材。

　　了解歷史才能更好地把握未來。新中國成立後，北京不僅是全國的政治中心，而且是全國的文化和科研中心，新的北京話和京味文化或正在形成。什麼是老北京京味文化的精華？如何傳承這些精華？爲把握新的地域文化形成的規律，爲傳承地域文化的精華，必須對過去的地域文化的特色及其形成過程進行細致的研究和理性的分析。而近幾十年來，各種新的傳媒形式不斷涌現，外來西方文化和國内其他地域文化的衝擊越來越强烈，北京地區人口流動日趨頻繁，老北京人逐漸分散，老北京話已幾近消失。清代以來各個重要歷史時期早期北京話語料的保護整理和研究迫在眉睫。

　　"早期北京話珍本典籍校釋與研究（暨早期北京話文獻數字化工程）"是北京大學中國語言學研究中心研究成果，由"早期北京話珍稀文獻集成""早期北京話數據庫"和"早期北京話研究書系"三部分組成。"集成"收録從清中葉到民國末年反映早期北京話面貌的珍稀文獻并對内容加以整理，"數據庫"爲研究者分析語料提供便利，"研究書系"是在上述文獻和數據庫基礎上對早期北京話的集中研究，反映了當前相關研究的最新進展。

　　本叢書可以爲語言學、歷史學、社會學、民俗學、文化學等多方面的研究提供素材。

　　願本叢書的出版爲中華優秀文化的傳承做出貢獻！

王洪君、郭鋭、劉雲
二〇一六年十月

"早期北京話珍稀文獻集成"序

　　清民兩代是北京話走向成熟的關鍵階段。從漢語史的角度看，這是一個承前啓後的重要時期，而成熟後的北京話又開始爲當代漢民族共同語——普通話源源不斷地提供着養分。蔣紹愚先生對此有着深刻的認識："特別是清初到19世紀末這一段的漢語，雖然按分期來説是屬於現代漢語而不屬於近代漢語，但這一段的語言（語法，尤其是詞彙）和'五四'以後的語言（通常所説的'現代漢語'就是指'五四'以後的語言）還有若干不同，研究這一段語言對於研究近代漢語是如何發展到'五四'以後的語言是很有價值的。"（《近代漢語研究概要》，北京大學出版社，2005年）然而國内的早期北京話研究并不盡如人意，在重視程度和材料發掘力度上都要落後於日本同行。自1876年至1945年間，日本漢語教學的目的語轉向當時的北京話，因此留下了大批的北京話教材，這爲早期北京話研究提供了材料支撑。作爲日本北京話研究的奠基者，太田辰夫先生非常重視新語料的發掘，很早就利用了《小額》《北京》等京味兒小説材料。這種治學理念得到了很好的傳承，之後，日本陸續影印出版了《中國語學資料叢刊》《中國語教本類集成》《清民語料》等資料匯編，給研究帶來了便利。

　　新材料的發掘是學術研究的源頭活水。陳寅恪《〈敦煌劫餘録〉序》有云："一時代之學術，必有其新材料與新問題。取用此材料，以研求問題，則爲此時代學術之新潮流。"我們的研究要想取得突破，必須打破材料桎梏。在具體思路上，一方面要拓展視野，關注"異族之故書"，深度利用好朝鮮、日本、泰西諸國作者所主導編纂的早期北京話教本；另一方面，更要利用本土優勢，在"吾國之舊籍"中深入挖掘，官話正音教本、滿漢合璧教本、京味兒小説、曲藝劇本等新類型語料大有文章可做。在明確了思路之後，我們從2004年開始了前期的準備工作，在北京大學中國語言學研究中心的大力支持下，早期北京話的挖掘整理工作於2007年正式啓動。本次推出的"早期北京話珍稀文獻集成"是階段性成果之一，總體設計上"取異族之故書與吾國之舊籍互相補正"，共分"日本北京話教科書匯編""朝鮮日據時期漢語會話書匯編""西人北京話教科書匯編""清代滿漢合璧文獻萃編""清代官話正音文獻""十全福""清末民初京味兒小説書系""清末民初京味兒時評書系"八個系列，臚列如下：

"日本北京話教科書匯編"於日本早期北京話會話書、綜合教科書、改編讀物和風俗紀聞讀物中精選出《燕京婦語》《四聲聯珠》《華語跬步》《官話指南》《改訂官話指南》《亞細亞言語集》《京華事略》《北京紀聞》《北京風土編》《北京風俗問答》《北京事情》《伊蘇普喻言》《搜奇新編》《今古奇觀》等二十餘部作品。這些教材是日本早期北京話教學活動的縮影，也是研究早期北京方言、民俗、史地問題的寶貴資料。本系列的編纂得到了日本學界的大力幫助。冰野善寬、内田慶市、太田齋、鱒澤彰夫諸先生在書影拍攝方面給予了諸多幫助。書中日語例言、日語小引的翻譯得到了竹越孝先生的悉心指導，在此深表謝忱。

"朝鮮日據時期漢語會話書匯編"由韓國著名漢學家朴在淵教授和金雅瑛博士校注，收入《改正增補漢語獨學》《修正獨習漢語指南》《高等官話華語精選》《官話華語教範》《速修漢語自通》《速修漢語大成》《無先生速修中國語自通》《官話標準：短期速修中國語自通》《中語大全》《"内鮮滿"最速成中國語自通》等十餘部日據時期（1910年至1945年）朝鮮教材。這批教材既是對《老乞大》《朴通事》的傳承，又深受日本早期北京話教學活動的影響。在中韓語言史、文化史研究中，日據時期是近現代過渡的重要時期，這些資料具有多方面的研究價值。

"西人北京話教科書匯編"收錄了《語言自邇集》《官話類編》等十餘部西人編纂教材。這些西方作者多受過語言學訓練，他們用印歐語的眼光考量漢語，解釋漢語語法現象，設計記音符號系統，對早期北京話語音、詞彙、語法面貌的描寫要比本土文獻更爲精準。感謝郭鋭老師提供了《官話類編》《北京話語音讀本》和《漢語口語初級讀本》的底本，《尋津錄》、《語言自邇集》（第一版、第二版）、《漢英北京官話詞彙》、《華語入門》等底本由北京大學圖書館特藏部提供，謹致謝忱。《華英文義津逮》《言語聲片》爲筆者從海外購回，其中最爲珍貴的是老舍先生在倫敦東方學院執教期間，與英國學者共同編寫的教材——《言語聲片》。教材共分兩卷：第一卷爲英文卷，用英語講授漢語，用音標標注課文的讀音；第二卷爲漢字卷。《言語聲片》采用先用英語導入，再學習漢字的教學方法講授漢語口語，是世界上第一部有聲漢語教材。書中漢字均由老舍先生親筆書寫，全書由老舍先生錄音，共十六張唱片，京韵十足，殊爲珍貴。

上述三類"異族之故書"經江藍生、張衛東、汪維輝、張美蘭、李無未、王順洪、張西平、魯健驥、王澧華諸先生介紹，已經進入學界視野，對北京話研究和對外漢語教學史研究產生了很大的推動作用。我們希望將更多的域外經典北京話教本引入進來，考慮到日本卷和朝鮮卷中很多抄本字跡潦草，難以辨認，而刻本、印本中也存在着大量的異體字和俗字，重排點校注釋的出版形式更利於研究者利用，這也是前文"深度利用"的含義所在。

對"吾國之舊籍"挖掘整理的成果，則體現在下面五個系列中：

"清代滿漢合璧文獻萃編"收入《清文啓蒙》《清話問答四十條》《清文指要》《續編兼漢清文指要》《庸言知旨》《滿漢成語對待》《清文接字》《重刻清文虛字指南編》等十餘部經典滿漢合璧文獻。滿人入關以後，在漢語這一強勢語言的影響下，熟習滿語者越來越少，故雍正以降，出現了一批用當時的北京話注釋翻譯的滿語會話書和語法書。這批教科書的目的本是教授旗人學習滿語，却無意中成爲了早期北京話的珍貴記錄。"清代滿漢合璧文獻萃編"首次對這批文獻進行了大規模整理，不僅對北京話溯源和滿漢語言接觸研究具有重要意義，也將爲滿語研究和滿語教學創造極大便利。由於底本多爲善本古籍，研究者不易見到，在北京大學圖書館古籍部和日本神户市外國語大學竹越孝教授的大力協助下，"萃編"將以重排點校加影印的形式出版。

"清代官話正音文獻"收入《正音撮要》（高静亭著）和《正音咀華》（莎

彝尊著）兩種代表著作。雍正六年（1728），雍正諭令福建、廣東兩省推行官話，福建爲此還專門設立了正音書館。這一"正音"運動的直接影響就是以《正音撮要》和《正音咀華》爲代表的一批官話正音教材的問世。這些書的作者或爲旗人，或寓居京城多年，書中保留着大量北京話詞彙和口語材料，具有極高的研究價值。沈國威先生和侯興泉先生對底本搜集助力良多，特此致謝。

《十全福》是北京大學圖書館藏《程硯秋玉霜簃戲曲珍本》之一種，爲同治元年陳金雀抄本。陳曉博士發現該傳奇雖爲崑腔戲，念白却多爲京話，較爲罕見。

以上三個系列均爲古籍，且不乏善本，研究者不容易接觸到，因此我們提供了影印全文。

總體來說，由於言文不一，清代的本土北京話語料數量較少。而到了清末民初，風氣漸開，情況有了很大變化。彭翼仲、文實權、蔡友梅等一批北京愛國知識分子通過開辦白話報來"開啓民智""改良社會"。著名愛國報人彭翼仲在《京話日報》的發刊詞中這樣寫道："本報爲輸進文明、改良風俗，以開通社會多數人之智識爲宗旨。故通幅概用京話，以淺顯之筆，達樸實之理，紀緊要之事，務令雅俗共賞，婦稚咸宜。"在當時北京白話報刊的諸多欄目中，最受市民歡迎的當屬京味兒小說連載和《益世餘譚》之類的評論欄目，語言極爲地道。

"清末民初京味兒小說書系"首次對以蔡友梅、冷佛、徐劍膽、儒丐、勳銳爲代表的晚清民國京味兒作家群及作品進行系統挖掘和整理，從千餘部京味兒小說中萃取代表作家的代表作品，并加以點校注釋。該作家群活躍於清末民初，以報紙爲陣地，以小說爲工具，開展了一場轟轟烈烈的底層啓蒙運動，爲新文化運動的興起打下了一定的群衆基礎，他們的作品對老舍等京味兒小說大家的創作產生了積極影響。本系列的問世亦將爲文學史和思想史研究提供議題。于潤琦、方梅、陳清茹、雷曉彤諸先生爲本系列提供了部分底本或館藏綫索，首都圖書館歷史文獻閱覽室、天津圖書館、國家圖書館提供了極大便利，謹致謝意！

"清末民初京味兒時評書系"則收入《益世餘譚》和《益世餘墨》，均係著名京味兒小説家蔡友梅在民初報章上發表的專欄時評，由日本岐阜聖德學園大學劉一之教授、矢野賀子教授校注。

　　這一時期存世的報載北京話語料口語化程度高，且總量龐大，但發掘和整理却殊爲不易，稱得上"珍稀"。一方面，由於報載小説等欄目的流行，外地作者也加入了京味兒小説創作行列，五花八門的筆名背後還需考證作者是否爲京籍，以蔡友梅爲例，其真名爲蔡松齡，查明的筆名還有損、損公、退化、亦我、梅蒐、老梅、今睿等。另一方面，這些作者的作品多爲急就章，文字錯訛很多，并且鮮有單行本存世，老報紙殘損老化的情况日益嚴重，整理的難度可想而知。

　　上述八個系列在某種程度上填補了相關領域的空白。由於各個系列在内容、體例、出版年代和出版形式上都存在較大的差異，我們在整理時借鑒《朝鮮時代漢語教科書叢刊續編》《〈清文指要〉匯校與語言研究》等語言類古籍的整理體例，結合各個系列自身特點和讀者需求，靈活制定體例。"清末民初京味兒小説書系"和"清末民初京味兒時評書系"年代較近，讀者群體更爲廣泛，經過多方調研和反復討論，我們决定在整理時使用簡體横排的形式，儘可能同時滿足專業研究者和普通讀者的需求。"清代滿漢合璧文獻萃編""清代官話正音文獻"等系列整理時則采用繁體。"早期北京話珍稀文獻集成"總計六十餘册，總字數近千萬字，稱得上是工程浩大，由於我們能力有限，體例和校注中難免會有疏漏，加之受客觀條件所限，一些擬定的重要書目本次無法收入，還望讀者多多諒解。

　　"早期北京話珍稀文獻集成"可以説是中日韓三國學者通力合作的結晶，得到了方方面面的幫助，我們還要感謝陸儉明、馬真、蔣紹愚、江藍生、崔希亮、方梅、張美蘭、陳前瑞、趙日新、陳躍紅、徐大軍、張世方、李明、鄧如冰、王强、陳保新諸先生的大力支持，感謝北京大學圖書館的協助以及蕭群書記的熱心協調。"集成"的編纂隊伍以青年學者爲主，經驗不足，兩位叢書總主編傾注了大量心血。王洪君老師不僅在經費和資料上提供保障，還積極扶掖新進,"我們搭臺,你們年輕人唱戲"的話語令人倍感温暖和鼓舞。郭鋭老師在經費和人員上也予以了大力支持,不僅對體例制定、底本選定等具體工作進行了細緻指導,還無私地將自己發現的新材料和新課題與大家分享,令人欽佩。"集成"能够順利出版還要特别感謝國家出版基金規劃管理辦公室的支持以及北京大學出版社王明舟社長、張鳳珠副總編的精心策劃,感謝漢語編輯室杜若明、鄧曉霞、張弘泓、宋立文等老師所付出的辛勞。需要感謝的師友還有很多,在此一并致以誠摯的謝意。

"上窮碧落下黄泉,動手動脚找東西",我們不奢望引領"時代學術之新潮流",惟願能給研究者帶來一些便利,免去一些奔波之苦,這也是我們向所有關心幫助過"早期北京話珍稀文獻集成"的人士致以的最誠摯的謝意。

劉 雲

二〇一五年六月二十三日
於對外經貿大學求索樓
二〇一六年四月十九日
改定於潤澤公館

整理點校凡例

自1876年9月始，日本的中國語教育開始轉向北京官話。此後陸續出版了大批北京話教材、讀本和工具書，爲研究這一時期的北京話和域外漢語教學留下了寶貴資料。日本學界對這批文獻非常重視，已將代表性教材影印出版，主要收錄在《中國語學資料叢刊》（波多野太郎編，不二出版社，1985年）和《中國語教本類集成》（六角恒廣編，不二出版社，1995年）兩部巨著之中。在國内，《日本明治時期漢語教科書彙刊》（張美蘭主編，廣西師範大學出版社，2011年）和《日本漢語教科書匯刊（江户明治編）》（李無未主編，中華書局，2015年）的影印出版也給研究者帶來便利。美中不足的是，這批教材底本均爲竪排，異形詞、異體字、俗字和別字極多，一些手抄本字迹模糊，利用不便。爲了方便讀者使用，我們精選一批口語化程度高的代表性教材，重新錄入後加以點校、注釋，横排出版。本套叢書主要服務於北京話研究，整理中儘可能保持彼時北京話的原貌。相關體例如下：

一　關於標點、符號

底本的標點不合規範，斷句也偶有舛誤。整理本依據《標點符號用法》，并結合文義重新標點。底本原有的批注一律放在脚注中，用※提示，以區別於整理者的新注釋。此外，底本中難以辨識的文字用□表示，并出注説明。例如：

　　不在過强的人的左右爲□①，因爲生出是非來，常是弱的敗。
　　注釋：①底本字迹模糊，似爲"美"，又似"業"，列此備考。

二　關於底本訛誤之處

凡係底本中明確的錯訛、衍文、脱漏、倒文之處，均在整理本中直接更正

并出校注。舉例如下:

1. 錯別字

這麼著大家就把酒席都撤①了。
注釋:①撤:原作"撒"。

因繁體字或異體字而造成的錯訛,整理後不易看出,可稍作説明:

趕到了他們平上,硬説是才彀①五兩三錢銀子。
注釋:①彀:原作"彀"。够。

2. 衍文

做買賣别太手緊了,恐怕耽誤生意;也别太手松了,恐怕傷了①本錢。
注釋:①底本"了"後還有一"了"字,當爲衍字,今删。

3. 脱漏

像這①樣兒挖肉補瘡的事情,聽着真令人可憐可慘。
注釋:①底本無"這"字,據文義補。

4. 倒文

房德①就走到右邊兒廊子底下門磴兒上坐下了。
注釋:①房德:原作"德房",二字序誤,今改。

三 關於字形

简體字、繁體字、異體字、疑難字均原樣録入。有的字與現在的用法有較大差異,在首次出現時注釋説明。例如:

就咂着嘴兒讚了讚,驢䠠①了半天,總搆②不着。
注釋:①驢䠠:䠟縱。向上跳。※驢:上平,驤也,下傚此。※䠠:去聲,跳也,下傚此。

②搆：够。To plot, reach up to. ［美］富善（Chauncey Goodrich）《北京音袖珍字典》（*A Pocket Dictionary*（*Chinese-English*）*and Pekingese Syllabary*, 1891年, 107頁） ※搆：讀上平，以物及物也，下倣此。

人名、地名、書名的用字如果轉換後易引起混淆，則保留原字。

四　關於詞形

部分北京話詞彙的漢字形體無規範可依，同一個詞在不同作者筆下和不同詞典中往往有不同形體，以"嚼裹"一詞爲例，還有"嚼過""嚼骨""嚼果""嚼谷""嚼谷兒""嚼棍""嚼咕"等形式。類似情況極多，如"腦油—鬧油、頷磣—憨蠢、疙瘩—疙疸、合式—合適、皮氣—脾氣"。這些豐富的異形詞恰恰展現了彼時北京話最鮮活的面貌，對於考察北京話口語詞的面貌、詞源和定型過程都極有價值，如統一爲一個詞形，既無必要，也難令人信服。"與其改而不足信，改而不能盡，甚或改後反生歧義，莫如一律不改。"（許逸民《古籍字體轉換釋例》）因此，我們對底本中的異形詞采取"悉依其舊"的處理方式，保留原詞形，疑似的異形詞也都用現代漢語規範詞形注釋。例如：

他們彼此生了疑心，嫉妒很利害①，各自分散開了。
注釋：①利害：厲害。

讀音完全相同的一組詞，詞義部分相同，注釋時補充説明。例如：

他那門口兒寫著①"賈寓"，那就是他家。
注釋：①著：着，助詞。

與現今的叫法不一致的地名和品名，也當作異形詞處理，均保持原貌，例如"戒壇寺""海甸"。一些詞的用字與現今規範用字不同，如補語標記"得"作"的"、語氣詞"了"作"咯""喇"、"這麽"作"這們"、"做事"作"作事"、"什麽"作"甚麽"等，這些特殊用字往往反映了當時北京話的特殊發音，也當作異形詞處理，不作改動。

底本中一些帶有污辱蔑視色彩的用詞（如"拳匪"等）僅代表原作者當時的個人立場，這類情況循例均不加更改。

五　關於注釋

1. 對一些有特色的北京話口語詞加以注釋。如：

老太太、大姑兒①，您可憐我一個大。

注釋：①大姑兒：乞丐乞討時對中青年婦女的稱呼。（王秉愚編著《老北京風俗詞典》，中國青年出版社，2009年，149頁）

2. 涉及讀者可能比較陌生的書名、人名、歷史事件、歷史人物或特殊專名時儘可能注釋說明，并爲規範起見注明引用來源。例如：

貴班次①？
候補知州。
注釋：①班次：職位品級。［美］富善（Chauncey Goodrich）《官話萃珍》（*A Character Study in Mandarin Colloquial*, 1898/1916）："問作官的品職爲貴班次。"

3. 注釋詞義中有需要說明的異體字和校對情況時，先說明字形和校對情況，再注釋。如：

我剛才問他來著，他說他是琺藍作①的人。
注釋：①原作"琺是藍作"。琺藍作：製造加工琺藍的工廠。

爲方便讀者使用，所有注釋均采用脚注形式，各頁以①起始，獨立編序。目錄不出注釋，序言視同正文處理。

六　關於書影

此次點校所據均爲已出版或公開的影印本。爲了更好地呈現原書面貌，卷首附有原書的書影。其中，《燕京婦語》原書現爲日本鱒澤彰夫先生個人收藏，其書影出自鱒澤彰夫先生編著的《影印燕京婦語》（好文出版社，2013年），《虎頭蛇尾》書影出自日本關西大學圖書館長澤文庫藏本，《伊蘇普喻言》書影出自日本關西大學東西學術研究所藏本，《北京風土編》書影出自日本筑波大學附屬圖書館藏本，《搜奇新編》書影出自日本滋賀大學附屬圖書館藏本，《華語跬步》書影出自日本東洋文庫藏本，《亞細亞言語集》書影出自日本神户市外國語大學圖書館藏本，《北京事情》《北京風俗問答》《北京紀聞》《四聲聯珠》《今古奇觀》《急就篇》《華言問答》《中國話》《生意筋絡》《中等官話談論新篇》《官話指南》《改訂官話指南》十二種書影均出自日本關西大學アジア文化研究センター鱒澤彰夫氏寄贈圖書。

　　附書影的原則是儘量做到與點校本所使用的爲同一版本。但由於年代久遠，各書版本衆多，且多藏於日本，故此有兩種書影與點校本版本不一致：一種爲《官話指南》，點校本所使用的是1903年版，而其書影爲1900年版，但這兩個版本的内容和版式均相同；一種爲《虎頭蛇尾》，點校本爲排印本，其書影爲寫本，内容亦基本一致。另外，因編者能力有限，無法得見《官話續急就篇》《京華事略》點校本的原書，因此其書影暫缺。以上望讀者諒之。

　　本卷的編校工作由北京大學出版社崔蕊老師統籌，宋思佳、路冬月、唐娟華、王鐵軍、何杰杰等責編老師也付出了大量心血。高淑燕老師在疑難字識別方面提供了幫助，蔣春紅老師提供了《華語跬步》的底本，羅菲菲、郝小焕、謝超、趙正婕、農蕾、朱斯雲、趙芹、趙旭、曠濤群、吳蕓莉、李紅婷、許静、李郭然、黎楠婷在前期準備過程中予以協助，在此一并致以謝意。

陳穎、陳曉
二〇一七年十月

解　題

　　《亞細亞言語集》是由日本學者廣部精（1854—1909）編譯的一部中國語教科書。該書於明治十年（1877）開始編譯，明治十二年（1879）第一版出版。

　　《亞細亞言語集》是以《語言自邇集》爲底本，改動最大的是删除了《語言自邇集》中"第一章發音"和"第二章部首"，其他地方基本上是對《語言自邇集》内容的吸收。六角恒廣（1992）指出："除一兩處有所改動外幾乎都以其（《語言自邇集》）爲底本。且《語言自邇集》中没有的内容，正如廣部精所説，從德意志翻譯官阿氏的《通俗歐洲述古新編》中采用了一些。另外，廣部精還把以前采録的内容作爲《六字話》《常言》《續常言》收在本書上欄中。"①

　　此次整理所依據的底本是"青山清吉藏版"（波多野太郎《中國語學資料叢刊》，東京不二出版社，1985）。② 正文之前首先是副島種臣題寫的"善隣"二字，其後爲中邨正直的序、王治本的序和自序。③ 正文部分分爲七卷，各卷内容如下：

　　卷一：凡例、日文的"五音拗直五位圖"④，散語 40 章，散語 40 章摘譯⑤。正文上欄收録六字話 118 句、歐洲奇話 13 條。

　　卷二：龔恩禄的序、續散語 18 章、常言 7 條。正文上欄收録歐洲奇話 6 條。

　　卷三：問答 10 章。正文上欄收録歐洲奇話 4 條。

---

　　① 六角恒廣著、王順洪譯，《日本中國語教育史研究》，北京語言學院出版社，1992 年，第 111 頁。
　　② 該版本與六角恒廣《中國語教本類集成》第一集第 1 卷《亞細亞言語集支那官話部》（再版）略有差别。該版本缺頁處或字迹模糊處，均參照六角恒廣《中國語教本類集成》辨認、補録。
　　③ 這三篇序文原文爲草書，感謝高淑燕老師幫助辨認、核對。
　　④ 底本中日文的"五音拗直五位圖"把假名直音和拗音按喉、牙、齒、舌、唇五個發音部位和開合口排列，把威妥瑪式拼音字母轉换成了日語假名注音。整理本中删除了日文的"五音拗直五位圖"。
　　⑤ 底本卷一後附的"散語 40 章摘譯"有相應的日文翻譯，整理本只保留了漢字部分。

卷四：談論 50 章。正文上欄收錄歐洲奇話 3 條、續常言 1 條。
卷五：續談論 52 章。正文上欄收錄續常言 9 條。
卷六：例言①、平仄篇。
卷七：言語例略 15 段。正文上欄收錄續常言 11 條。

　　整理本在内容編排上基本沿襲底本，只是個別地方作了調整。底本卷一、卷二、卷三中的散語、續散語、問答部分前單獨列有"生字、生詞"，用假名對"生字、生詞"標注語音，用小圈區分四聲，用小點區分送氣、不送氣。底本卷一、卷二、卷三、卷四、卷五、卷七正文上欄收錄的"六字話"②"歐洲奇話""續常言"，采用竪行排列。由於底本正文上欄收錄的這三部分比較零散，爲了閱讀的方便，我們在整理本中把這三部分統一放在卷七後面，采用橫行排列。
　　《亞細亞言語集》是日本人編譯的第一部北京官話教科書，是日本明治時期影響最爲廣泛的中國語教科書。正如六角恒廣所言："作爲入門書除了廣部精的《亞細亞言語集》，沒有其他合適的。"③由於《亞細亞言語集》是以《語言自邇集》爲基礎編譯的，《亞細亞言語集》的出版，同時也使得更多的人了解了《語言自邇集》的原貌，加速了《語言自邇集》在日本的傳播。

----

① 卷六中的"例言"是廣部精另加進去的有關發音方法和平仄特點的介紹，底本原文是日文，感謝陳曉博士翻譯爲中文。
② 底本中每條"六字話"左邊都有相應的日文翻譯，整理本只保留了漢字部分。
③ 六角恒廣著，王順洪譯，《日本中國語教育史研究》，北京語言學院出版社，1992 年，第 151 頁。

副島種臣題"善隣"

中邨正直序

今世人之汲汲於學唐話者，以其便於交際也。余則以謂，學唐話固為方今之要務，而尤不可不知交際之道也。交際之道何如？曰：忠恕而已矣。夫忠恕之心充于中，而信實之言發于外。不事張皇禮儀，而自然恭敬；不事煩數來徃，而自然親愛；不用謀計，而共享福利；不容讒間，而並敦友誼。既能如此，而又學習言語，以期乎情無所不通，意無所不盡，此之謂知本。若乃舍其本，而末是務，則言語雖巧，何足濟事？不幾于不能三年之喪而緦小功之察，放飯流歠而問無齒決乎。廣部君學南北唐話有年于此，所著《亞細亞言語集》採諸書之要，加之增訂，精密無訛，尤便於初學。余欲此編之大行於世，故首以交際之道為之說。蓋人必先有大本領，而後語言之為用，有不可勝道者矣。

明治十三年二月十九日
敬宇中邨正直撰

王治本序

千載邦交氣誼聯,須知亞細壤相連。
憑君倍擴同文化,漢語和音一卷傳。

鹿山廣部君,余舊交也,精漢學兼通漢語,近輯《亞細亞言語合集》將付刊,索余言,余即書一絕以贈。

大清光緒五年端月穀旦
谿上泰園王治本

自 序

　　夫言語者宣我之意，而達之於彼也。凡在同國，猶必藉之以通其情，況異邦之人，苟不谙其語，則相對如木偶人，焉能通彼我之情哉？曾聞歐米洲人或學七八國語，或十餘國語，因此廣學問長智識，藉以通隣國之交際，其為用大矣！近我邦之學者，通歐米諸邦之語者，稍稍有之，反至亞細亞各國之語更寥寥無聞也。諺云："遠親不如近隣。"言緩急能相助也。我邦之於支那，唇齒相依，形容相類，其交際最古，非歐米諸邦之比也，然則學支那言語者豈非邦人今日之要務乎？余今將蒐輯亞細亞各國之言語，以公諸同好，適支那之部刻成，書以為序。

　　　　　　　　　　　　　　　　　　明治十一年　歲在戊寅一月
　　　　　　　　　　　　　　　　　　　　南總　廣部精識

凡 例

　　支那言語分爲四部，第一官話，第二南邊話，第三滿洲話，第四嶺南話。
　　官話部分十類，曰"六字話"，曰"散語"，曰"歐洲竒①話"，曰"續散語"，曰"常言"，曰"問荅②"，曰"談論篇"，曰"平仄編"，曰"言語例畧"，曰"東西事情"。
　　語之難解者，以本邦俗語翻譯其意，或記諸卷末，或録諸別卷，以供參觀。而散語、問荅荨③大書初見字於每章頭，故亦以國字記支那音于其右旁，并付小圈點於該字端，以分四聲。其圈在左下爲上平，在左上爲下平，在右上則上聲，而在右下則去聲也④。
　　上平聲之平而安者也，下平聲之平而輕者也，聲之上而猛烈者上聲，其去而哀遠者去聲也。而官話四聲不同于南邊。故在南邊讀爲平聲字，或爲上聲，或爲去聲，上聲、去聲之字亦然，而官話無入聲與濁音也。
　　國字不隨常例，別設一法，如左⑤。
　　"ヤウ、カウ、ラウ"等，記爲"ヨー(ヨヲ)、コー(コヲ)、ロー(ロヲ)"。另，記録"ヤウ、カウ、ラウ"時，須知皆發爲如"ヤアウ、カアウ、ラアウ"之響亮音，餘亦倣此。⑥
　　字音有出氣、入氣之別，即俗云之有氣、無氣也。而初學恐難別，故出氣之

---

　　① 竒：奇。
　　② 荅：答。
　　③ 荨：等。
　　④ 爲了方便排版，整理本在漢字右上角標注1、2、3、4分別代表上平、下平、上聲、去聲。如有多音，依底本標上相應數字。詳見後文。
　　⑤ 底本爲竪排，故説下文的舉例"如左"。
　　⑥ 此段原爲日文，陳曉博士翻譯。

字，悉於四聲圈内，更加小點以别之。①

　　此部多取英國威欽差②選《語言自邇集》③及德國繙譯官阿氏著《通俗歐洲述古新編》等書，以彙成一本。然間或有削彼字、添此字，或有舉後件爲前件，蓋以適邦人習讀爲順次。其不見於《自邇集》《述古新編》者，皆余夘④作也。切望後君子加訂正，幸甚。

　　此部七卷，筆削已成。本擬即付剞劂⑤，而因循歲餘，頃者友人某君荐勸上木，且許以出貲助費，於是乎刻以公同好。

明治十二年五月
精又識

---

　　① 爲了方便排版，在相應漢字下加下劃綫表示出氣，如"七¹"。
　　② 威欽差：威妥瑪（Thomas Francis Wade，1818—1895），英國外交官、著名漢學家，在中國生活四十餘年。在華期間編著了漢語課本《語言自邇集》，制定了用拉丁字母標注漢語發音系統的方案，稱作"威妥瑪拼音"或"威妥瑪式"。
　　③《語言自邇集》：一部供西方人士學習北京官話的教材。該書從搜集材料到成書出版，歷時多年。1867 年初版，四卷本；1886 年發行第二版，三卷本；1903 年後人進行整理發行了第三版，簡本兩卷。
　　④ 夘：所。
　　⑤ 剞：刻。剞劂：雕版刊印。

目　録

卷　一 …………………………………………………………… 1

散語第一章 …………………………………………… 1
散語第二章 …………………………………………… 2
散語第三章 …………………………………………… 3
散語第四章 …………………………………………… 4
散語第五章 …………………………………………… 5
散語第六章 …………………………………………… 6
散語第七章 …………………………………………… 7
散語第八章 …………………………………………… 8
散語第九章 …………………………………………… 9
散語第十章 …………………………………………… 10
散語第十一章 ………………………………………… 11
散語第十二章 ………………………………………… 12
散語第十三章 ………………………………………… 13
散語第十四章 ………………………………………… 14
散語第十五章 ………………………………………… 15
散語第十六章 ………………………………………… 16
散語第十七章 ………………………………………… 17
散語第十八章 ………………………………………… 18
散語第十九章 ………………………………………… 19
散語第二十章 ………………………………………… 20
散語第二十一章 ……………………………………… 21

散語第二十二章	22
散語第二十三章	23
散語第二十四章	24
散語第二十五章	25
散語第二十六章	26
散語第二十七章	27
散語第二十八章	28
散語第二十九章	29
散語第三十章	30
散語第三十一章	31
散語第三十二章	32
散語第三十三章	33
散語第三十四章	34
散語第三十五章	35
散語第三十六章	36
散語第三十七章	37
散語第三十八章	38
散語第三十九章	39
散語第四十章	40
散語四十章摘譯	42

卷 二 ……………………………………………… 47

叙	47
續散語第一章	48
續散語第二章	50
續散語第三章	52
續散語第四章	54
續散語第五章	56
續散語第六章	58
續散語第七章	60

續散語第八章 …………………………………………… 62
續散語第九章 …………………………………………… 64
續散語第十章 …………………………………………… 66
續散語第十一章 ………………………………………… 68
續散語第十二章 ………………………………………… 71
續散語第十三章 ………………………………………… 73
續散語第十四章 ………………………………………… 75
續散語第十五章 ………………………………………… 77
續散語第十六章 ………………………………………… 79
續散語第十七章 ………………………………………… 81
續散語第十八章 ………………………………………… 83
常言第一 ………………………………………………… 85
常言第二 ………………………………………………… 87
常言第三 ………………………………………………… 89
常言第四 ………………………………………………… 91
常言第五 ………………………………………………… 93
常言第六 ………………………………………………… 94
常言第七 ………………………………………………… 96

卷　三 ……………………………………………………… 99
問答第一章 ……………………………………………… 99
問答第二章 ……………………………………………… 100
問答第三章 ……………………………………………… 103
問答第四章 ……………………………………………… 107
問答第五章 ……………………………………………… 111
問答第六章 ……………………………………………… 115
問答第七章 ……………………………………………… 118
問答第八章 ……………………………………………… 122
問答第九章 ……………………………………………… 126
問答第十章 ……………………………………………… 128

卷　四 ……………………………………………… 135
  談論第一章 ………………………………………… 135
  談論第二章 ………………………………………… 135
  談論第三章 ………………………………………… 136
  談論第四章 ………………………………………… 136
  談論第五章 ………………………………………… 137
  談論第六章 ………………………………………… 138
  談論第七章 ………………………………………… 138
  談論第八章 ………………………………………… 139
  談論第九章 ………………………………………… 139
  談論第十章 ………………………………………… 140
  談論第十一章 ……………………………………… 140
  談論第十二章 ……………………………………… 141
  談論第十三章 ……………………………………… 142
  談論第十四章 ……………………………………… 142
  談論第十五章 ……………………………………… 143
  談論第十六章 ……………………………………… 143
  談論第十七章 ……………………………………… 144
  談論第十八章 ……………………………………… 144
  談論第十九章 ……………………………………… 145
  談論第二十章 ……………………………………… 145
  談論第二十一章 …………………………………… 146
  談論第二十二章 …………………………………… 146
  談論第二十三章 …………………………………… 147
  談論第二十四章 …………………………………… 147
  談論第二十五章 …………………………………… 148
  談論第二十六章 …………………………………… 148
  談論第二十七章 …………………………………… 148
  談論第二十八章 …………………………………… 149
  談論二十九章 ……………………………………… 149

談論第三十章 ……………………………………………… 150
談論第三十一章 …………………………………………… 150
談論第三十二章 …………………………………………… 151
談論第三十三章 …………………………………………… 152
談論第三十四章 …………………………………………… 152
談論第三十五章 …………………………………………… 153
談論第三十六章 …………………………………………… 153
談論第三十七章 …………………………………………… 154
談論第三十八章 …………………………………………… 155
談論第三十九章 …………………………………………… 155
談論第四十章 ……………………………………………… 156
談論第四十一章 …………………………………………… 156
談論第四十二章 …………………………………………… 157
談論第四十三章 …………………………………………… 157
談論第四十四章 …………………………………………… 158
談論第四十五章 …………………………………………… 158
談論第四十六章 …………………………………………… 159
談論第四十七章 …………………………………………… 159
談論第四十八章 …………………………………………… 160
談論第四十九章 …………………………………………… 160
談論第五十章 ……………………………………………… 161

卷　五 ………………………………………………………… 162
　續談論第一章 …………………………………………… 162
　續談論第二章 …………………………………………… 162
　續談論第三章 …………………………………………… 163
　續談論第四章 …………………………………………… 163
　續談論第五章 …………………………………………… 164
　續談論第六章 …………………………………………… 164
　續談論第七章 …………………………………………… 165

續談論第八章……………………………………………… 165
續談論第九章……………………………………………… 166
續談論第十章……………………………………………… 166
續談論第十一章…………………………………………… 167
續談論第十二章…………………………………………… 167
續談論第十三章…………………………………………… 168
續談論第十四章…………………………………………… 168
續談論第十五章…………………………………………… 169
續談論第十六章…………………………………………… 169
續談論第十七章…………………………………………… 170
續談論第十八章…………………………………………… 170
續談論第十九章…………………………………………… 171
續談論第二十章…………………………………………… 171
續談論第二十一章………………………………………… 171
續談論第二十二章………………………………………… 172
續談論第二十三章………………………………………… 172
續談論第二十四章………………………………………… 173
續談論第二十五章………………………………………… 174
續談論第二十六章………………………………………… 174
續談論第二十七章………………………………………… 175
續談論第二十八章………………………………………… 176
續談論第二十九章………………………………………… 176
續談論第三十章…………………………………………… 177
續談論第三十一章………………………………………… 177
續談論第三十二章………………………………………… 177
續談論第三十三章………………………………………… 178
續談論第三十四章………………………………………… 178
續談論第三十五章………………………………………… 179
續談論第三十六章………………………………………… 179
續談論第三十七章………………………………………… 180

續談論第三十八章 …………………………………… 181
續談論第三十九章 …………………………………… 181
續談論第四十章 ……………………………………… 182
續談論第四十一章 …………………………………… 183
續談論第四十二章 …………………………………… 183
續談論第四十三章 …………………………………… 184
續談論第四十四章 …………………………………… 184
續談論第四十五章 …………………………………… 185
續談論第四十六章 …………………………………… 185
續談論第四十七章 …………………………………… 185
續談論第四十八章 …………………………………… 186
續談論第四十九章 …………………………………… 186
續談論第五十章 ……………………………………… 187
續談論第五十一章 …………………………………… 187
續談論第五十二章 …………………………………… 188

卷　六 ………………………………………………… 189
　例言 …………………………………………………… 189
　平仄篇 ………………………………………………… 191

卷　七 ………………………………………………… 207
　言語例略第一叚 ……………………………………… 207
　言語例略第二叚 ……………………………………… 209
　言語例略第三叚 ……………………………………… 210
　言語例略第四叚 ……………………………………… 215
　言語例略第五叚 ……………………………………… 216
　言語例略第六叚 ……………………………………… 217
　言語例略第七叚 ……………………………………… 217
　言語例略第八叚 ……………………………………… 217
　言語例略第九叚 ……………………………………… 222

言語例略第十段……………………………… 224
　　言語例略第十一段…………………………… 227
　　言語例略第十二段…………………………… 233
　　言語例略第十三段…………………………… 234
　　言語例略第十四段…………………………… 234
　　言語例略第十五段…………………………… 235

六字話……………………………………………… 239

歐洲奇話…………………………………………… 243
　　第一條………………………………………… 243
　　第二條………………………………………… 243
　　第三條………………………………………… 243
　　第四條………………………………………… 244
　　第五條………………………………………… 244
　　第六條………………………………………… 244
　　第七條………………………………………… 245
　　第八條………………………………………… 245
　　第九條………………………………………… 245
　　第十條………………………………………… 246
　　第十一條……………………………………… 246
　　第十二條……………………………………… 247
　　第十三條……………………………………… 247
　　第十四條……………………………………… 248
　　第十五條……………………………………… 249
　　第十六條……………………………………… 250
　　第十七條……………………………………… 251
　　第十八條……………………………………… 251
　　第十九條……………………………………… 252
　　第十九條下…………………………………… 254

  第二十條……………………………………………… 255
  第二十一條………………………………………… 256
  第二十二條………………………………………… 258
  第二十二條下……………………………………… 259
  第二十三條………………………………………… 260
  第二十四條………………………………………… 262

續常言……………………………………………………… 265
  第一…………………………………………………… 265
  第一下………………………………………………… 267
  第二…………………………………………………… 267
  第三…………………………………………………… 270
  第四…………………………………………………… 272
  第五…………………………………………………… 274
  第六…………………………………………………… 277
  第七…………………………………………………… 279
  第八…………………………………………………… 281
  第九…………………………………………………… 283
  第十…………………………………………………… 285
  第十一………………………………………………… 287
  第十二………………………………………………… 289
  第十三………………………………………………… 290
  第十四………………………………………………… 291
  第十五………………………………………………… 292
  第十六………………………………………………… 293
  第十七………………………………………………… 294
  第十八………………………………………………… 296
  第十九………………………………………………… 298
  第二十………………………………………………… 300

卷 一

散語第一章

兩[3]、三[1]、第[4]、四[4]、五[3]、六[4]、七[1]、九[3]、幾[3]、千[1]、數[4]、百[23]、萬[4]、零[2]、來[2]、多[1]、少[3]、有[3]、好[3]、些[1]、個[4]

十六,十九,二十,三十四,五十七,六十八。
第十七個,二三百,二三千,兩三千,三兩個,三五個,五七百個人。
第一,第二十七,第一千八百六十五。
第一百萬零三百個,五十七萬零六百一十,七十萬零二十。
一百萬,三十五萬,五百萬零一,六萬零五百零七,十萬。
七萬零一百九十一,千萬,四十六萬一千。
五萬零八十八,九萬八千四百零二,一千零五,四千零七十二,八千三百六十七,一萬零六,一百零三。
一百十八,二百五十四,九百九十九萬三千,有幾個人來,有些個人,有好些個人,有多少人來,三萬多。
數十個,幾十個,十幾個,十五個,兩個,幾個,十個多,八九個,十數個,十來個,九個,十個,二百多,五千多。
長三寸四,一身一口,五斤牛肉,六斤羊肉,幾斤魚。
七斗麥子,九斗米,一斗黍子。
幾個牙,長幾萬里,足四萬里,有山,足高二百里。

散語第二章

你³、我³、他¹、偺²、們¹²、倆³、這⁴、在⁴、那⁴、兒²、的¹、沒²、了³、甚²、麼¹²、買³、賣⁴、得²³、很³、誰²、要⁴、不²⁴、是⁴、東¹

你的,我的,他的。
你們,我們,他們。
你們的,我們的,他們的,偺們的。
我們兩個人。
我們倆人。
偺們倆。
咱們三個人。
這個,那個。
這兒,那兒。
這麼大,那麼小。
甚麼①人?
甚麼東西?
那個人是誰?那個人是個好人。
買東西,賣東西。
他是個買賣人。賣甚麼的?賣好些個東西。
我要好的,有沒有?沒有了。這個很好,那個不好。
有甚麼人來?沒有人來。
他是那³②兒的人?他不是這兒的人。他們來了多少人?他們來了好些個人。
我不要這個,他們要這個。
這個是我們的,那個是他們的。

---

① 甚麼:什麼。
② 那:哪,疑問代詞。

你們有這個東西沒有？我們不要這個東西。
有多少人在那兒？有十幾個人。
他來了沒有？他沒有來。
這個人很好，那個人很不好。
這個東西是甚麼人的？是我們的。你們有多少這個東西？有不多的。
你們那兒有很好的沒有？沒有好的。你沒有很好的，我們不要了。

散語第三章

進⁴、城²、家¹、住⁴、著²、街¹、上⁴、房²、間¹、屋¹、裏³、開¹、舖⁴
關¹、牕¹、出¹、去⁴、往³、外⁴、頭²、知¹、道⁴、做⁴、過⁴

住房子。
住家。
城裏，城外。
裏頭，外頭。
屋裏。
三間房子。
十八間屋子。
四個舖子。
關門。
開牕户。
出去，進來。
過去。
走着。
上街。
街上走著①。
往東，往西。

---

① 著：着，助詞。

東城,西城。
知道。做甚麼?
你在那³兒住?我在城裏頭。
你們那兒有多少房子?有三十五間房子。
你住的房子大小?我住的是三間小屋子。
這個房子比那個房子好多了。
開了門,關上牕户。
進屋裏來。
外頭土大。
他在家裏做甚麼?没在家。往那兒去了,你知道不知道?上街去了。
那個人開着七個舖子。他的舖子是甚麼買賣,開在那³兒?
在城裏頭,東城有三個,西城有四個。我們這兒没有那麼大的買賣。
那個舖子裏買東西的人很多。
外頭來了五六個人,是甚麼人?我不知道。這個屋子没有人住。
那個舖子是我的。
他没進來,過去往西去了。他出去做甚麼?上街上買東西去了。
街上的人很多。

散語第四章

前²、後⁴、叫⁴、站⁴、起³、躺³、地⁴、快⁴、慢⁴、都¹、愛⁴、坐⁴、轎⁴、樓²、下⁴、回²、到⁴、驢²、騾²、匹¹³、輛⁴、步⁴、頂³、衙²、説¹

躺著,坐著,起來,站著,走著,步行兒,快走,慢走。
前頭,後頭。
回來,到了。
愛不愛,都不愛。
叫人,叫人來。
衙門,樓上,地下。
一輛車,一頂轎子,三匹馬,兩頭騾子,四頭驢。

他在道兒上躺著，叫他起來。
我在樓上坐著，他是地下坐著。
他是步行兒走著，我是坐車來的。他是步行兒來的。
我走得快，他走得慢。
我在前頭走，他在後頭走。
他那個人回來了沒有？他沒回來，他快回來了。他是往那³兒去了？上衙門去了。他是坐轎去，是坐車去？是坐著一頂小轎子，他不愛坐車。
他那個人你愛不愛？他們那些人，我都不愛。他買的是馬麼？不是，買的是騾子、驢。要買馬，這兒一匹都沒有。
驢騾子他買了多少頭？買的是三頭騾子、七頭驢。
是這兒的騾子好，是那兒的騾子好？這兒的騾子沒有那兒的好，這兒的騾子比那兒的慢，那兒的騾子、驢都快。

散語第五章

真¹、正⁴、抄¹、寫³、教¹⁴、學²、請³、瞧²、拿²、字⁴、典³、話⁴、找³、看⁴、先¹、認⁴、還²、肯³、告⁴、訴⁴、呢¹、記⁴、問⁴、騎²①、跑³

先生。
教學。
學生。
拿字典，看字典。
找字，認字。
抄寫，寫字。
找先生，請先生，請教。
我問你，請你告訴。
記得不記得？

---

① 騎：騎。

口音正,説話真。
看見。
你看見過沒有？你還沒有看見過麼？看過了。
騎著,跑著。
你是步行兒來的,是騎馬來的？我是騎馬來的,那匹馬跑得快。
你找過先生沒有？找過了。
請先生教話。
請先生拿字典找字。要找甚麼字？要找"瞧"字。
這個字你瞧過沒瞧過？瞧過了。你告訴我說,是甚麼字。我不記得那個字了。還有不記得的字麼？那³兒沒有呢？記得的少,不記得的多。
你的口音正,説話真。我問你,這個字你認得不認得？這個字我還沒看見過呢。我請過先生教我,他不肯來。請他教你甚麼？請他教我們說話,他說學生多,不肯來。
你告訴我說,他那個人的口音有你這麼好沒有？我的口音沒有甚麼大①好。他認得的字比我認得的多。

散語第六章

紙³、張¹、筆³、管³、墨⁴、塊⁴、把³⁴、本³、書¹、念⁴、完²、可³、以³、給³、官¹、會⁴、分¹、聽¹、明²、也³、懂³、平²、聲、忘⁴、錯⁴。

一張紙,一本書,兩塊墨,五管筆。
官話。
懂得,聽見,忘了。
四聲是上平、下平、上³聲、去聲。
不錯,完了,不會,明白,可以。
你把那一本書拏來給我。那一張紙拏給我看。你給我買十管筆、兩塊墨。

---

① 大:表示程度深。

我聽見説，你學官話，學得很好，四聲你會分不會？四聲都可以分得開。

那一本書你看完了沒有？十分裏，我看過八分。明白不明白？有幾分不明白，也有幾個字不認得。

你念過多少日子的書？我念過十個月的書。請問，那書上的字都記得麼？不都記得，忘了好些個，也有記錯了的。

他那個人懂得官話不懂？我聽見説他不懂得。他認得字不認得？字還認得，認過四五千字。你那³兒知道呢？上月我們在一塊兒看書，我叫他抄寫。他可以不可以？沒有甚麼不可以的。

我問你，他的話你聽得出來聽不出來？

你念過的書千萬不可忘了。不錯，你説得很是。

散語第七章

炕⁴、蓆²、床²、帳⁴、鋪¹、蓋⁴、桌¹、椅⁵、爉⁴、盞³、隻¹、酒³、杯¹、茶²、碗³、盅¹、厨、賣³、飯⁴、鍋¹、鏟¹、勺²、壞⁴、燈¹。

一鋪炕，一張床。

帳子，蓆。

鋪蓋。

一張桌子，一張椅子。

一盞燈，爉①燈。

厨②房，一把刀子，一把鏟子，一把勺子，一口飯鍋，一個鍋蓋，一個茶碗，一個茶盅，一隻酒杯，一個酒盅子。

賣飯。

壞了。

他在炕上鋪蓆。

---

① 爉：火貌。
② 厨：厨。

我要在這張床上躺著,你快把鋪蓋鋪上。
那一張床上有帳子沒有?
他在床上躺著,我在椅①子上坐著。這屋裏很黑,拏一盞燈來。
有人拏了那盞燈去。
桌子上的那燉燈,誰拏了去了?是我給廚子拏過去了。
廚房裏沒有火。
飯鍋是煮飯用的,鍋蓋是飯鍋的蓋兒。茶碗、茶盅都可以有蓋兒。
酒杯、酒盅子這兩個東西,不大很分。
那屋裏那些桌子、椅子都壞了。
我叫你買的那茶碗,你買了沒買?買過了。買了多少個?買了二十個。是在那³兒買的?都是在城外頭舖子裏買的。
你們的屋裏有蓆沒有?我們的屋裏炕上都有蓆。

散語第八章

傢¹、伙³、櫈⁴、條²、倒⁴、壺²、花¹、瓶²、破⁴、收¹、拾²、盤²、碟²
吃¹、點³、吹¹、滅⁴、使³、燒¹、爐¹、空¹、滿³、同²、算⁴、碎⁴

傢伙。
一條櫈子,一個櫈子也説得。
一個爐子。
花瓶,酒瓶,酒壺,茶壺,盤子,碟子。
點燈,吹燈,燒火,滅火。
倒水。
空壺,滿壺,壺空了,壺滿了。
使得,破壞,收拾。
家裏用的東西都是"傢伙"。

---

① 椅:椅。

床、桌、椅、櫈都是屋裏用的傢伙。

吃飯的傢伙有刀子、鎈子、勺子、盤子、碟子、飯碗、酒杯。

爐子有大小不同，廚房做飯是爐子，炕頭裏也是爐子，屋裏燒火還是爐子。

花瓶也算是傢伙麼？花瓶還可以算是傢伙。那酒瓶、酒壺、茶壺、茶碗也都是零用的傢伙。

那碗裏的水倒在鍋裏。

"倒茶"是叫人把茶倒在碗裏頭。

你點了燈沒有？我點上燈了，是他吹滅了。

"吹燈"是滅燈火，"滅火"是滅了爐子的火。

那倆壺裏頭有水沒有水？一個是空的，一個是滿的。你把那空的倒滿了水。

那花瓶是甚麼人破壞的？我不知道是誰。快去叫人收拾，使得使不得？叫人收拾很使得。

散語第九章

今¹、年²、時²、令⁴、暖³、和²、昨²、天¹、就⁴、定⁴、晝⁴、晴²、亮⁴、鐘¹、半⁴、刻⁴、氣⁴、候²、冷³、熱⁴、雪³、凉²、颳¹

前年，去年，今年，明年，後年。

上月，本月，下月。

"前兒"就是前天。昨兒、昨天、今兒、今天、明兒、明天、後兒①、後天都是那麼著。

"時令"就是一年的四時。

天氣可以分天冷、天熱、天凉、天暖和、颳風、晴天、下雪。

時候，天亮，白晝，黑下②，一會兒，一點鐘兩刻，半點鐘。"一點半鐘"就是一點鐘兩刻。"一下兒鐘"就是一點鐘。

---

① 後兒：後天。也寫作"後兒個"。

② 黑下：夜晚，晚間。

那人他看過二十多年的書,做過五六個月的先生。我今兒走,下月可以回來。

你今兒八下兒鐘①還没起來。

前年、後年可以説,前月、後月不大很説。

這兒天熱的時候兒下雨,天冷的時候兒下雪。

昨兒黑下颳風,天亮的時候兒很冷。

他愛白晝出去騎馬,黑下回家看書。

昨兒黑下下雨,今兒晴了天。

今兒是個晴天。

今年天氣暖和得很,没有去年那麽冷。

我們倆到這兒好些年了。

他是去年來的,我是上月到的,他們倆是去年來過了。

散語第十章

更[1]、夫[1]、每[3]、夜[4]、得[3]、打[3]、罷[4]、早[3]、晚[3]、晌[3]、午[3]、嗜[1]、事[4]情[2]、擱[1]、各[4]、樣[4]、短[3]、雲[2]、彩[3]、陰[1]、霧[3]、空[4]

每年,每月,每天,每日。

各樣。

早起,晌午[4],晚上,上半天,下半天,夜裏,前半夜,後半夜。

定更②,打更,更夫。

天長,天短,夜長,夜短。

多嗜③。

工夫。

陰天,雲彩,下霧,得[3]有。

---

① 八下兒鐘:八點鐘。
② 定更:入夜到天明分五更,定更即初更,大約是晚八點左右。
③ 多嗜:多早晚,什麽時候。

事情。

擱著。

罷了。

每年不是年年麼？每月就是月月。每天、每日還是那麼樣。

他是早起起來，晌午⁴街上走，晚上回家看書，到夜裏三更天就躺在炕上罷了，天天都是這麼樣。

"各自各³兒①"就是自己②一個人。這個事情得³你各自各兒去。那房子就是他各自各兒住著。

上半天下了雨，下半天晴了。

前半夜還暖和，後半夜冷。

"三更天"就是半夜。

夜裏那更夫打更。一夜分有五更，"頭一更"就是定更。

天長做事的工夫多，天短沒有空兒，事情得³擱著罷。

他多喒回來？明兒可以回來。

那茶壺擱在那³兒了？擱在屋裏桌子上了。

天上的雲彩滿了就是陰天。

今兒早起下得霧很大，大山都看不見了。

散語第十一章

怕⁴、裳¹、件⁴、太⁴、腌¹、臢¹、換⁴、乾¹、净⁴、刷¹、洗³、臉³、盆²、縫²③、補³、穿³、鞋²、脱¹、靴¹、雙¹、襪⁴、最⁴、温¹

刷洗。

腌臢，乾净。

衣裳，靴子，鞋，襪子。

---

① 各自各兒：自己。也說"各個兒"。
② 己：底本作"已"。底本"己""已""巳"多誤用，整理本均依文義修改，不再逐一注明。
③ 縫：縫。

穿上,脱下來,換上。

縫補。

一雙靴子,兩隻鞋,十雙襪子,一條手巾,八件衣裳,一個臉盆。

這盆水腌臜了,換乾净的拏來我洗臉。

那些衣裳腌臜,拏刷子刷一刷。這一件衣裳破了,叫人來縫補。

你快起來穿上衣裳。

他脱了衣裳躺著。

那一件衣裳他穿了好些日子没換呢。

今兒個天涼,你得多穿一件衣裳。

他是穿靴子,是穿鞋?他是穿著靴子來著。

這一條手巾腌臜,擱在盆裏洗一洗。

你愛穿的是靴子,是鞋?我在家裏坐著穿鞋,上衙門去穿靴子。

你的那皮靴子擱得日子多,得³刷洗了。你洗手是愛使涼水,是愛使開水?兩樣兒都不好,涼水太涼,開水太熱,最好的是溫和水兒。

你快把這個水倒在鍋裏溫①一溫。

那火要滅了,這水溫了半天開不了。

要洗衣裳使熱水最好,刷洗靴子得³使涼水。

散語第十二章

儘³、摘¹、戴⁴、撏³②、帽⁴、砍³、肩¹、汗⁴、衫¹、單¹、夾²、綿²、褲⁴
裁²、褂⁴、袖⁴、梳¹、髮¹³、針¹、線⁴、胰²、澡³、褐⁴

綿③衣裳,夾衣裳,單衣裳。

---

① 溫:稍微加熱。
② 撏:揮。
③ 綿:棉。

砍肩①兒,汗褟②兒③,褂子,褲子。
帽子,戴帽子,摘帽子。
針線,一個針,一條線。
裁縫,裁衣裳,縫衣裳。
撣子,撣衣裳。
洗澡。
頭髮,梳頭。

單衣裳是就有一面兒,沒有裏兒的。夾衣裳是有裏兒有面④兒的。綿衣裳是夾衣裳中間兒有綿花的。砍肩兒是有前後、沒袖子的那一件衣裳。汗褟兒是儘裏頭穿的單衣裳。褂子是儘外頭穿的衣裳,短的就叫馬褂兒。

這一條褲子是綿的,是夾的?
帽子分得是小帽兒、官帽兒。官帽兒裏有涼帽、暖帽兩樣兒。人在街上得戴帽子,進屋裏來可以摘帽子。
你會針線不會?我不會。就叫一個裁縫來,把我那一件汗褟兒補了。
那一件砍肩兒裁了還沒縫呢。
那一件破馬褂子得³縫補了。
拏撣子撣一撣衣裳上的土。
那一把木梳是誰梳頭的?
洗澡是一身都洗。天天兒洗澡很好。

散語第十三章

銀²、銅²、鐵³、錢²、吊⁴、票⁴、桿³、秤⁴、稱¹、價⁴、值²、貴⁴、賤⁴、便⁴、宜⁴、輕¹、重、借⁴、賬⁴、該¹、費⁴、當⁴、於²、好⁴

欠帳,借錢,該錢。

---

① 砍肩:坎肩。
② 汗褟:夏天貼身穿的中式小褂。
③ 兒:兒。
④ 面:面。

賬目。
花費。
價值,價錢。
很賤,不貴,便宜。
銀子,銀子錢,銅錢,鐵錢,票子。
一兩銀子,一吊①錢,四吊錢的票子。
這個輕,那個重。不知道他的輕重,拏秤稱一稱。
他欠人的賬目不少。
"我借錢"是我把人家的錢拏來我使。"我借給人錢"是把我的錢拏給人使。
他該的賬目不下一千兩銀子。"花費"是把錢使去了。我們家裏天天兒的花費不很多。
他愛花錢、好[4]花錢都説得,是他過於費錢。
那房子價錢不貴。這一件皮褂子價值很便宜。那個花瓶不值錢。今年的綿花很賤。
他家裏一個大錢②都沒有。
那當十的大錢裏頭,有七分是銅的,有三分是鐵的。
"票子"是一張紙上頭寫著錢數兒,買東西和銀子錢一個樣兒。
金子比銀子重,鐵比銀子輕。
買東西要稱分兩的,都得[3]使秤。
那些桿③秤可以稱多少斤兩?最大的可以稱三百斤。

散語第十四章

煤[2]、炭[4]、柴[2]、麫[4]、油[2]、芝[1]、糖[2]、鹽[2]、粗[1]、細[4]、湯[1]、雞[1]、奶[3]、果[3]、菜[4]、饅[2]、喝[1]、弄[4]、端[1]、撤[4]、熟[2]、論[4]、石[4]

---

① 吊:舊時錢幣單位,一般是一千個制錢叫一吊。
② 大錢:清代發行的面值較大的銅錢,當時大錢是其中流通最廣的一種,可兌換十個制錢。
③ 桿:底本作"秤"。

柴火,煤炭。

米麫,饅頭,白糖,雞子兒①,牛奶,果子。

燈油,香油。

粗鹽,細鹽。

弄菜,端菜,撤了。

吃飯,喝湯。

我昨兒買了三百斤煤、五十斤炭、八十斤柴火、四石②米、二百斤麫。燈油是豆子做的,香油是芝麻做的,燈油比香油賤。

弄火就是燒火。

天氣冷的時候兒煤炭用得多。

炕爐子是用煤,火盆是用炭。

火盆是屋裏用的,不能做飯做水。

菜有生的,有熟的,在火上做的都是熟菜,生菜是地下長³出來就可以吃得。

你去給我買一隻小雞子、三四個雞子兒。還要牛奶不要?牛奶便宜,我可以要幾斤。我們這兒買牛奶不論斤數兒,都是論碗、論瓶,買果子也不論斤,都是論個兒。

你愛吃饅頭,愛吃飯?兩樣兒都不愛,我愛喝湯。愛喝甚麼湯呢?肉湯、雞湯都好。

你快弄飯去,飯得了③就端了來。

甚麼是"撤了"呢?你吃完了飯,都挐下去,那就是撤了。

散語第十五章

京¹、遠³、近⁴、南²、北³、路⁴、直²、繞⁵、河²、海³、邊¹、深¹、淺³、舩²、客⁴、店⁴、掌³、櫃⁴、計⁴、受、累⁴、苦³、乏²、歇¹、連²

---

① 雞子兒:雞蛋。
② 石:容量單位,十斗等於一石。
③ 得了:做好了。

進京,直走、繞著走都可以。
算計道路的遠近,直走近,繞著走遠。
南邊,北邊,一隻舩。
坐舩,過河,走海,水深,水淺。
客店,掌櫃的。
辛苦,受累,乏了①,歇著。
你去年進京在那³兒住著?在客店裏。我聽見說,城外頭客店有不很好住的。那都看掌櫃的好不好。在我說②,人乏了那³兒都好,到店裏不過歇著罷了。
你走路愛坐車,愛坐舩?都是看地方兒。南邊沒有車,走道兒的客人都是坐舩。走河路都是小舩兒,走海的舩大。
河裏的水淺,沒有海水深。
你前年坐海舩,不是受了累了麼?不錯,是颳大風,船在山東海邊兒上擱了淺,我們那些人辛苦得了³不得。
舩上吃飯是甚麼人管?也是舩家管。
算計盤費是坐舩貴,是坐車貴?坐車比坐舩花的錢多。那³兒車價比舩價貴呢?車價貴,都是我們北邊那個車店裏的掌櫃的,也要使些個錢。

散語第十六章

李³、箱¹、包¹、袋⁴、毡¹、布⁴、餧⁴、駱⁴、駝²、牲¹、跟¹、班¹、裝¹帶⁴、馱⁴、追¹、趕³、喚⁴、無²、利⁴、害⁴、春¹、夏⁴、秋¹、冬¹

行李,箱子,包兒,口袋,毡子。
一疋布。
餧牲口,駱駝,馱子。
跟班。

---

① 乏了:累了,疲倦。
② 在我說:依我看來。

裝箱子,帶東西,帶牲口。

追趕。

太利害①。

春夏秋冬。

行李是走道兒的客人帶的東西。箱子有皮子做的,有木頭做的,甚麼都可以裝得。包兒是把東西用甚麼包起來？他是拏毡子把那小箱子包起來。口袋是裝零碎東西的。我們使的都是布口袋。

道兒上到店裏得³餧牲口。

駱駝都是口外②來的。牲口身上駝③著東西,就叫"馱子"。驢馱子、騾馱子、馬馱子都説得。

你小心著,行李、馱子都齊了就好。

跟班的是使喚的人。他叫跟班的把箱子裝在車上。

我出門去,他的跟班的在後頭追趕我,追了半天也没趕上。

那個人在那³兒呢？他出去了,你快跑可以趕得上他。他早走了,怕是趕不上罷。無論趕得上趕不上,你快跑著追他就是了。

冬天太冷,夏天太熱,春没有冬冷,秋没有夏熱。

散語第十七章

腦³、辮⁴、朵³、眼³、睛¹、嘴¹、脣²、鬍²、胳¹、臂⁴、指³、甲³、抓¹
腰¹、腿³、壯⁴、健⁴、頓³、弱⁴、拉¹、拽⁴、病⁴、疼²、奇²、怪⁴

腦袋,辮子,耳朵,眼睛,鼻子,嘴,嘴裏,嘴脣子,鬍子,胳臂,指頭,指甲,腰腿。

壯健④,頓弱。

拉著,拽著,拉拽,抓破。

---

① 利害:厲害。
② 口外:泛指長城以北的地區。"口"指長城的關口。
③ 駝:馱。
④ 壯健:健壯。

連著。
有病,很疼,奇怪。
人的頭裏頭有腦子,就叫"腦袋"。
你這個辮子得梳了。
人老了,耳朵聽不真,眼睛也看不真。
那個人鼻子、眼睛長得奇怪。
這個人很健壯,那個人頓弱得很。
你的身子有病麼?沒有病,我是身子頓弱。
偺們五六年沒有見,你的鬍子都白了。是,我的身子這幾年病得利害。
街上那兒躺著的那個人,兩腿都破了。
腰上有病,直不起來。
你這麼慢走,是身子有病麼?不是,是人老了,腰腿都不好。
他的舌頭有病,連嘴唇子都破了。
嘴裏吃東西、嘴裏說話,都說得。
那女人的指甲長,把他的胳臂抓破了。
我的指頭疼。
拉車用甚麼牲口呢?用騾子、驢、馬都可以拉得。
"拽"是說人拏手用力的拉。把那門拽住了。他拉拽著我。

散語第十八章

眉^2、鬢^4、顋^1、頰^4、巴^1、頦^1、脖^2、嗓^3、節^2、刮^1、剃^4、胸^1、背^4、脊^{23}、梁^2、髈^3、肚^{34}、波^{12}、棱^2、踝^2、脚^3、體^3、斬^3、賊^2、級^{24}

眉毛,鬢角兒,顋頰,下巴頦兒,鼻子眼兒,脖子,嗓子,嗓子眼兒。
肩髈兒,脊梁,脊梁背兒,胸前,肚子。
波棱蓋兒①,踝子骨,骨節兒。
刮臉,剃頭,斬賊首級,體面。

---

① 波棱蓋兒:膝蓋。

眉毛是眉棱骨上的毛。鬢角兒是腦門子兩邊兒的頭髮。顋頰是嘴兩邊兒的肉。

嘴下頭的骨頭是下巴頦兒。

肩髃兒是胳臂的上頭。

兩個肩髃兒後頭的地方兒叫"脊梁""脊梁背兒"。腦袋下頭叫"脖子",前頭叫"嗓子"。

胸前是脖子以下、肚子以上。

波棱蓋兒是腿中間兒的骨頭節兒。脚上頭的骨頭節兒就叫"踝子骨"。

年輕的人没鬍子的時候兒,得拏刀子刮臉。

剃頭剃的是那辮子以外的短頭髮。不剃頭的那個賊就叫"長髮賊"。

拏住賊就斬,斬下來的腦袋就叫"首級"。

説"體面人",是説那個人的行止①没有甚麽不好。説"那個人長³得體面",是説他長得好看。

"他那個房子蓋得體面"也説得。

散語第十九章

君¹、民²、主³、爵²、位⁴、參⁴、贊⁴、尊¹、武³、兵¹、缺¹②、額²、捐¹充¹、謀²、策⁴③、殺¹、退⁴、勒²、索³、中¹、底³、全²、姓⁴、名²

君上,下民,主子,家主兒,底下人。

爵位,參贊,尊貴。

官民,文官,武官,官兵。

開缺④,補缺,額數。

捐官,充當。

官人。

---

① 行止:品行舉止。
② 缺:缺。
③ 策:策。
④ 開缺:舊時官吏因不能留任,免除其職務,準備另外選人充任。

謀算，計策，殺退。
全是。
民人①，姓名，百姓。
君上是百官萬民的主子。家主兒是底下人的主人。
官民就是官長、下民。
"小民"也叫"百姓"。"爵位尊"是說人做的官大，說小官兒不算爵位，比方參贊的官爵位也尊貴。
管民的是文官，帶兵的是武官。
官兵的額數有一定的，有開了缺的，得補；沒補的缺，得找人充補。
充數兒是假的，沒有甚麼真本事，是人、是東西都說得。
說民人充兵、當兵，那都是說他做兵。
用銀子錢買官，那叫"捐官"。
去年賊很多，帶兵的大官全是謀算不好，不會定計策，叫賊全跑了。那賊退到河北裏，見人就殺，河北的官民會齊了追趕，把賊全殺退了。
那賊頭兒的姓名知道不知道？有一個姓黃名龍的，是賊中的頭兒。

散語第二十章

國²、章¹、程²、卡¹、倫²、巡²、察²、刻¹⁴、搜¹、律⁴、例⁴、治⁴、理³、暴⁴、虐⁴、亂⁴、謬⁴、普³、群²、耕¹、耨⁴、囊²、總³、謂⁴、之¹

章程，定章。
卡倫，巡察，搜拏，搜察，刻搜。
律例。
治亂。
治理，道理，理會。
暴虐，大亂，太謬。
普天下。

---

① 民人：平民。

一群。

耕耨,耕田。

囊中。

名目。

西路那邊兒道兒上有卡倫①,是盤察出入人的。那卡倫都有一定的章程,過客的行李,總得搜察。

城門的官兵巡察,是有定章,也不可太刻搜。

國家定的律例,是治理百²姓的,不是出於暴虐。中國的道理,不教而殺謂之"虐"。耕耨是小民的本分。夏天人人兒都耕田。

近年天下大亂,是官長治理得不好,是普天下百²姓知道的。

那塊兒的官太謬,不肯聽話,百姓告訴他說,賊快來了,他總不理會,全不治理地方,也不搜拏賊,過了一會兒,賊就來了,殺燒得利害得很。那跑了的一群百姓,囊中都沒有錢,苦得了不得。

百姓一齊跑著,謂之"一群"。騾、馬、牛、羊好些個在一塊兒,也有這個"一群"的名目。

天下治亂總在於官。

散語第二十一章

搶³、奪²、偷¹、股³、逃²、竄²、散⁴、混⁴、懶³②、惰⁴、棍⁴、扔¹、放⁴、槍¹、恰⁴、巧³、特⁴、意⁴、偶⁴、然²、成²、硬⁴、按⁴、思¹

搶奪,偷東西。

一股賊。

逃竄,逃散。

混③跑,混說。

---

① 卡倫:邊卡,哨所,一說爲滿語借詞。

② 懶:懶。

③ 混:胡亂。

懶惰。
一根小棍子，一條槍，一桿槍，裝槍，放槍。
扔東西。
恰巧，特意，偶然，自然，按著。
成人，成事。
背著人拏東西不教人知道，是"偷"；把人家的東西硬拏了去，就是"搶奪"，不分夜裏白日，都說得。
那一股賊都逃散了。
山東那一股賊，竄到河南去了，百姓見了賊來，都四下裏①混跑。
說話沒有理，那算是"混說"。
人不愛用工夫，謂之"懶惰"。那一天有倆賊，一個拏著一條長槍，一個拏著一條大棍子混打，恰巧有人拏著一桿槍來了，看見了那個賊混打，趕著裝上槍就打。那個賊呢？那賊扔下棍子就跑了。帶著鳥槍的那個人是特意來的，還是偶然來的？怕是偶然來的，也不定。
他那個人很懶惰，怕不是成人的。人不愛念書，那兒可以成呢？人的心裏有力，自然可以成事。
人不按著道兒走，就是"混走"。

散語第二十二章

凡²、揣³、摩¹、約¹、准³、否³、更¹、改³、妥³、當¹、專¹、失¹、神²、參¹、差¹、忙²、向⁴、規¹、幹⁴、辦⁴、法²、胡²、鬧⁴、掄¹、催¹

凡事，大約。
凡論，專說。
揣摩。
准否，准了，更改，妥當。
專心，失神，太忙，參差，定向，定規。

---

① 四下裏：到處，四周。

幹事,辦事,辦理,法子。

胡鬧,混掄。

催人。

凡做事,總得³有定向。來的人是誰?我揣摩著是姓張的,大約是他。

那一件事還没有辦妥當,章程得³改,也不知道李大人准否?大約没有甚麼更改了。

念書、寫字都得專心,也不可太忙,辦事太忙,就有參差了。

要幹甚麼事,先得³定規,立准了主意就謂之"定向"。

幹事的時候兒,心裏不在,那就叫"失神"。

定妥了辦事的法子,就叫"定規①"。

那個人有一件要事,得趕辦,他一點兒不忙,同人催他快著些兒,他不肯聽,拏著棍子混掄,真是胡鬧。

論事不能指定,那就謂之"凡論"。説那一股賊有幾萬,那就是賊數兒的大凡。

以上這幾章是專説大股賊的多。

他那個人辦理甚麼事,都辦得不妥當,多有參差不齊。

散語第二十三章

語³、句⁴、吵¹³、喧¹、嚷³、哼¹、阿¹、哈¹、嘎¹、訛²、衰¹、困⁴、極²、夢⁴、貌⁴、美³、陋⁴、摔¹³、掉⁴、擱¹、揝⁴、窄³、則²、况⁴、且³

言語,一句話。

吵鬧,喧嚷,哼阿②哼的,哈哈的笑,嘎嘎的笑,冷笑。

訛錯。

氣血衰,困極了,做夢。

貌美,貌陋。

---

① 定規:決定,確定。

② 阿:啊。

摔了,掉下來,掉下去,擱①了,揝②住。

地方兒窄,一則,二則,況且。

他的言語,你懂得不懂？他這麼哼阿哼的,我一句話都聽不出來。他那一個人,我也不愛同他說話,一則我一開口兒他就是哈哈的笑,二則他說的話,也訛錯的多,況且他那個土音,我聽著很費事。

城門口兒的地方兒窄,來往的車馬多。

外頭是甚麼人喧嚷？跟班兒的、趕車的他們吵鬧呢。

那老頭子氣血衰了,身子困極了,躺在道兒上做著夢說話,那些人都嘎嘎的笑他。

你看那兩個小人兒,一個很貌美,一個很貌陋,那貌美的笑話那貌陋的,那貌陋的生了氣,把茶碗摔碎了。有人説了他兩句,他害怕,就説茶碗是掉下去的。揝住他的辮子要拉了他去,他倒在地下把胳臂擱了。

散語第二十四章

兆⁴、吉²、凶¹、祥²、瑞⁴、安¹、寧²、順⁴、寬¹、綽⁴、貧²、窮²、窘³、恒²、產³、朋²、友³、賞³、相¹、幫¹、留¹、能²、丟¹、根¹、現⁴

先兆,吉兆,凶兆,祥瑞。

安寧,順當。

寬綽,貧窮,很窘。

恒產。

好朋友。

賞東西,賞錢,幫人銀錢。

留下,不能丟了。

---

① 擱:因觸碰硬物而受傷。也作"戳"。

② 揝:攥。《漢語大字典》引元康進之《李逵負荊》第二折:"一隻手揪住衣領,一隻手揝住腰帶。"《西游記》第三十九回:"(老君)一把揪着頂瓜皮,揝着拳頭,罵道:'這潑猴若要咽下去,就直打殺了。'"

底根兒①,現在,現今,目下②。

事情不論吉凶,都有個先兆兒。

事情沒來之先,看見天上有甚麼,可以知道日後有祥瑞,那就謂之"吉兆"。

家裏的錢足,用的是寬綽,錢太少,過日子不足,那謂之"貧窮"。過日子有准進的錢,那就叫做"恒産"。

百姓沒有恒産,家事就不順當,日後怕不能安寧了。

甚麼是安寧呢?比方,去年河南那一塊兒,下連陰雨,秋天沒有收成,民人甚麼都丢了,人人兒窘得很,地方兒鬧得大亂,那就是不安寧。

地方官趕著賞了些米,把要逃的百姓都留住了。那時候兒我甚麼都丢了,找一個朋友説:"偺們這些年的相好,你幫我幾個錢,肯不肯?"他説:"沒有甚麼不肯的,真是不能。我們底根兒有那些錢,現在恒産沒了,一個大錢都沒有,連我自己也沒喫的。"

散語第二十五章

您²、喳¹、親¹、旁²、祖³、翁¹、兄¹、孫¹、舍⁴、弟⁴、奴²、才²、迎²接¹、葬⁴、絲¹、團²、絨²、尺³、貨⁴、昂²、替⁴、挑¹

您。
尊重。
旁人,祖上,老翁,家兄,舍弟,子孫,兒子,孫子,奴才。
"喳"得③一聲。
迎接。
下葬。
一團絲,幾尺絨,土貨。
替我。

———————

① 底根兒:原來,之前,從前。
② 目下:目前,現在。
③ 得:的。

挑好的。

昂貴。

粗細。

稱人"您",是有點兒尊重人的意思。"您好""您多喒來的"就使得。

"我的家祖"就是我父親的老子。

旁人的父親可以稱"老翁"。"令祖好阿""令尊好阿"是問您祖、您父親的安。向人稱自己的弟兄,説的是"家兄""舍弟",稱人家的弟兄,是説"令兄""令弟"。我兒子的兒女,是我的孫子、孫女兒。"奴才"就是使唤的人,有是買的,有不是買的,還是説底下人①的多。

家主兒叫,底下人"喳"得一聲,是順著聽話的意思。

今兒家祖回來,我去迎接。後兒他們老翁下葬,我得幫幫他們去。

那兩團絲,一團是粗的,一團是細的。

那絲不是你們這兒的土貨麽?可不是麽。那絨還不是土貨,請您替我挑一點兒好的。近來價錢昂貴,一尺不下二錢多銀子。

散語第二十六章

想³、怎³、却⁴、睡⁴、覺⁴、對⁴、賽⁴、嗇⁴、吞¹、疊²、次⁴、增¹、蔥¹、苗²、嫩⁴、桑¹、樹⁴、林²、森²、緑⁴、草³、溼¹、曬⁴、晒⁴

想著。

怎麼。

却是。

睡覺。

相對。

倆人賽,對賽。

嗇刻。

吞了。

---

① 底下人:下人。

向來。

增多,疊次。

一斤葱。

草木,青草,苗兒,老嫩,桑樹,樹林子,緑森森。

溼了,曬乾。

怎麼呢?大家都喝酒,你就睡了覺了麼?

你想,這個錢不是他吞了,却是誰?

他們倆人對賽著寫字。那個姓李的寫的字,比你的好不好?我們向來沒賽過,怎麼知道他好不好?

他那倆兄弟利害得很,都是過於嗇刻,不肯花錢。他們的銀錢一天比一天增多,那個兄弟還是疊次①吞人家的錢。

那個葱這兩天貴,不分老嫩,都是二百錢一斤。分牛羊肉的好歹,也有老嫩之説。

"草木"是花草樹木的總名。草木的東西,一出土兒叫"苗兒"。

"苗子"是四川東南的人,分生的、熟的②。

樹多,謂之"樹林子"。那桑樹林子緑森森的。

樹林子底下的地溼得很。

要把溼衣裳弄乾了,得³鋪在日頭地裏曬一曬,曬乾了就疊起來罷。

散語第二十七章

某³、乍⁴、初¹、和²、别²、素⁴、原²、待⁴、敦¹、厚⁴、薄²、傲⁴、嫉⁴妒⁴、慚²、愧⁴、絶²、交¹、實²、憑²、賓¹、拜⁴、應¹、陪²

某人。

乍見。

---

① 疊次:屢次。也作"迭次"。

② 明清時期統治者把苗族人分爲"生""熟"兩類,即所謂"生苗""熟苗"。"生苗"居于山中,叛服無常,不願接受統治階級管控。"熟苗"居處靠近漢人,生活習慣已被漢人同化,且須納稅服役。

起初,原是,原來,平素。
和我,和別人,待人,相待。
親熱,厚薄,敦厚,刻薄,傲慢,慢待,慚愧,嫉妬。
實在。
憑他。
可憑。
賓客,相拜。
陪著,正陪。

"某人"是不説出姓名來的人。有某人嫉妬我這個好兒,很刻薄我的了不得。這刻薄,原是嘴裏的刻薄話;心裏的刻薄,却是敦厚的對面兒。

"乍見"是一見之初。"乍見某人"是平素没見過的人,初次見他。多日没見的人見了,也可以説乍見。

他和⁴我不和²,和⁴别人也不對。他不分厚薄,待人都是刻薄。他這個人不同,待人没有不敦厚的,實在没可慚愧。

他們倆起初相好,近來絶了交了。他的爵位原來大,待人有點兒傲慢,那一天有賓客來拜,他却不見。他説的話也没有一句可憑的,我還要拜他去,見不見憑他。那³兒的話呢,您去,理應是見,我陪著您去,好不好?憑他慢待我,可以不論。

專主的是"正",幫同的是"陪"。

散語第二十八章

裱³、糊²、匠⁴、染³、顔²、紅²、藍²、淡²、新¹、舊⁴、紗¹、緻²、必⁴、須¹、光¹、潤⁴、玻¹、璃²、料⁴、擦⁴、碰⁴、裂¹、行²

裱糊。
匠人。
一疋紗,一疋布,緻子。
新的光潤,舊的顔色兒太淡,染紅的、染藍的都行。
玻璃,料貨。

必須。

擦一擦。

碰著,碰壞了,破了,碰破了,破裂,裂了,碎了,破碎。

窗户紙裂了,叫裱糊匠來糊上。單張兒紙糊在那兒是"糊",雙張兒紙糊在一塊兒是"裱"。

各行的手工人,叫"匠人"的多,木匠、瓦匠、鐵匠都説得。布是綿花做的,紗是絲做的。

有一塊布、有一塊紗顔色兒舊了,必須染别的顔色,原舊的顔色兒是紅的,還可以染藍的,要染甚麽顔色,都憑人家的主意。您瞧那一疋紅紗,顔色兒光潤不光潤?怎麽是光潤呢?那紗原來是好紗,又是新的,染得顔色兒又好看。這光潤不止於説紗,説别的也行。

"料貨"是玻璃東西的總名。

我拏那個玻璃瓶來,要擦一擦,碰在桌子上,破壞了。

有兩隻舩相碰,這一隻壞了,那一隻破碎了。茶碗掉在地下碎了。

散語第二十九章

剛¹、纔²、再⁴、等³、取³、送⁴、落⁴、永³、湊⁴①、挪²、拴¹、套⁴、商量¹²⁴、彀⁴②、尅¹、酌²、疑¹、惑⁴、喊³、答¹、應⁴、從²、末⁴

剛纔。

等著,從來,從前。

再來,再三再四。

永遠。

末末了兒③。

取東西,送東西。

---

① 湊:凑。
② 彀:够。
③ 末末了兒:最後。也説"末了兒"。

落下了,挪開,湊到一塊兒。
拴牲口,套車。
量米。
不穀。
一石。
斟酌,商量,疑惑。
喊叫,答應。
剛纔我們在這兒論起這件事來,再三的喊他過來斟酌,等了半天,他不答應,我疑惑他没聽見。
偺們今兒商量半天纔定規,以後永遠不改了。
再三再四的請他過來,他都不肯,末末了兒,還是我到他那邊兒去的。
我們十個人從前定得湊錢做買賣,後來落下了兩個人,還有把本錢取回去的,我瞧這個,我也不肯再把錢送了去了。
叫你把箱子挪開點兒,怎麼挪那麼遠?
這米,我量了,不穀五石,一個單套兒車就拉了。在我說,石數兒不止五石,不是二套車怕拉不了。
我是南邊來的,從來没坐過車,那趕車的到店裏,立刻就要錢,我疑惑從來没這個理,叫他等一等兒再來。

散語第三十章

臺²、灣¹、江¹、湖²、流²、浪⁴、闊⁴、浮²、橋²、井³、坑¹、衚²、衕²、巷⁴、野³、屯²、墳²、墓⁴、峯¹①、嶺³、尖¹

臺灣。
江河,湖海,長江,流水,順流,波浪,寬闊。
浮橋。
一眼井,一個坑,一條衚衕。

---

① 峯:峰。

大街,小巷,野地,屯裏,墳墓。

山峯,山嶺兒,峯嶺。

尖兒。

臺灣是中國東南海裏的地方兒。南北兩頭兒山嶺兒也多,也大,那峯嶺也很好看。

"江河湖海"是天下大水的總名兒。

偺們這兒的小河兒很窄,有浮橋就可以過去。那江面有地方兒寬闊,和[4]湖相同。

那長江之流,打[①]西到東,湖北來的舡到江西去,一路都是順流。到了江西,那兒的山水也可以。

那山峯的尖兒是個個不同,山峯是高而尖的,山嶺也高,就是沒有那尖的樣子。"尖兒"那個字眼兒,甚麼刀尖兒、筆尖兒都說得。京城裏沒有河水,喝的都是井水。

京城的買賣,大半在大街上開舖子,衚衕、小巷都是住家兒的多。

城外頭沒甚麼住家兒的,就叫"野地",連有墳墓的也算。

民人湊到一塊兒住的,北邊那就叫"屯"。

散語第三十一章

男[2]、爺[2]、娘[2]、幼[4]、輩[4]、頑[2]、耍[3]、蠢[3]、笨[4]、獸[1]、冒[4]、爽[3]、静[4]、舒[1]、服[12]、艱[1]、難[2]、耐[4]、羞[1]、辱[23]、討[3]、嫌[2]

男女,男人,女人,爺們,娘兒們,老爺。

老幼,老少,長輩,晚輩。

頑[②]耍,頑意兒,耍刀,獸子,蠢笨,冒失。

爽快,拉絲[③]。

---

① 打:從,自,表示起點。

② 頑:玩。

③ 拉絲:拖拉,不爽快。

安静,熱閙。
舒服,欠安。
艱難,耐著。
羞辱,討人嫌。
男女就是爺們、娘兒們。賊把男女、老少都殺了。
他一家子老幼都病了,是不分年高、年輕的,都不舒服。
和⁴祖父一輩兒的是長輩,和⁴兒孫一輩兒的是晚輩。
"頑耍"是小人兒們弄甚麽頑意兒。"耍刀"就是掄著刀耍,是武本事裏的事情。"蠢笨"是粗而無能的別名。
"獃子"是外面不明白的樣子。某人獃得很、實在蠢笨都可以説得。不該説的話説了,不該做的事做了,就是"冒失"。
説話、做事不會拉絲,就是"爽快"。
"人心安静"是説人心裏平定。他是個安静人,不愛熱閙。
心裏没累,是"舒服";身上欠安,此謂之"不舒服"。
日子不好過,是"艱難",總得³耐著。
自己不體面討人嫌,受了人的不好話,謂之"羞辱"。他吞了錢,受大家羞辱。

散語第三十二章

皇²、宫¹、朝²、廷²、建⁴、臨²、强²、良²、禁⁴、舞³、爲²⁴、匪³、反³、犯⁴、罪⁴、死³、黨³、争¹、鬭⁴、號⁴、靖⁴、恩¹、赦⁴、免³、隨²

皇上,朝廷①。
建立。
皇宫。
臨民,臨走,臨死。
鼓舞。

---

① 廷:底本作"庭"。

良民,強暴。

禁止,禁地,反了,爲匪,賊匪,死黨,争鬭。

號令。

地方不靖,犯罪,恩典,赦罪,寬免,難免。

皇上、朝廷都說得是主子家。

朝廷隨地酌情建立地方官,爲臨民①的官。

"臨走"是快要走的時候兒,"臨死"是就要死。

有事情民人出了力,地方官賞給銀錢,那是鼓舞的意思。

皇宮裏頭都算禁地,向例②禁止民人不准出入。

這地方頭裏③大爲不靖,每有強暴兩下裏④争鬭,難爲良民,那官不管,末末了兒良民也反了。近來的官很好,把從前的事情都反過來,把那賊匪全都平了。

賊匪湊的多,爲黨、爲股,和賊頭兒最親近的是死黨。

"號令"是帶兵的官出的口號法令,兵不聽號令,就是犯了大罪。

"赦罪"是人犯了罪,皇上隨事酌情寬免了。那都是皇上的恩典,受恩赦罪之後,再有爲匪的,那實在難免死罪。

散語第三十三章

古³、世⁴、孔³、聖⁴、儒²、佛²、廟⁴、座⁴、僧¹、俗²、尚⁴、傳²、經¹
楷³、率⁴、更⁴、濃²、貼¹、牆²、層²、掛⁴、畫⁴、唱⁴、曲³、抽¹

古來,往古,後世。

孔子,聖人,聖教,儒教,佛教,老子,道教。

幾座廟,僧家,道士,念經。

---

① 臨民:治民。
② 向例:慣例。
③ 頭裏:之前,以前。
④ 兩下裏:雙方,兩方面。

俗家，俗說，俗話。
和尚。
告示。
楷書，行書，草字，草率，墨濃。
裱幾層，貼在牆上，掛著。
畫兒。
抽空兒，唱曲兒。
早已過的時候兒是往古。

古來有個聖人，姓孔，他的教後世謂之"聖教"。爲中國最尊的，同時還有老子的教，謂之"道教"。佛教是西方僧家傳來的，尊佛爺出家的是"僧家"，俗說叫"和尚"。尊老子出家的是道士。"聖教"又名"儒教"，儒教裏的人叫"俗家"。三教的總名就是"僧道儒"。京城的廟多，有幾座是和尚廟，有幾座是道士廟，在那兒念經的聲兒，是和[4]人唱曲兒一個樣。

牆上貼的告示，寫的得[3]用楷書，用行書那就算草率，那草字更使不得。寫楷書比寫行書墨得[3]濃。

我屋裏牆上掛的那一張古字，今兒拏新紙裱上一層。

老弟畫得這麼好，怎麼不裱上掛在屋裏呢？

散語第三十四章

倉[1]、庫[4]、宗[1]、考[3]、如[2]、若[4]、雜[2]、另[4]、派[4]、盼[4]、望[4]、列[4]、衆[4]、涯[2]、依[1]、戀[4]、跨[4]、捨[3]、礙[4]、碍[4]、彼[4]、此[3]、處[4]、偏[1]、或[4]

倉庫，米倉，銀庫。
國計，民生，大宗兒。
如若。
考察。
雜亂。
另派。
別人，彼此，衆人。

盼望。
列位散了。
此處。
海角天涯。
依戀。
跨著。
"倉庫"是米倉、銀庫的總名。

米石銀兩是國計的大宗兒，米銀不足，實在礙於國計民生。這一件事辦得雜亂無章，聽見說要另派別人。不是要派，是已經派過了。又說派來的那一位，爵位大些兒，百姓盼望他來，好考察衆人。甚麼是衆人？

此處說的是手下的小官兒，那大人考察小官兒辦的事，如若雜亂，那小官兒難免重辦。

"列位"是你們這些位，是尊稱衆人的字眼兒。"衙門裏列位都散了"是衆官都回去了。

"海角天涯"是說彼此相離的過遠的話頭兒。

出門往遠處去，臨走的時候兒難免依戀，那"依戀"是"捨不得"的意思。或親戚、或朋友、或本家都說得。

人跨馬，是偏在馬一旁坐著；車外頭跨著，是一條腿空著，坐在車外邊兒。

散語第三十五章

揑[14]、灑[3]、洒[3]、掃[3]、尋[13]、砌[4]、碎[5]、狗[5]、欵[1]、修[1]、表[3]、圓[2]、扁[3]、剖[13]、寃[1]、枉[3]、迸[4]、跳[4]、造[4]、報[4]、彷[3]、彿[2]、筥[2]

揑著，揑做。
揑造，揑報，彷彿。
水灑了。
掃地，一把條帚。
砌牆，打碎。
一條狗。

欸一聲,迸①跳,跳過去。
修理。
時辰表,鐘表。
圓的,扁的。
剖開,分剖②。
冤枉。
他手裏捏著管筆,彷彿要寫甚麼。
那瓦盆兒是盆兒匠捏做的。那賊捏造告示,做爲官出的。
他帶著貨物,捏報是行李,叫卡倫察③出,全收入官。"洒"字和"灑"字是一個字。水在地下散開了,是水灑了。拏條帚來,把地掃乾净了。
要砌牆,先得打碎④。
那一條狗害怕,"欸"一聲跳過牆去,見了他的主人,滿地跳迸。
那個人打牆上迸下來。
我這個時辰表有點兒毛病,得³找個鐘表匠修理。
若論圓扁的不同,那西瓜就是圓的,那一本書就是扁的,那個錢是又圓又扁的。
我没犯法,人告我是賊,那不是我的冤枉麼?有人替我說明白了,那就是他給我分剖了。
剖開是用刀子破開,單⑤說西瓜,不說别的。

散語第三十六章

歲⁴、紀⁴、壽³、因¹、爲⁴、緣⁴、故⁴、耽¹、悮⁴⑥、容²、易⁴、便⁴、勁⁴、塗²、喜³、歡¹、惜¹²、欸¹、哄³、誆¹³、騙⁴、屈²⁴

---

① 迸:蹦。
② 分剖:解釋,辯明。
③ 察:查。
④ 打碎:打夯。
⑤ 單:只,僅。
⑥ 悮:誤。

歲數兒,年紀,高壽。
因爲,緣故。
耽悮,耽擱。
容易,費事。
方便,便宜。
交情,對勁兒。
使勁兒。
糊塗。
喜歡,愛惜,可惜。
欺哄,誆騙。
抽屉。
我是年輕的,他是有年紀的。他多大歲數兒?他有六十多歲了。
您高壽?我今年四十五歲。
那一件事耽悮了,是因爲甚麼緣故?那緣①故太多,不容易說。
這個辦法容易,那個費事的很。
可惜那個人過於糊塗,說不明白,耽擱了我半天的工夫,實在是不方便。屯裏有好些個不便宜②,我喜歡在京裏住。
我們倆彼此很對勁③,可惜他那個兄弟很會欺哄人,去年還誆騙了我幾兩銀子。"誆騙"這兩個字我懂得,他欺哄人是怎麼著呢?比方那一天,他知道某人和④他父親有交情,他捏造一個字兒,算是他父親要借皮褂子,後來他給賣了。
"抽"是使勁兒拉出來。抽屉是桌子裏、櫃子裏拉得出來的屉子。
把抽屉關上。

散語第三十七章

常²、屢³、公¹、私¹、務⁴、閒²④、空¹⁴、悶⁴、慌¹³、樂⁴、煩²、急²、奉⁴

---

① 緣:緣。
② 不便宜:不方便。
③ 對勁:合得來,相投。
④ 閒:底本作"間"。

求²、託¹、發¹、信⁴、雇⁴、孩²、撒¹、謊³、賺⁴、星¹、所³、雖¹

平常,屢次。
公私,公道。
事務,家務。
閒空兒。
煩悶,悶得慌。
奉求,奉託,託您。
打發,送信。
屯裏。
雇人。
孩子。
撒謊,賺錢。
所以,雖然。
那流星也是常有的,我屢次的看見過。
　說某事是平常多有,是說他常見的意思。公事原是官事,大衆的事也謂之"公事",就是家務都可以分得公私。事情不分公私,總得按著公道辦。
　他在家裏閒坐悶得慌。我心裏有些煩悶。
　您的公事雖然煩雜,心裏還樂。我有一件要事,實在累得慌,奉求您替我打算。
　昨兒我那相好的,因爲小孩子病,心裏煩悶,急要發信到屯裏問一問,託我替他雇一個人送信,我雇了一個人打發他去了,到後半天他回來,說沒有找著,我知道他是撒謊,所以不肯給錢。
　小價錢買來的,大價錢賣,那就是賺錢。那貨是一兩銀子一斤買的,還是一兩銀子賣的,所以不能賺錢。

散語第三十八章

承²、差¹、任⁴、署⁴、習²、部⁴、堂²、司¹、委³、員²、吏⁴、役⁴、皁⁴
隸⁴、供⁴、稟²³、帖³、存²、稿⁵、陳²、案⁴、照⁴、式⁴

差使。

實任，署理，署任，本任，幫辦，學習。

六部，堂官。

平行，上司，司官，委員。

書吏，書手，書班，供事，皁隸，衙役。

稟帖，稟報，知會，存稿，稿底子，陳案，文書，來文，去文，照會，家信。

式樣①，承辦。

官事不論大小，都叫"差使"。

本任的官，或是公出，或是撤任，有官替他辦事，那就是"署任"，和"實任"不同，所出的缺不大，上司每派委員署理。六部的上司都稱"堂官"，堂官之下就是"司官"，新到衙門候補的司官，爲學習行走。

文書所論的是公事，家信論的是私事。從下往上告報事件當用稟帖，行文的式樣不同。中外各國有事情得知會，平行的官來往用照會。

京城的衙門辦稿底子，不是司官辦，就是書班辦，這宗官人也叫"書吏"。書手、供事是有頂子②的書班，還是相同的差使。

文書發了，把存稿存著，那叫"陳案"。

衙門裏使唤的承辦零碎差使的人，總名叫"衙役""皁隸"。

散語第三十九章

脾²、性⁴、禍⁴、福²、命⁴、運⁴、志⁴、益²⁴、活²、動⁴、聰¹、願⁴、功¹、虧¹、辜⁴、負⁴、抱⁴、怨⁴、寒²、悔³、善⁴、惡⁴、其²、餘²、靈²

脾氣，志氣，性情，性急，好性兒。

禍福，命運，運氣，天命。

---

① 式樣：樣式。
② 頂子：也稱"頂珠"，清代官員冠帽頂部的裝飾品，通常以金銀製成托座，上嵌珍珠寶石，是區分官階等差的標志。清代規定尤爲嚴格，不得僭越。(中國文物學會專家委員會編《中國文物大辭典》，中央編譯出版社，2008年，641頁)

各處,處處,好處,益處。
聰明,活動,死樣。
用功,力量。
願意,情願,情願意。
喫虧。
辜負。
抱怨,後悔。
寒心。
善惡。
其餘。
他脾氣好不好?他性急得很,也不是不好性兒。
你性情愛抱怨,日後難免後悔。
他那一件事情成了,是他的命運好。在我說,不關運氣,都是他有志氣,肯用功的好處。
善人惡人,處處都有,他們的好處、苦處,各有不等,說是運氣的好歹,也是天按著善惡的功過,命定了的禍福。
人活的壽數長短,都是天命所定。
那姓李的叫他那麼寒心,是姓李的辜負他的好處,騙他的銀錢,令他很喫了虧。如今姓李的後了悔,願意相幫。他倒情願意①喫虧,不用姓李的力量。
在那些人裏分其善惡,內有三個是善,其餘全是惡人。
聰明是心裏有靈動,是蠢笨的對面兒。活動是死樣的對面兒。

散語第四十章

緊³、預⁴、備⁴、通¹、共⁴、合²、除²、剩¹、盈²、像⁴、似⁴、橫²、竪⁴、傷¹、棚²、著²、准³、勢⁴

要緊,緊急。

---

① 情願意:情願,願意。

預備。
通共。
合式。
合算,除了,下剩,下餘,盈餘。
像似,不像。
平擱,橫竪。
傷心,著急。
馬棚。
你天天兒來不來都不要緊,有緊急的事去叫你去。
你預備的那車輛,都很合式①。
可惜他蓋的那房子,不像房子的式樣,實在像馬棚兒似的,住著很不合式。
那房子通共②多少間?通共有百餘間。除了人住的,下餘③還有四五十間。
我合算起來,有一萬兩銀子的賬,除了還人之外,下剩④還有一二十兩銀子的盈餘。
我月月兒進的錢總不彀,沒有盈餘,反倒剩下些個賬目不能還,過這個日子實在傷我的心,彷彿天天兒著急,沒有法子。
有個人放槍,把他那小孩子打傷了很重。
門旁邊兒的木頭是竪的,門上下的木頭是橫的。
在地下平擱的東西,説橫説竪,那都是隨勢酌情的活動話⑤,如若在面前直著的爲竪,在旁面的人就以爲是橫。

亞細亞言語集卷之一　畢

---

① 合式:合適。
② 通共:一共,總共。
③ 下餘:餘下。
④ 下剩:剩下。
⑤ 活動話:視情況而定的、留有餘地的表達方式。

散語四十章摘譯

其一：些個，好些個，幾個，兩個，長³三寸四，一身一口，麥子，十個多，十來個，幾個牙，足四萬里。

其二：你的，他們，俗們，俩①，這個，那個，這兒，那兒，這麼大，那麼小，做甚麼，東西，有没有，很好，有不多的。

其三：住房子，裏頭，外頭，鋪子，関②門，開牕户，出去，進來，走著，上街，街上，知道，你住的房子大小，関上牕户，外頭土大，往那³兒去了。

其四：躺著，坐著，站著，快走，慢走，前頭，後頭，到了，叫人，衙門，一頂轎子，他那個人，買的是馬麽，不是，他不愛坐車，這兒的騾子比那兒的慢，他快囬³來了。

其五：拿字典，找字，認字，抄寫，我問你，告訴，看見，記得，口音正，你告訴我說，瞧過没瞧過，有你這麽好没有，跑著，請他教你甚麼，他不肯來，還有不記得的字麼，那³兒没有呢。

其六：一張紙，一本書，両④塊墨，五管筆，官話，懂得，聽見，不會，可以，不錯，完了，拿來給我，你給我買，在一塊兒看書，忘了好些個，也有記錯了的，聽得出來，你念過多少日子的書，你說得很是，我叫他抄寫。

其七：一鋪炕，一張床，帳子，蓆，鋪蓋，桌子，一盞燈，厨房，一把刀子，鍩⑤子，勺子，一口飯鍋，鍋蓋，蓋兒，一隻，茶盅，賣飯，做飯，很黑，我給厨子拏過去了，壞了，鋪上，鋪蓆。

其八：傢伙，碟子，點燈，燒火，也說得，吹燈，滅火，倒水，空壺，滿壺，使得使不得，收拾，零用的傢伙，花瓶也笇⑥是傢伙麼，倒茶，倒在鍋裏，叫人收拾很使得。

---

① 俩：倆。
② 関：關。
③ 囬：回。
④ 両：兩。
⑤ 鍩：鍩。
⑥ 笇：算。

其九：後年，上月，下月，前兒，今兒，明兒，就是，都是，那麼著，颱風，下雪，時候，天亮，黑下，一會兒，一點鐘，兩刻，半點鐘，一下鐘，那人他看過二十多年的書，做過五六個月的先生，還沒起來，可以説，不大很説，暖和得很，那麼冷，來過了，我們俩到這兒好些年了。

其十：各樣，早起，晌午，晚上，上半天，下半天，前半夜，定更，打更，更夫，多嗒，工夫，擱著，每年不是年年麼，罷了，那麼樣，各自各兒，大山都看不見了，下了雨。

其十一：刷洗，腌臢，乾净，靴子，鞋，襪子，穿上，脱下來，换上，縫補，□□，一條手巾，八件衣裳，臉盆，這盆水，换乾净的拏來，洗臉，刷子，刷一刷，兩樣兒，你洗手是愛使涼水是愛使開水，那火要滅了，這水温了半天開不了。

其十二：綿衣裳，夾衣裳，單衣裳，砍肩兒，汗衫，褂子，褲子，戴帽子，摘帽子，裁縫，撑子，洗澡，儘裏頭，馬褂子，上，針線。

其十三：欠賬，該錢，賬目，花費，很賤，不貴，便宜，票子，一吊錢，拏秤稱一稱，欠，是把我的錢拏給人使，花錢，好，得，同銀子錢一個樣兒。

其十四：柴火，煤炭，米麵，饅頭，白糖，雞子兒，雞子，牛奶，果子，弄菜，端菜，撤了，吃飯，喝湯，弄火，做飯，你愛吃饅頭愛吃飯，都拏下去，那就是撤了。

其十五：進京，直走，繞著走，坐舩，客店，掌櫃的，受累，乏了，歇著，那都看掌櫃的好不好，在我説，人乏了那兒都好，不過歇著罷了，有不很好住的，了不得，盤費。

其十六：行李，箱子，包兒，口袋，毡子，馱子，餕牲口，跟班，裝箱子，帶東西，追趕，太利害，包起來，怕是趕不上罷，就是了，駱駝都是口外來的。

其十七：腦袋，辮子，耳朵，眼睛，嘴裏，嘴唇子，胳臂，鬍子，指頭，指甲，腰腿，拉著，拽著，抓破，連著，很疼，聽不真，得梳了，長得奇怪，直不起來，都説得，拽住了。

其十八：鬢角兒，顋頰，下巴頦兒，鼻子眼兒，脖子，嗓子，肩髒兒，脊梁背兒，肚子，波棱蓋兒，踝子骨，骨節兒，刮臉，剃頭，體面，拏住，那個房子蓋得體面也説得，斬下來的腦袋就叫首級。

其十九：主子，家主兒，底下人，參贊，開缺，補缺，額數，捐官，比方，官民，管民的是文官，充數兒的是假的，没有甚麼真本事，不會芝①計策。

——————
① 芝：定。

其二十：章程，定章，卡倫，理會，太謬，盤察，巡察，太刻搜①，那塊兒的官，賊快來了，本分，一齊跑著。

其二十一：搶奪，偷東西，一股賊，逃竄，混跑，混說，一根小棍子，一條槍，一桿槍，裝槍，放槍，扔東西，恰巧，特意，按著，背著人拏東西，硬拏了去，混打，趕著，裝上槍就打，扔下，帶著鳥槍。

其二十二：大約，凡論，揣摩，准否，更改，妥當，專心，太忙，參差，定向，法子，胡鬧，混掄，催人，他一點不忙，得³趕辦②，幹事的時候兒，要幹甚麼事。

其二十三：吵鬧，喧嚷，哼阿哼的，哈哈的笑，冷笑，訛錯，困極了，做夢，摔了，掉下來，撂住，地方兒窄，一則，況且，那個土音，我聽著很費事，趕車的，做著夢說話，他害怕，你看那人。

其二十四：先兆，寬綽，很窘，恒產，賞東西，幫人銀錢，留下，丟了，底根兒，目下，都留住了，把要逃的百姓，收成，那時候兒，我甚麼都丟了，找一個朋友說偺們這些年的相好，肯不肯，他說，沒有甚麼不肯，真是不能，沒了，連我自己，也沒喫的，連。

其二十五：您，祖上，奴才，喳得一聲，土貨，替我，挑好的，昂貴，家祖，令尊好阿，順著聽話的意思，老子，使喚的人，一團絲，迎接，他們老翁下葬，家兄舍弟。

其二十六：想著，怎麼呢，對賽著寫字，嗇刻，向來，疊次，不是他吞了却是誰，樹林子底下的地淫得很，曬乾，曬乾了就疊起來罷，利害得很。

其二十七：乍見，起初，原是，原來，平素，和我，親熱，慢待，實在，陪著，憑他慢待我，可以不論，初次，刻薄話，多日沒見的人見了，不說出姓名來的人，來拜，那³兒的話呢。

其二十八：裱糊，匠人，甑子，料貨，玻璃，必須，擦一擦，碰在桌子上，碰壞了，光潤，顏色舊了必須染別的顏色，太淡，各行的手工人，有倆隻舩相碰，茶碗掉在地下碎了，也行。

其二十九：剛纔，等著，從來，末末了兒，挪開，湊到一塊兒，拴牲口，套車，

---

① 搜：搜。
② 底本作"辨"，據散語第二十二章正文逕改。底本多處寫作"辨"，整理本依文義改爲"辦"，以下不再注出。

喊叫,等了半天,我疑惑他没聽見,定得湊錢做買賣,落下了,不毅。

其三十:寬濶,一眼井,坑,一條衚衕,屯裏,小巷,很好看,打西到東,那山峯的尖兒是個個不同,尖兒那個字眼兒,甚麽①刀尖筆尖都説得。

其三十一:爺們,娘兒們,老爺,頑耍,耍刀,獸子,蠢笨,冒失,爽快,拉絲,熱鬧,心裏没累是舒服,欠安,總得³耐著,自己不體面討人嫌,羞辱,年輕,他吞了錢,獣得很,日子不好過。

其三十二:臨走,臨死,為臨民的官,出了力,鼓舞,都等禁地,不准出入,兩下,賊匪,屸②黨,再有為匪的。

其三十三:佛爺,道教,幾座廟,念經,告示,貼在牆上,掛著,畫兒,抽空兒,唱曲,更使不得,尊佛爺出家的是僧家,早已過的時候兒。

其三十四:如若,考察,盼望,另派③,這一件事辦得雜亂無章,已經派過了,手下,列位是你們這些位,海角天涯,跨著。

其三十五:捏④著,捏做,捏造,捏報,水瀝了,一把條帚,砌牆,打碎,一條狗,彷彿要寫甚麽,做為官出的,欻一聲跳過牆去,滿地跳進,打牆上迸下來,時辰表,鐘表匠,扁的,剖開,冤枉,分剖,有點兒毛病。

其三十六:歲數兒,因為,耽悮,耽擱,費事,對勁兒,緣故,糊塗,抽是使勁兒拉出來,欺哄,誆騙,抽屜。

其三十七:屢次,閒空兒,煩悶,平常多有,奉求您替我打等,急要發信到屯裏問一問,送信,雇人,他是撒謊,所以不肯給錢,賺錢,大衆,孩子。

其三十八:差使,署理,六部,堂官,上司,司官,文書,稟帖,稟報,行文的式樣不同,平行的官,知會,去文,公出,撤任,稿底子,這宗官人,書班,有頂子的書班,承辦,衙役。

其三十九:脾氣,也不是不好性兒,你性情愛抱怨,愛,喫虧,願意,各有不等,好處苦處,辜負,死樣。

其四十:要緊,你天天兒來不來,合式,實在像馬棚兒似的,通共,除了,下

---

① 摘譯部分的底本每句後有雙行日文注釋,該句在"甚麽"後斷句並加日文注釋,整理本據散語第三十課正文逕改。

② 屸:死。

③ 派:底本作"泒"。

④ 揑:捏。

餘，我合算起來，還人，盈餘，進的錢，総不夠，反倒，過這個日子實在傷我的心，著急，平擱。

高瀨震十郎
飛來　義躬　校字
冨①地　近思

----

① 冨：富。

卷 二

叙

　　余友廣部鹿山公，千葉之居士也。寓京多年，熟通我邦之南北語。因是我邦寓此之士大夫，莫不与友焉。余客歲來此時，亦深荷不棄。時蒙顧訪，其為人豪爽謙和，無俗士氣。平時攻苦自勉，分陰是惜。课餘之暇，欲將亞洲之方言書彙成一集，以公同好。昨以眆①定之第二编示余，並囑代為校音，披閱數三，見莫不妥切符合，其中谚語村言，訳之猶屬精詳，真為習華語者之一大助也。且華人之有心於東語者，亦頗可讀之。今後互相語言，既有可通之門，自無憂乎。友誼不益加親密，其為功豈止於習語哉？

光緒五年　歲暮廿四日
北平　龔恩禄　謹識

---

① 眆：所。

續散語第一章

猜[1]、襖[3]、餓[4]、截[2]、痊[2]、搓[1]、磨[2]、痛、板[3]、尋[2]、差[4]、攪[3]、賴[4]、叨[1]、耗[4]、刺[2]、稍[1]、臊[4]、疼[2]

他砍我。
我猜是這麼著。
這個是了。
你必定要作尣。
這個没用頭。
那個不對。
誰這麼説的？
你要説破了。
穿小襖兒。
拏了他來。
馬上去做。
喊孩子們來。
你多噴①纔能做。
辛②苦了你。
我餓了。
你的東西都齊截③了麼？
你都弄齊截了。
跟我一塊兒去。
尊大人痊癒了麼？
來這兒玩兒。

---

① 噴：《漢語大字典》引《字彙・口部》："噴，俗噴字。"多噴：多咱。
② 辛：辛。
③ 齊截：齊全，整齊。

這是甚麼做的？
你想去竟管①去。
你追不上我。
別搓磨②他。
我指頭疼。
起來，讓我過去。
我一個官板兒③都沒有。
你尋甚麼？
別耽擱乆④了。
差點兒。
短點兒。
別躱懶。
別攪我。
去幫著他。
他已經上蘇州去了。
他父親香山住。
你為甚麼這麼做？
你打那³兒來？
今兒甚麼風兒吹了你來？
別撒賴。
改天來。
除了這個，都拏了去。
這個是該擱在這兒的。
這兒是該擱這個的。
貓叼著一個耗子。

---

① 竟管：儘管。
② 搓磨：折磨。
③ 官板兒：銅錢，官家鑄錢所用之錢模稱"板"，由此得名。清俞樾《茶香室續鈔·板兒》記載："今北人稱錢，猶有官板之名。"
④ 乆：久。

今兒你可囘家罷。
刀刺破指頭了。
在樹那一邊兒。
叫打雜兒的拏水來。
給某人捎①個信兒。
儘你的心胸做就是了。
今兒幾兒②了？
快掌燈③了。
你成了客了麼？
你不害臊麼？

續散語第二章

湛⁴、份⁴、拘¹、鎖³、仍²、咳²、嗽⁴、模¹³④、熲³、溜¹、伶²、俐⁴、慌⁴、停²

没羞没臊的。
我也是這麼想呢。
別在老爺兒⑤地裏頑兒。
他有件湛新⑥的褂子。
快黑上來了。
先生許我去麼？
那些個，我頂⑦喜歡這一個。
你管你的罷。

---

① 捎：底本作"稍"。
② 幾兒：什麼時候，哪一天。
③ 掌燈：天黑之際。
④ 糢：模。
⑤ 老爺兒：太陽。
⑥ 湛新：嶄新。
⑦ 頂：最。

我估摸著不是。
我不信那個。
這份兒是我的麼？
有甚麼笑頭兒？沒辦妥呢。
不拘①甚麼都好。
鎖上那個門。
把孩子抱進去。
他仍舊不好。
我從來沒見過他。
剩得也不多了。
他纔剛②還在這兒。
看樣兒還倒罷了。
攔開點兒。
接頭兒另做過。
老是這個樣兒。
他有傷寒病。
他咳嗽得很。
想我幫你不想？
我眼睛模糊得慌。
老爺兒煾眼睛。
你給誰辦的事？
這時候兒別攪我。
你本不該這麼做。
跟我來溜打溜打③。
我怕言語。
馬撒歡兒④。

---

① 不拘：不管，不論。
② 纔剛：剛纔。
③ 溜打：隨便走，散步。也作"溜達"。
④ 撒歡兒：因興奮而連跑帶跳。

他是那一等人？
他是很伶俐的孩子。
今兒頂熱。
没甚麽大用處。在這兒等我囘來。他悅悅兒①上這兒來。
他多噴開舩？
別這麽冒失。
要得得³多少日子？
你要去多半天？
管他説去罷。
你要去多少日子？
還没有停當②麽？
全照著我的話做。
拏那個不更強麽？

續散語第三章

羅²、硯⁴、粧⁴、搭¹、揚²、飽³、顧⁴、佔⁴、蛋⁴、纂³、嬌¹、慣⁴、榴²、幹⁴、岸⁴、陽²、玫²、瑰⁴

我見天③吃藥。
悅悅兒張羅張羅。
你看見我的硯台没有？
他難過，不是假粧④的。
他盡⑤故意兒做的。

---

① 悅悅兒：偶爾，有時。多作"晃晃兒"。
② 停當：完備，妥當。
③ 見天：每天。
④ 假粧：假裝。
⑤ 盡：都，全。

俩搭①五個是多少？
他最愛體面揚氣。
他餧飽他的馬了。
他安排餧好他的馬了。
誰的不是一樣兒呢？
不能老是這麼樣。
那孩子竟②貪③頑兒。
只顧自各兒④多佔點兒便宜⑤。
把這蛋一個個兒拏出來。
任⑥甚麼都不管。
三鼻子眼兒，多出口氣兒。
你蓋起新房子來沒有？
過了一個月我纔去。
他有萬數兩銀子的家當兒。
我好容易纔明白這個意思了。
你成天家⑦做甚麼？
女人們梳纂兒。
男人們打辮子。
我無可奈何呀。
我作不得主兒。
我不敢出主意。
他嬌養慣了。
他來這兒好幾回了。

---

① 搭：加上。
② 竟：净，只。
③ 貪：貪。
④ 自各兒：自己。也作"自個兒"。也説"自己各兒""自己個兒"。
⑤ 冝：宜。
⑥ 任：無論，不管。
⑦ 成天家：整天，成天。也説"整天價""整天介"。

這我就見來得快了。
他也是老實人。
你愛喫石榴麼?
那是甚麼響的聲兒?
他上舩了。
再没有比這個明白了。
偺們頂好是幹甚麼呢?
他上岸去了麼?
太陽平西①了。
太陽快上來了。
明兒個早早兒的來。
清香的玫瑰花兒。
你多早晚兒②纔去呢?
只管拏就是了。

續散語第四章

妞¹、擱¹³、騰²、弦²、興¹、越⁴、淌⁴、壁³、莽³、搖²、鈴²、繫⁴、禁¹、忒⁴、透⁴、凍⁴、瘡¹

你是誰家的妞兒?
別混擱騰東西。
我忘了上鐘弦了。
跟紙的似的這麼輕巧。
誰興你做來著?

---

① 平西:落山。
② 多早晚兒:什麼時候。
③ 擱:翻。

小心點兒弄他。
你怎麼這麼想起來？
並不是這麼樣。
這個大有用處。
越多越好。
我提溜①不動。
你會浮水麼？
你會水麼？
你怎麼説來著？
溮的滿屋子精溼②。
第二囘該誰去？
下囘誰要去？
他舖子在我們舖子隔壁兒。
照舊擱囘那兒去。
他各個兒③來的莽撞。
未必然。
未必罷。
必定有益的。
必定怎麼樣兒纔好呀？
不能這麼樣聽説。
不能不假。
再没有不假的。
左不過④是你幹的。
喉，這是甚麼？
太多嘴了罷。
搖鈴兒是賣線的。

―――――――――――

① 提溜：提，拎。
② 精溼：非常濕。
③ 各個兒：自己，也作"自各兒"。也説"各自各兒""各自個兒"。
④ 左：左。左不過：反正。

摇波浪皱①儿的。
倒一半儿。
装一半儿罷。
這油點不著。
臨到誰念了？
你不肯減點兒麽？
繫緊著。
紮緊他。
我輭弱，走不動這麽遠。
這茶忒淡了。
跟石頭這麽硬。
誰肯跟他動手？
別頑兒的太粗了。
這塊地地主兒是誰？
活扣兒②更容易解。
礙你甚麽相干？
這肉没煑透。
這肉没燒透。
別再上這兒來。
我脚上長³凍瘡了。
我的脚凍了。

續散語第五章

獸¹、跌¹、仰³、媳²、婦⁴、搘¹③、聾¹、啞³、禮³、擋³、遲²、瞎¹、並⁴、棵¹、搷⁴、逍¹、遥²、種⁴、畝³、機¹、密⁴、擰²、結¹、繩²、整³

---

① 皱：鼓。
② 活扣兒：活結。
③ 搘：底本作"檐"。同"支"。支拄，支撑。《洪武正韵·支韵》："搘，搘捂。"

熱了，等他涼凉兒著。
你可別小心做。
爲甚麼獸住？上前兒阿。
他跌了個仰八脚兒①。
擱囘原處兒去。
把車往後拉些兒。
我媳婦兒是他妹妹。
揹起這窗戶來罷。
我的脚麻了。
各式各樣兒的都有。
他幹事不留心。
他天生得又聾又啞。
我還不能呢，何況你。
每七天一個禮拜。
每樣兒要點兒。
我要造得活便②纔好呢。
在這兒多半天了。
那個就保不定。
你起開，別再碰著我。
這井是頂深的呀。
小心掉下去了。
沒別的能耐。
你起來，別擋著道兒。
沒有別的能處。
你爲甚麼來得這麼遲？
竟顧那一件事。

———————

① 仰八脚兒：臀背着地，胸腹向上的姿勢。
② 活便：方便。

這陣兒該當①做了。
別聽他說瞎話。
他不管甚麼話兒都說。
別佔這們②寬地方兒。
儘著量兒試一試。
這正是我想著的呀。
並沒有在這兒。
拔起這棵小樹兒來。
別搖捏這桌子。
你偏著那邊兒。
你向著我這邊兒。
他是逍遙快樂的。
你種著多少畝地？
那事總別題③了。
瞎了一隻眼。
那事他辦的機密。
幫我擰結實這繩子。
幫著繞結實這繩子。
有整千整萬的人。

續散語第六章

印[4]、俏[4]、敗[4]、腕[4]、熊[2]、胖[4]、煎[1]、罰[2]、蛛[1]、網[3]、切[1]、縱[4]、俊[4]、漸[4]、濟[4]、螞[3]、蜂[1]、螯[1]、蝎[1]、獬[4]、扮[4]

耳朵有點兒背。

---

① 該當：應當。
② 這們：這麼。
③ 題：提。

怕落了顏色兒。
這書在那³兒刷的？
這書不印來賣了？
這書現在不印了。
向來沒別的心。
打開鋪在草地上。
這個你說①的很俏皮。
他全家兒敗盡了。
這個可意罷？
這是他最疼的兒子。
他扭了腿腕子了。
核兒也別扔。
隨便兒就是了。
這樹纔結菓子。
這樹新結菓子。
這個差的真利害了。
我還能辨得來麼？
我再也不能受了。
再也不能忍了。
你見過熊麼？
我寧可不去。
他是頂胖大的。
別這麼快。
我跟他搭夥計。
煎點兒，下剩的燒罷。
誰有銀子放賬麼？
擱在樓板上。
每月多少工錢？

---

① 說：底本爲"送"，"說"疑爲後人所改。

難道你給多少麼？
他受罰了一兩銀子。
掃了那個蛛蛛網。
切碎了他。
那個我們永遠做不來的。
快去，你看悞了。
他常丟小刀子。
很像哥兒兩個。
他縱孩子撒野。
這孩子長得俊。
漸漸兒好上來了。
一間比一間好上來了。
一間比一間還不濟。
那個誰頂著不是？
比先頭裏①的更好。
越舊的更好。
我叫螞蜂螫著了。
蝎子螫了手。
跑馬獼的打扮兒。

續散語第七章

財²、綁³、謹³、慎⁴、閧⁴、咬³、仇²、仗⁴、芽²、坭²②、鑲¹、鴉¹、蚊²、調²、羹¹、艙¹、檔⁴、投²、磡³

打扮的整整齊齊兒的。
房子要脩蓋了。

---

① 先頭裏：先前，以前。
② 坭：泥。

這是該管的麼？
他多大財主？
這程子①我沒見他。
這都不好，起頭兒再做罷。
太寬了，綁緊點兒。
更要謹愼了。
打過了四點鐘了。
找人補這個去。
他心裏頭竟想發財。
関狗咬猪。
他嘴硬，不認是他作的。
把這頭兒朝上拏著。
他更是老江湖了。
睡慣早覺了。
大②夫不下藥了。
他又活了麼？
長成是這個樣兒的。
他們兩個人有仇。
那兩國打仗呢。
他在我們村兒裏住。
你種的樹都發芽兒了。
水有下巴頦兒這麼深。
坭有脚面這麼深。
都是金子鑲成的。
一挑子零這一點兒。
屋子裏頭好些個耗子。
耽擱日子太多。

---

① 這程子：這一段時間，這些日子。
② 大：底本作"太"。

這兒有無花菓没有？
鴉片烟是從那兒來的？
掛起這個來罷。
弄個套兒掛上他。
那是老樣兒的帽子。
怎麽這些個蚊子？
你會治這個病麽？
那些調羹短①了一把了。
在艙底下呢。
還没毂我的本兒呢。
這個誰上檔②？
話不投機。
他撂了我們了。
他賣這個賺③好錢呢。
過個門礄兒④就好了。

續散語第八章

勤²、煳²⑤、焦¹、炒³、曲¹、滷¹、鏡⁴、膓²、餬¹、饒²、形²、餉³、蜣¹、螂²、宰³、羅²、怯⁴、攪¹、變⁴、卦⁴、省³

今兒有點兒發獃。
倒過來再裝。
勤點兒攪著，別叫他煳了。
不過僅毂偺們使的。

---

① 短：少。
② 上檔：上當。
③ 賺：賺。
④ 門礄兒：門檻兒。
⑤ 煳：糊。

不論賺多少，賣了他就完了。
這豆子沒炒麼？
我盡力兒幫著你幹。
曲曲灣灣的走了半天。
你小心照應這牲口。
要喫個滷牲口。
拏鏡子照臉。
沒心腸幹事情。
用心用意的寫字。
他仗著甚麼餬口？
把這個字兒繙譯出來。
那都是白說。
那都是白饒①。
出於情理之外。
也是中年的人了。
他該的利錢比本錢還多。
把事的情形告訴我。
明兒是關餉②的日子。
比沒有東西強阿。
比空著手兒強些兒。
這時候兒發了大財了。
這兒住，伙食太貴。
我是外鄉人。
我就打發人來拏。
打死那個蛞螂。
他們要宰一隻牛。

---
① 白饒：白白耗費。
② 關餉：舊時稱領取工資。"關"是領取之意，"餉"本指軍人的俸給。也稱"關錢糧"。清代旗人不論有無職業，每月按例"關餉"。其後，此制雖廢，但此詞仍被一些老年人用爲領取工資的代稱。（徐世榮編《北京土語詞典》，北京出版社，1990年，538頁）

偺們要往舟山灣①一灣舩。
波羅②我喫怕了。
別發怯。
很不通情理的人。
又不通文理。
不過是說個笑話兒。
管他做甚麼。
這個不大興。
鳥槍裝了藥沒有？
兩樣兒攪和著喫。
變了卦了。
言不應口。
他是斯文人。
留下這個湊著使。
他是省錢的娘兒們。

續散語第九章

瘖⁴、鬬⁴、劑⁴、吐³、紋²、絆⁴、溷⁴、睁¹、侮³⁴、陶²、藏²、圇²③、醉⁴、
鮮¹、露⁴、錦³、戲⁴、逢²、酬²、濯²、含²、漆²、核²、掉⁴

說這句京話怎麼說？
東家有事給我做。
他有發瘖子的病。
這隻雞鬬不過那隻雞。
這是一劑藥。

---

① 灣：停泊。
② 波羅：菠蘿。
③ 圇：圇。

那是犯法的。
別吐核兒。
他是没禮貌的人。
這是十足紋銀①。
臉上焦黄的。
貪心不足。
得一步,進一步。
撒謊掉皮的。
嘴裏説好話,脚底下使絆子②。
事情辦的有邊兒③了。
大清早起別溷説。
睁著眼兒的瞎子。
滿嘴裏説瞎話,侮弄人家。
愛戴個高帽子。
摇摇擺擺的走道兒。
這孩子太陶氣④。
好喫懶做的,不是東西。
戴著老爺兒就鬧賊。
狗拏耗子,多管閒事。
説話不藏私。
他説話不饒人兒。
大手大脚的花慣了。
辛辛苦苦的,圖甚麽?
前思後想很為難。
鬧的很不像樣兒了。
見一樣兒,會一樣兒。

---

① 紋銀:舊時稱成色最好的銀子,因表面有皺紋,所以叫"紋銀"。
② 使絆子:故意伸脚絆倒別人,比喻用不正當手段暗算別人。
③ 有邊兒:有眉目,有進展。
④ 陶氣:淘氣。

没酒兒三分醉。
他竟幹些個新鮮樣兒。
低三兒下四的。
拋頭露面的。
錦上添①花的人多。
逢場作戲的應酬朋友們罷咧。
雨濯淫了衣裳了。
做臉兒②不做臉兒?
幹事情鬼頭鬼腦的。
見財起意。
說話含③含糊糊的。
殺生害命的。
雪白的臉蛋兒,鮮紅的嘴唇兒,漆黑的頭髮。

續散語第十章

碧⁴、圈¹、翠⁴、鐲²、夠¹、鹹²、臭⁴、噴⁴、訓⁴、甜²、酸¹、澀⁴、懸²
努³、臘⁴、滑²、趄⁴、趑⁴、坡¹、趿³、穩³、蹩²④、盪⁴、側¹、撬⁴、攀⁴
釘¹、鈕³、滾³、燙⁴、佩⁴

碧綠的耳圈兒。
翠藍布的大衫。
焦黃的金鐲子。
他穿著一件藍不藍、綠不綠的。
鹽擱多了夠⑤鹹的。

───────────

① 添:添。
② 做臉兒:能夠爭得榮譽,增添光彩。
③ 含:含。
④ 蹩:盤。《漢語大字典》引《廣韻》:"薄官切,平桓並。元部。"屈足,盤腿坐。
⑤ 夠:很,非常。

齁臭的。
噴香的。
精淡的。
齁苦的。
訓甜的。
齁酸的。
怪澀的。
粗風暴雨的天。
晌午錯了①。
説話東拉西扯的。
説話胡拉溜扯的。
陰涼兒裏坐著，凉快罷。
滿嘴裏胡説八道的。
有件事很懸心。
龙右做人難。
深不的，淺不的。
輕不好，重不好。
人不知，鬼不覺的。
二人同一心，黃土變成金。
齊心努力的幹事。
十冬臘月的天冷。
滑了個趔趄。
頂高的個，趄坡子。
下坡兒容易，上坡兒難。
嘴裏的牙都活動了。
兩隻脚，跐②穩了纔好。

---

① 晌午錯了：過了正午，日稍西斜。
② 跐：踩，踏。

晃離晃盪①的站不住。
蹩著腿兒坐著。
側著身子躺著。
前仰兒後合的站不住。
拏通條②撬開門。
帽子沒有帽襻兒。
拏針釘上鈕襻兒。
馬驚了。
冰涼的水，冰的慌。
滾熱的茶，怪燙的。
"馬上"就是"立刻"一個樣。
沒見世面的人。
眼錯不見③的就沒了。
心急腿慢，總趕不上他。
越窮越見鬼。
我很佩服他。
若要人不知，除非己莫爲。

續散語第十一章

痛⁴、遭¹、邊¹、悟¹、楊²、猶²、耿³、惹³、冠¹、寄⁴、居¹、魯³、晾⁴、恐³、迸³、防²、唬⁴、濺⁴、屈¹、摧³、癢³、籃²、呃²④、撼¹、鑼²、擂² 篩¹、筵¹⑤、釃¹、撼¹、烙⁴、謡¹、辣⁴

多嘴多舌的，愛說話。

---

① 晃離晃盪：搖晃，不穩。
② 通條：用來捅爐子或槍、炮膛等的鐵條。
③ 眼錯不見：一眨眼的工夫沒看見。
④ 呃：嗝。
⑤ 筵：篩。

不分青紅皁白。
天寒火冷。
說話真痛快。
他是光明正大的人。
嘴裏混遭遏人。
前不著村兒、後不著店兒的地方兒。
頭惛腦悶的，很難受。
你有點兒不懂好歹。
求你好歹別說出來。
真是個滾刀肉①。
我橫竪②不告訴人。
水性楊花的。
心裏頭猶豫不決。
兩頭兒害怕。
心裏頭很不耐煩。
別錯了過節兒。
順情說好話。
耿直惹人嫌。
衣冠齊楚③的。
寄居在此地。
手頭兒寬綽。
心活了。
說話伶牙俐齒的。
有情有義的人。
他的心眼兒好使喚。
情投意合的。

---

① 滾刀肉：比喻不通情理、胡攪蠻纏之人，不好對付。
② 橫竪：反正。
③ 齊楚：整齊（多指服裝）。

他是個粗魯人。
他本不是個好貨。
晾涼了再喫。
本來不是個好東西。
前門大街走了水了。
兩頭兒不見面兒的話。
恐怕對①出光兒來。
他非骿就騙。
冷不防的唬②了一跳。
冷冷清清的地方兒。
濺了一身水。
滿肚子委屈，説不出來。
撾③癢癢兒。
撾④籃子。
喫飽了，打飽呃。
摱鑼⑤擂⑥皷。
搴篩子筬筬米。
酒冷了釃⑦酒。
搌⑧麪烙餅喫。
幹事情麻利。
別溷謅言兒。没受過酸甜苦辣⑨。

---

① 底本"恐怕對"後有"去"字。
② 唬：威嚇或蒙混。
③ 撾：搔，輕抓。
④ 撾：用胳膊挎。
⑤ 摱鑼：敲鑼。
⑥ 擂：底本作"擋"。
⑦ 釃：底本作"灑"。釃：濾酒，斟酒。
⑧ 搌：用拳頭揉，使摻入的東西和勻。
⑨ 辣：底本作"竦"。

續散語第十二章

邋², 耷¹、趴¹、撓²、梹¹①、榔²、愁²、展³、搎¹②、轉⁴、婆²、劐¹、蹉¹、唏¹、瘪³③、瘙¹④、乎¹、者²、窸⁴、体⁴⑤、覆⁴、屠²、秃¹、窘²、磁²、擠³、宿³、悄³、驆³、雀³、蟻³、蚌⁴、劾⁴、勞²、柁⁴⑥、糟¹、糕¹

這厨子做東西邋遢。
狗耳朶耷拉著。
趴牆兒撓壁兒的，站不住。
老太太喫梹榔——悶著⑦。
愁眉不展的。
大處兒不算，小處兒算。
摸摸搎搎的。
欺善怕惡的脾氣。
轉了向兒了。
搖頭幌腦的。
正在氣頭兒上，別惹他。
這事情有點兒撓頭。
萬事起頭兒難。
裝模做樣的不是個東西。
睁個眼兒，合個眼兒。

---

① 梹：檳。
② 搎：索。
③ 瘪（biě）：《漢語大字典》引《廣韻·屑韻》："瘪，戾瘪不正。"
④ 瘙：憋。
⑤ 体：笨。
⑥ 柁：舵。
⑦ 老太太喫梹榔——悶著：梹榔，即"檳榔"。老太太牙不好，吃檳榔不能咀嚼，只能在嘴裏含着。比喻人悶聲不響，閉口不言。

竟拉些個老婆舌頭。①
剷著花點子銀子罷咧。
脚也跴了,手也跴了。
唏唏哈哈②的笑。
瘪嘴子是没牙的人。
瘢著一肚子氣,没地方兒生。
貼錢買罪受。
遮遮掩掩的,怕人家看見他。
滿嘴的之乎者也。
一竅不通。
我是個㑒漢子。
反覆③不定的脾氣。
屠户就是賣肉的人。
筆尖兒都寫禿了。
古窑的磁器④。
没頭髮的人就是禿子。
努嘴兒,擠眼兒。
偷偷兒的,別言語。
整⑤宿的睡不著覺。
悄不聲兒的,別言語。
長的模樣兒很俏皮。
他騎著一匹大騾驢。
樹梢兒上落著個雀兒。
樹根兒都叫螞蟻蛀了。
白効勞。

---

① 拉老婆舌頭:不負責任地背後傳閑話,挑撥是非。
② 唏唏哈哈:嘻嘻哈哈。
③ 反覆:反復。
④ 磁器:瓷器。
⑤ 整:底本作"正"。

滿嘴裏告饒兒。
舩梢兒上坐著個柁工。
大家夥兒鬧糟糕。

續散語第十三章

插¹、鞘⁴、莿⁴①、謠²、毫²、嚴²、獨²、占⁴、鼇²、棋²、譜³、鳴²、睦⁴、募⁴、重²、齋¹、戒⁴、沐⁴、腐³、符²、咒⁴、撇¹、斧³、劈¹、覷³、降²、伏¹、袱²、幅⁴、蠹⁴、堵³、窟¹、窿²、揆²、度⁴、飾¹、鍍⁴、吐⁴、瀉⁴、督¹、制⁴、轆⁴、轤²、台²、物⁴、圖²、兔⁴、狐²、悲¹、糞⁴、櫓³、館³

嘴裏頭吹哨子。
把刀挿在鞘子裏去。
身上莿撓②，洗個澡就好了。
造謠言，說瞎話。
絲毫不錯。
賊咬一口，入骨三分。
能言快語的。
各人的巧妙不同。
號令嚴明。
獨占鼇頭。
下棋、畫③畫兒都有譜。
步步兒留心。
公的母的分不清。
草雞下蛋，公雞打鳴兒。
哥兒兩個不和睦。

---

① 莿：刺。
② 莿撓：發癢，也作"刺鬧"。
③ 畵：畫。

募化重修。
齋戒沐浴。
白水煮豆腐。
畫符、念咒真可笑。
浮頭兒①的撇②了他去。
緊底下③的也不要。
拏斧子劈柴火。
臉上發了福了。
目覩眼見的。
我最能降④伏他。
拏包袱包衣裳。
竟做些個不要臉的事。
牆上掛著四幅畫兒。
我最不賓服⑤他。
當今的老佛爺。
舊書裏頭有蠹魚子⑥。
堵住這個窟窿。
揆情度理。
首飾都是鍍金的。
上吐下瀉。
各省的總督就是制台。
單人獨馬的。
井台兒上有轆轤打水。
獨門獨院兒的住。

---

① 浮頭兒：表面。
② 撇：由液體表面輕輕舀取。
③ 緊底下：最下面。
④ 降：降。
⑤ 賓服：服從，佩服。
⑥ 蠹魚子：即蠹魚，一種有銀白色細鱗、形似魚的蟲子，常蛀蝕衣服、書籍。

圖財害命的事。
打了圖書①沒有？
牆上貼著一張行樂圖。
兔死狐悲，物傷其類。
銀錢如糞土，臉面值千金。
羞惱變成怒了。
僱了一隻大櫓舡。
到館子裏端兩碗滷麪。

續散語第十四章

賄⁴、賂⁴、軲¹、碌⁴、麇¹、麀²、觪①②、搬¹、陸⁴、珠¹、寶³、蜘¹、暫⁴、硃¹、餂¹、恫³、愜³、鏝⁴、顛¹、餂³③、塡²、墊⁴、掂¹、醬⁴、沾⁴、靛⁴缸¹、丸²、膏¹、丹¹、擔¹、均¹、勻²、攤¹、篆⁴、緶¹、綻⁴、慈²、熬²伺⁴、憋¹、泉²、餞⁴、踐⁴、鏨⁴、釖⁴、齉⁴、仙¹、黏²、涎²、歆⁴

千萬別受賄賂。
滿地下軲轆。
勞碌得狠。
麇、麀、野鹿最多。
鹿觪角的搬指兒。
水陸平安。
珠寶玉器。
房簷兒上有蜘蛛網。
暫且歇歇兒。
近硃者赤，近墨者黑。

---

① 圖書：圖章。
② 觪：觪。
③ 餂：舔。

最愛喫個奝餑餑。
你納府上在那³兒住？
這孩子很悃愩①。
錢鏝②兒上有滿洲字。
幹事情顛三倒四的。
餂了一舌頭。
挐土填平了這個坑。
墊穩了這條桌腿兒。
挐手掂掂有多重。
挐清醬沾著喫。
靛缸③裏拉不出白布來。
丸、散、膏、丹都是藥。
手裏挐著條扁擔。
均攤勻散的。
把衣裳疊舒展了。
真、草、隸、篆四樣兒字。
縫縺補綻是本分事。
穿房入屋的。
心慈面頓的。
煎湯熬藥的伺候他。
一文錢憋倒英雄漢。
川流不息的人。
可著④那兒都是泉水。
顧前不顧後的脾氣。
明兒給他餞行。
別溷作踐他。

---

① 悃愩：腼腆。
② 錢鏝：金屬錢幣的背面，一般沒有字。
③ 缸：缸。
④ 可著：在某個範圍內。

鏨花兒的鈕釦子。
黃泉路上沒老少。
同居各爨①。
連竄帶跳的。
要個人兒舉薦纔好。
比神仙還舒服。
乾菓子、鮮菓子都有。
嘴裏頭流黏涎子。
如今他都収②歛了。
只剩了一線之路。拏個針線兒來釘書。

續散語第十五章

羨⁴、慕⁴③、颷⁴④、剥¹、楦⁴、鏇⁴、漩⁴、窩¹⑤、珊¹、瑚¹、傘³、埋²、燻³、潦³、束⁴、稼⁴、淹¹、噀⁴、演³、搽¹、胭¹、抹³、粉³、遜¹、奸¹、詐⁴、饞²、劍⁴、贈⁴、烈⁴、佳¹、捲³、鰥¹、孤¹、灌⁴

我十分羨慕他。
颷颷風兒就是羊角風。
拏刀剥了皮兒去。
鞋小必得³楦頭楦。
桌子腿兒是木頭鏇⑥的。
渾身都酸頓了。
河底下有個漩窩。

---

① 爨：燒火做飯。
② 収：收。
③ 慕：慕。
④ 颷：旋。
⑤ 窩：窩。
⑥ 鏇：回旋着切削。

在京候選的官兒。
算盤子兒打得清著呢。
頭上戴的是珊瑚頂子。
散了班兒了。
這雨傘是多少錢一把？
寃屈的受不得。
一家子團圓了。
拏銀子捐官竟是上①檔。
原本該這們著纔是。
隔著院牆就看見了。
別溷埋怨人家。
這是你情我願的。
烟②燻火燎的，很腌臢。
頂冠束帶的。
莊稼都叫大水淹了。
顙子③裏嚥不下去。
端硯出在那塊兒？
偺們試演試演，好不好？
你替我遮掩著些兒。
搽胭抹粉兒的。
十分討人厭。
出言不遜。
奸詐的了不得。
眼不見嘴不饞，耳不聽心不煩。
大丟人。

―――――――――

① 上：底本作"止"。
② 烟：烟。
③ 顙子：嗓子，喉嚨。顙：《漢語大字典》引《廣韻》："蘇朗切，上蕩心。陽部。"隋巢元方《諸病源候論·鼻病諸候》："煩顙之間，通於鼻道。"元蕭德祥《殺狗勸夫》第四折："動不動掐人的顙子，哎，這好歹鬭的書生，好放刁的賊子。"

給臉不要臉。
夢見甚麼説甚麼。
再別混信人家的話。
耳聞不如眼見。
他一點兒不關心。
建功立業。
寶劍贈與烈士,紅粉贈與佳人。
假公濟私。
捲了一個鋪蓋捲兒。
甘心情願替他。
鰥寡孤獨的人。
拏酒灌他,看他喝不喝。

續散語第十六章

釣[4]、竿[1]、桅[2]、杆[1]、趿[1]、牽[1]、謙[1]、恭[1]①、縴[4]、踒[2]、篷[2]、權[2]、顴[2]、邪[2]、扇[4]、歇[3]、掀[1]、簾[2]、險[3]、陷[4]、宦[4]、餡[4]②、限[4]、患[4]、綵[3]、閉[4]、鈎[1]、環[2]、癱[2]、瘓[2]、翰[4]③、希[1]、罕[3]、席[2]

手裏拏著根釣魚竿兒釣魚呢。
感化他的心。
舩上三枝桅杆很高。
趿拉④著鞋兒。
牽腸掛肚的很難受。
説話幹事要謙恭些兒。
假粧看不見。

---

① 恭:恭。
② 餡:餡。
③ 翰:翰。
④ 趿拉:穿鞋只套上脚的前半部分。

欠人家的還沒有還。
糧舡上頭好些個拉縴的。
伸著一條腿,蹺著一條腿。
他給人家拉篷扯縴①的。
攢著拳頭打人。
仗著兩個空拳頭過日子。
兵權在手。
他會打拳脚。
臉上顴骨高。
他很有權變。
殺了個雞犬不留。
勸他改邪歸正。
扇子上別落欵。
沒有犯條欵。
看守著,別丟了。
我有點兒憎嫌他。
掀簾子進去罷。
他為人很險。
那是件很險的事。
連哭帶喊的叫喚。
天塌地陷②。
官宦人家兒。
饅頭是沒餡兒的。
限他多少天做好了。
很懸心③。
患難的朋友。

---

① 拉篷扯縴:扯起竹篷,拉着縴繩。比喻從中撮合促成,更常見的用法是"拉縴"。
② 陷:陷。
③ 懸心:擔心。

懸燈結綵的很熱鬧。
關門閉戶的很冷清。
鈎搭連環的事情。
出了門兒不管換。
酒肉朋友，柴米夫妻。
他得了一個癱瘓病。
包含著些兒。
說話含糊。
做事痛快。
他是翰林出身。
喫希罕①東西，見希罕事情。
不希罕你的東西。
小漢仗②兒。
滿漢酒席很講究。

續散語第十七章

遞²、嗆¹、擺³、架⁴、棄⁴、撲¹、蛾²、避⁴、諱⁴、藐³、視⁴、稀¹、爛⁴、燉⁴、噴⁴、拙¹、呲¹、咕¹、嚷¹、嘟¹、噥¹、鎖³、鑰⁴、匙²、糊²⁴、拍¹、響³、撥¹、擶¹、丁¹、徧⁴、久³、揀³

再遲了就趕不上了。
我老沒有見他的面兒。
遞給我那個水煙袋。
喝水喝嗆了。
我老摸不清這件事。

---

① 希罕：稀罕。
② 漢仗：身量。

穿衣裳竟鬧排子①。
尢擺架子。
一個人兒做不來。
前玏②盡棄了。
撲燈蛾兒把燈撲滅了。
我避諱他。
閉門思過。
瞧不起他。
藐視他。
頂能幹的娘兒們。
萬不能丟開手。
這件事了不了。
儘著量兒喝酒。
落不出好來。
我没有很聽清楚。
打了個稀糊腦子爛。
把肉燉了個稀爛，噴香。
拙嘴体題的不會説話。
滿嘴裏混吣③溷説。
嘴裡咕嚷甚麼。
嘴裡嘟嚌④甚麼。
你敢強嘴⑤，我打你。
性命不保。
那鎖丟了鑰匙了。
粗粗糲糲的一塊石頭。

---

① 鬧排子：打扮模樣。（李瑢默編著《中韓大辭典》，遼寧民族出版社，2007 年，1479 頁）
② 玏：功。
③ 吣：底本作"沁"。謾罵，胡説。
④ 嘟嚌：嘟嚷，連續不斷地自言自語。
⑤ 強嘴：犟嘴。

是個大幫手。
一個巴掌拍不響。
單絲不成線,孤木不成林。
拏手撥攦①開他。
竟是白費事。
白手成家。
是個白丁兒②。
來試試誰的勁兒大。
誰強誰弱。
普天底下都走偏了。
說著好話就翻臉。
兩口子不和氣。
倒像一對雙生兒③。
白活了一輩子。
天長日久的怎麼好?
隨手兒拏,別挑揀。
近視眼看不清。
我所認識的人有限。

續散語第十八章

唠²、骯①④、肘³、腫³、鬆¹、尾³、遍⁴、齡²、勝¹⁴、矇¹²⑤、藝⁴、昭¹、彰¹
跡⁴、忍³、洩⁴、賒¹

---

① 撥攦:用手或其他東西撥開,也作"撥捯"。
② 白丁兒:封建社會指沒有功名的人。
③ 雙生兒:孿生兒。
④ 骯:胳。
⑤ 矇:底本作"朦"。

嘴碎嘮叨的討人嫌。
他疑心太重。
骹臂肘子腫了。
要價兒，還價兒。
稀鬆平常。
從頭至尾的看了一遍。
與別人不相干。
老不成材料①兒。
闖禍招非的。
正在妙齡的時候兒。
不勝其任。
矇矇亮兒就起身。
念熟了再背。
一身不能當二役。
他是手藝人。
他是個無來由的人。
老頭子、小夥子。
天理昭彰。
誰敢擔錯兒？
做買賣賠了本兒。
眾人都信服他。
長³得眉清目秀，很有福氣。
相貌長³得很秀氣。
文武全才的本事。
小性兒。
眼皮子淺，愛小。
看不出筆跡來。
忍氣吞聲的。

---

① 不成材料：沒出息，沒有用途，沒有作爲。

這是他自己洩底。
賤賣不賒。
言聽計從的。

續散語　終

常言第一

無風三尺土,下雨一街坭。
東怕餓,西怕丟,鄉下怕累著。
人要實,火要虛。
天上下雨,地下滑。
三人抬不過理字去。
三人出外小的兒苦。
水中撈月。
比上不足,比下有餘。
行路防跌,喫飯防噎。
大懶①指小懶。
狼叼饞狗。
狗拿耗子。
銕打房樑磨綉針。
蔴稭棍兒打狼。
不怕慢,只怕站。
欲要生富貴,須下死工夫。
千日薥³來一日賣。
貪多嚼不爛。
把官路當人情。

----

① 懶:底本作"攔"。

耳傍①風。
借花供佛。
慢工出巧。
多一智多一憂，多一物多一愁。
家醜不可外揚。
小題大作。
圖賤買老牛。
不經一事，不長³一智。
無窮歲月增中減，有益詩書苦後甜。
蝦蟆②在天井裡，想天鵝肉喫。
文不成，武不就。
窮文富武。
酸文加醋。
武不善坐兒的。
文文縐縐的。
文武一齊來。
寧可以信其有，不可以信其無。
中⁴看不中⁴喫。
太平之年文官好，離亂時節武將[1]高。
好事不如無。
羊群丟了羊群。
羊毛出在羊身上。
羊群裡跑出了駱駝來。
不信羊上樹。
好事不出門，惡事傳千里。
鼠肚雞腸。
狐朋狗友。

---

① 傍：旁。
② 蝦蟆：蛤蟆。

走三家不如坐一家。
狼心狗肺。
猫咬尿泡。
惡醉強酒。
人心總在人心上。
惡尢亡,樂不仁。
賣蓆睡土炕,賣扇兒手搧涼。
指桑説槐。

常言第二

好漢惜好漢,猩猩惜猩猩。
物悲其類,同氣相憐。
狗嘴裏還能吐象牙麼?
跟好人學好人。
一不做,二不休。
禿尾巴鵪鶉鶉,短尾巴猴。
狗仗人勢。
狐假虎威。
單絲難線,孤掌不鳴。
如漆似膠,如魚似水。
虎不生狗。
不怕官,只怕管。
官無三日禁。
沐猴而冠。
猶預①不決。
官不容針,私通車馬。
有錢可以通神。

---

① 猶預:猶豫。

坐山觀虎鬥。
老虎不吃囬①頭食。
虎不食伏肉。
公人②見錢,如蒼蠅見血。
好狗護三隣。
狼吃無義人。
遠親不如近隣。
送君千里,終須一別。
一日拜師,終身為父。
驢不走,賴軸棍。
獨得很。
殺人須要見血。
見讐人分外眼明。
三十六計,走為上計。
養將千日,用將一朝。
麻雀雖小,肝膽俱全。
鳳凰不落無寶之地。
家貧不是貧,路貧愁没人。
人不可貌相,海不可斗量。
野雀無糧天地寬。
人無頭不行,鳥無翅不飛。
鷹嘴鴨子爪。
男大須婚,女大須嫁。
良將擇主而仕,良鳥擇樹而棲。
牝③雞司晨④。
牛脖子一根筋。

---

① 囬:回。
② 公人:官差。
③ 牝:雌性的(鳥獸),與"牡"相對。
④ 司晨:報曉。

順毛驢兒。
花無百日紅，人無千日好。
一日不見，莫作舊時看。
狗顛屁股㖀①兒。
犢牛不怕虎。
笑面虎兒。
背著媳婦遊五台。
遠水難救近火。

常言第三

富者冤之叢。
大丈夫一言，駟馬難追。
殺人虎兒不露齒。
龍頭蛇尾。
畫②虎西③皮難西骨，知人知面不知心。
走了的魚兒，就是大的。
老魚不上鉤。
魚龍混雜。
魚目混珠。
人非義不交，物非義不取。
謀事在身，成事在天。
大富在天，小富在勤。
種瓜得瓜，種豆得豆。
人可以欺，天不可以欺。
人可以瞞，天不可以瞞。

---

① 㖀：垂。
② 畫：畫。
③ 西：畫。

蠨蚌相纏。
大魚兒吃小魚，小魚吃蝦米。
鯰魚溜邊兒。
臨財無苟取，臨難無苟免。
駕馬自受鞭策，愚人終受毀唾①。
恩義廣施，人生何處不相逢。讐寃莫結，路逢②險處難廻③避。
養子方知父母恩，立身方知人辛苦。
若要有前程，莫作沒前程。
羞刀懶入鞘。
自相矛盾。
明槍容易躲，暗箭最難防。
善事雖貪，惡事莫樂。
借劍殺人。
善以自益，惡以自損。
班門弄斧。
強弓易折。
拏刀動杖。
癡人畏婦，賢女敬夫。
聖人門前賣孝經。
貧窮患難親戚相救，婚姻㐫喪④隣保相助。
問道於盲。
德微位尊，智小謀大。
清貧常樂，濁富多憂。
買金的遇著賣金的。
坐井觀天。
酒不醉人人自醉，色不迷人人自迷。

---

① 唾：唾。
② 底本無"路逢"二字，據文義補。
③ 廻：回。
④ 㐫：喪。

物各有主。
天有不測之風,人有不測之禍。
毛毛蟲擺碟子。
蛐蛐兒不吃螞蚱肉。

常言第四

書到用時方恨少,事非經過不知難。
霜降的蝴蝴兒。
蜂集蟻聚。
盃弓蛇影。
這山望著那山高。
老虎掉在山澗裡。
與人方便,就是自家方便。
見善如渴,聞惡如聾。
山川容易改,秉性最難移。
畫餅不充饑。
水盡山窮。
於我善者,我亦善之;於我惡者,我亦惡之。
仁善者壽,凶暴者亡。
有山靠山。
沒高山不顯平地。
大水漫不過橋去。
大水淹了龍王廟。
為子孫作富貴計者,十敗其九;為人行善方便者,其後受惠。
禍福無門,惟人自招。
行善之人,如春園之艸,不見其長,日有所增;行惡之人,如磨刀之石,不見其損,日有所虧。
水流千遭歸大海。
水過地皮濕。

水①性楊花。
天下的水往東流。
不教而善，非聖而何？教而後善，非賢而何？教而不善，非愚而何？
賊走關門。
家賊難防。
賊人膽虛。
賊起非智。
賊頭賊腦。
賊心眼子。
拏賊拏臟。
寡言省謗，寡慾保身。
貪心害己，利口傷身。
慾多傷身，財多累身。
酒中不語真君子，財上分明大丈夫。
窮寇莫追。
陰天打孩子。
成人不自在，自在不成人。
自見者不明，自是者不彰。
薑是老的辣②。
蘭爲王者香。
吃誰恨誰。
含血噴人，先汙自口。
懶漢子一担③兒挑。
影壁後頭作揖。

---

① 水：底本作"小"。
② 辣：底本作"竦"。
③ 担：底本作"担"。底本多處"担"作"担"，整理本依文義徑改，以下不再逐一出注。

常言第五

沒零兒不成賬。
錢到手,飯到口。
殺人可恕,情理難容。
良農不爲水旱不耕,良賈不爲折閱不市。
一行有失,百行俱傾。
知足可樂,多貪則憂。
買一個,饒一個。
胖子不是一口兒吃的。
一個人兒吃飽了,一家子不餓。
若要做快活,必須大事化小事,小事爲沒事。
沒有不透風的墻。
一盒兒來,一盒兒去。
禮施於人,必有所求。
柔弱護身之本,剛強惹禍之由。
各人①自掃門前雪,休管他人屋上霜。
見了是六月,不見是冬月。
冰凍三尺,並非一日之寒。
日月如梭,一年幾見月當頭。
窮漢趕上閏月事。
推賢舉能面無慙色。
長短家家有,炎涼處處同。
無風不起浪。
風是雨的頭。
粗風暴雨的一陣。
披風帶露。

---

① 各人:自己。

至樂莫如讀書,至要莫如教子。
不登山不知天之高也,不臨谿不知地之厚也。
風大颳不了山去。
喫菜喫尖兒,說媳婦兒說三兒。
千里有緣來相逢,無緣對面不相逢。
飽煖思淫慾,饑寒起盜心。
長思貧難危困,自然不驕;每思疾病熬煎,並無愁悶。
官兒不打送禮的。
牽著不走,打著倒退。
耳听是虛,眼見是實。
好食色貨利者氣必吝,好功名事業者氣必驕。
賢人多財損其志,愚人多財益其愚。
平常不作虧心事,半夜敲①門不喫驚。

常言第六

書讀千遍,其意自通。
虎毒②不吃子。
狼叼③來喂狗了。
狗不咬,狼不吃。
人貧智短,福至心靈。
平生不作皺眉事,天下應無切齒人。
小馬乍行嫌路窄,大鵬展翅恨天低。
雛鷹展翅恨天低。
有福莫享盡,福盡身貧窮;有勢莫使盡,勢盡冤相逢。
背著扛著一般④兒大。

----

① 敲:敲。
② 毒:底本作"獨"。
③ 叼:底本作"叼"。
④ 般:底本作"班"。

揾下葫蘆瓢①飄起來。
剖腹藏珠②。
人不拉人，貨拉人。
凡事無難學，只怕無心學。
黃金千兩未爲貴，得一人語勝千金。
臨渴撅井，臨陣磨鎗。
瘦虎駱駝比馬大。
小舩不堪重載，深徑不宜獨行。
百足之蟲，死而不僵。
利可共而不可獨③，謀可獨而不可衆。
獨利則敗，衆謀則泄。
夜猫子進宅④，無事不來。
瘦虎廚子八百斤。
在家不會迎賓客，出外方知少主人。
得意狸猫歡似虎，脱毛鳳凰不如雞。
貧居鬧市無人識，富在深山有遠親。
寧塞無底坑，難塞鼻下橫。
棒槌接不起旗杆來。
集腋成裘。
天不生無禄之人，地不生無根之艸。
成家之兒，惜糞如金；敗家之子，用金如糞。
整瓶子不動，半瓶子搖。
風不來，樹不動。
趕人不要趕上，捉賊不如趕賊。
墙倒衆人推。
是親三分向。
耗子偷雞蛋。

---
① 瓢：底本作"飄"。
② 珠：底本作"誅"。
③ 獨：底本作"閵"。
④ 宅：底本作"它"。

耗子偷木楸①。

豪家未必長富貴，貧家未必長寂寞。

常言第七

遠非道之財，戒過度之酒。
名節泰山，死生鴻毛。
無針不引線。
一線之路。
拙老婆巧舌頭。
一天一個現在。
不恨自家麻繩短，只怨他家古井深。
山高遮不住太陽。
福由口出，病由口入。
心行慈善，何須努力看經？意欲捐②人，空讀如來一藏。
好了疱刺，忘了疼。
病人望大③夫。
居必擇鄰，交必擇友。
越等越不來。
富怕賊，窮怕病。
骨肉貧者莫踈④，他人富者莫厚。
身披一縷，常思織女之勞；日食三飧，每念農夫之苦。
過河兒拆橋。
沒縫兒下蛆。
人心隔肚皮。
水至清則無魚，人至察則無徒。

---

① 楸：鍬。
② 捐：損。
③ 大：底本作"太"。
④ 踈：疏。

抛磚引玉。
物值所值。
蘿卜①快了不洗坭。
江裡來，水裡去。
家貧顯孝子，世亂識忠臣。
不蒸饅頭蒸口氣。
遠路無輕担。
丈八的灯台。
輕諾者信必寡，面譽者背必非。
起五更趕晚集。
火蟲兒屁股——没大亮兒。
春雨如膏，行人惡其泥濘；秋月揚輝，盜者憎其照鑑。
車動鈴鐺響。
念完經兒打和尚。
木匠多了蓋歪房。
龍多四靠。
一個巴掌拍不響。
人心不足蛇吞象②。
貓頭上藏干魚③。
秤錘小，壓千斤。
水落石出。

常言七條，皆係將余所記俗諺信筆書之，自知雜亂無章，不免貽笑博雅，故不敢記初見字，以加四聲圈點與出氣點與漢音也。蓋使讀者自取其可取，而非欲使人盡學習之也。或曰："然則何刻出世？"余曰："饑者不擇食，寒者不擇衣。"余之欲廣漢話於世，殆如饑寒之於衣食，亦不暇論其糟糠與襤縷也，切望

---

① 卞：蔔。
② 象：底本作"蛇"。
③ 底本作"貓頭上干魚"，據歇後語"貓頭上藏乾魚——靠不住"添加"藏"字。還有"貓頭上繫乾魚""貓頭上寄乾魚"的説法。

博雅君子訂誤正謬，以爲錦繡，以爲膏粱，則幸甚矣。

廣部精 謹白

亞細亞言語集卷之二　畢

卷 三

問答第一章

敝⁴、津¹、領³、鄉¹、駕⁴、洋²、漆¹⁴、解³、省³、廣³、行²、作⁴、異⁴

您貴處是那³兒？
敝處是天津,沒領教。
我也是直隸人。
阿,原來是同鄉。
他那一位是那³兒的人？
他是外國人。
到這兒來做甚麼？
我不知道,你問他罷。
請問,尊駕到我們這兒做甚麼？
我是做買賣的。
您帶了來得都是甚麼貨？
都是東洋的油漆碎貨。
阿,您貴國是日本國麼？
不錯,是日本國。
怎麼呢？我聽見說過,貴處出入很難。
頭裏却難,近來解了禁好些兒。
我們的商民也有到過那兒的沒有？
貴國的商民也有。
我們的人在那兒,是那³一省的多？

多一半是廣東、福建的。
他們的買賣大小？
怕没甚麼很大的。
爲甚麼，没本錢麼？
那個錢大概不很多。
他們没錢，往東洋去做甚麼？
他們多一半是跟太西①國的人去的。
太西國人帶他們，有甚麼益處兒？
原是用他們管行作爲經手②的。
他們和貴國的人對勁兒不對勁兒？
彼此怕都有點兒異心。

問答第二章

納⁴、哎¹、呀¹、久³、項⁴、賠²、墊⁴、依¹、王²、戚¹⁴、放⁴、撫³、歡¹、證⁴、恨⁴、勤²、儉³、唉²、既¹、咎¹、宥⁴、由²、息¹、歸¹、均¹、哪¹、業⁴、伺⁴、幕⁴

您納③騎的不是我們這兒的馬麼？
原是在貴處買的。
是誰替你買的？
店裏那些人替我挑的（"替"或作"給"亦可）。
他們和你要多少錢？
他們要的是三十兩銀子。
你給了没給呢？
我看著價錢多點兒，没給。

---

① 太西：泰西，舊泛指西方國家，一般指歐美各國。
② 經手：經紀人，代理人。
③ 您納：第二人稱的尊稱。也作"你納"。

你倒是給了多少銀子？
我定規是二十二兩銀子。
這匹馬從前是我的。
阿,你為甚麼賣了？
因為家裡没錢,纔賣了。
不是因為有毛病阿？
一點兒毛病都没有。
你根兒裡①多少錢買的？
那時候兒有錢,買得貴。
阿,你那時候兒是有差使麼？
我頭裏是作衙門,到我們先父去世的時候兒擱下了,囘去料理家務。
哎呀,令尊病的日子久麼？
阿,病了十來年呢。
他納這些年的病,誰照應家裏呢？
雖不能出門,還可以管家裡的事。
令尊在世,你的差使還可以當麼？
可以當不可以當,不定。
怎麼不定呢？
差使的得項②,若是多些,我還願意。
你從前當著賠墊③麼？
倒没那個,總得能多點兒纔寬綽。
你別怪我說,你擱下的不當。
那麼依著你納的主意,教我怎麼辦呢？
那王大人,不是你的親戚麼？
那是我的本家。
更好了。他新近④不是放了巡撫了麼？

---

① 根兒裡:之前。
② 得項:所得進項,此處指收益或官俸。
③ 賠墊:官員所經辦的糧銀虧欠,如一時賠補之數不足,用其他不急需款項暫時墊補。
④ 新近:最近。

原是放的是河南巡撫①,你納還有甚麼高見?
我想你還當差使,那老大人必肯幫你。
你是錯了,你不知道,他向來不喜歡我。
你不過這麼想,甚麼是個對證?
他上次出外,我求他帶我去。
他怎麼回答的你?
他説就是天底下沒了人,我也不要你。
阿,他説的這麼言重,有甚麼緣故麼?
他恨我年輕的時候兒不勤儉。
唉,你放心罷,既往不咎,老大人那³兒還那麼恨你?
你不知道,他還有別的話。
那³兒有總不肯寬宥②的話麼?
他説過,我無論到甚麼分兒③上,再不能照應你。
可惜,有這個好事由兒,你得不著益處。
沒法子,誰叫我底根兒没出息兒呢。
令尊留下的家産,專歸你一個人兒了,還是分給一家子?
還有家兄舍④弟,一個人分了一分兒。
分的還是令兄的多呀?
不是,是三個人均分的。
留下的是銀錢哪,是產業呀?
有現銀子,也有房子、買賣。
身底下的住房,你又不是長³房,爲甚麼歸你?
從前先父在的時候兒,家兄就管買賣。
阿,就是你在家裏伺候令堂。
原是,因爲舍弟也是在外頭作幕⑤。

---

① 巡撫:也稱"撫臺"。清代巡撫是一省最高軍政長官。
② 寬宥:寬恕,饒恕。
③ 分兒:份兒。
④ 舍:舍。
⑤ 作幕:擔任師爺,協助地方官署的主管官吏處理事務。

問答第三章

哥¹、假³⁴、母³、勿⁴、恕⁴、離²、敢³、院⁴、闖³、噯¹①、磕¹、挨¹²、伸¹、與³、何²、駒¹、咳¹、詳²、伴⁴、加¹、架⁴、喲¹、晰²、只³、鎮⁴、園²、猾²、殿¹²②、館³、沙¹、窩²、鞭¹、但⁴、折²、忠¹、擔¹、竟⁴、村¹、誠²、決²

來!
喳!(進來問)老爺叫做甚麼?
你是甚麼人?
小的叫來福。
你姓甚麼?
小的姓張。
你在這兒做甚麼?
小的是替哥哥來替工。
你哥哥是誰?
小的的哥哥叫來順。
阿,是給我看書房的那個來順麼?
是那個來順。
他没告假,怎麼走了麼?
因爲老爺欠安,他不便告假。
怎麼不等我好呢?
家裡有件很要緊的事。
有甚麼要緊的事情?
家母病得利害。
既是這麼著,怎麼他走了你來呢?

---

① 噯:哎。
② 殿:底本作"歇"。

他问厺①是家父叫他，小的来，是怕耽误老爷这儿的工夫。
阿，别的先勿论，底下人出门，到底应当告假。
请老爷宽恕，小的哥哥快来了。
你家里离这儿远近？
不算很远。
怎么不很远？
至多有四里地，还是东城的地方儿。
就是你也可以厺罢。
小的的哥哥得³立刻就来。
到晚晌②来也可以。
阿，那不是来顺进来了。
阿，叫他进来，你可以厺罢。
老爷没有甚么别的事使唤小的？
没事，你去罢！来顺。
小的糊涂，请老爷宽恕。
实在是糊涂，出去为甚么不言语？
老爷欠安，他们是急于和我要钱。
他们是谁？要的是甚么钱？
那一天替老爷买的桌子，铺子里要钱。
那铺子不是西城么？
不是，是在城外头。
城外头么，离那个门近？
小的城外头的道儿不很熟。
这铺子在北边儿，在南边儿，还不知道么？
阿，小的想起来，在安定门外头。
这个里头，我有点儿不大明白。
老爷不明白甚么？

① 厺：去。
② 晚晌：晚上。

你總得³說實話。
小的不敢撒謊。
阿,院子裏甚麼人吵嚷?
小的可以出去看一看。
不用出去,放窗戶罷。
唉,有個人闖進來,是甚麼事情?
你不是趕車的麼,闖進來做甚麼?
噯哎,小的給老爺磕頭,求老爺作主。
作甚麼主呢?
噯哎,丟了錢,挨了打,求老爺伸冤。
你的丟錢、挨打,與我何干?
不關老爺,却關老爺的底下人。
我那個底下人?可是那個來順麼?
阿,不錯,就是他,我頭裏沒理會。
他和你怎麼了?
我的車錢,他那兒給過麼?
是北城來的那個車麼?
甚麼是個北城?咱們是馬駒橋店裏的。
咳,這個尚得³詳細,你可以小心細說。
小的若有一句謊,老爺要了我的腿都使得。
你今兒甚麼時候兒起身?
雞叫的時候兒纔套車。
是單套車,是二套車?
是二套車,爲走得快。
車上就是個來順一個坐兒麼?
還有他一個同伴兒。
要快,是那個的主意?
來順僱車來的時候兒說,若快,可以多加幾個錢。
你們說明白是多少錢?
說定了是五吊錢。

連他要給加的錢都在裏頭麼？
是，都說在一塊兒，小的不訛人。
車價還可以，是因爲這個打架麼？
總沒有和他打架。
你不是纔說的挨了打麼？
小的說挨打，不是他打的。
不是他，是誰呢？
是有好些個人，小的不認得是誰。
都是來順帶了來的伴兒麼？
不是，一個也沒有來順帶來的。
他們是搶奪的麼？
也不然。噯喲，說起來話長。
就是話長，你也得說了。
請老爺補還我的車錢，我走了。
別忙，這件事我還得³分晰①明白。
不值得耽誤老爺的工夫。
那你不用管我，只要我問你甚麼，你說甚麼。
老爺還問甚麼？
這個來順，是馬駒橋人麼？
他父親在鎮店外頭開著個菜園子。
這麼著，這來順必是你素來認得的。
他小時候兒在街上玩兒，我長②看見他。
他小時候兒，是老實阿，是賊猾呢？
小的不肯說人短處。
不要你偏說短處，他有好處，不可以說麼？
請老爺補還我的車錢，我走了。
就是，毆打你的是那³兒的人呢？

---

① 分晰：分析。
② 長：常。

是道兒上茶館裏的人。

離我這兒有多遠兒?

就在沙窩門兒外頭。

是來順在那兒喝茶來著麼?

不是喝茶,是喝酒吃東西。

你同他在一塊兒吃麼?

沒有,我出去拴鞭子去了。

鞭子拴好,就回茶館兒了麼?

趕①我回來,他們先跑了。

跑了就是騙你的車價麼?

不但車價,連茶館兒的飯錢都沒給。

阿,他們跑了,茶館兒就是望②你要這個錢麼?

原是我不肯給,他們打了我。

茶館兒打你這層,我有甚麼法子?

打不打沒甚麼要緊,請老爺補還車價,我走了。

車價還容易,把他的工錢折給你罷了。

老爺可以立刻賞給,叫小的回去。

車價你可放心罷,這個茶館兒裏的事情,你望他沒話麼?

沒話,沒話。請老爺給了錢,小的回去了。

你實在是個忠厚人哪,肯擔待③人的不是④。竟是你同村兒裏告訴來順他老子,他兩個兒子沒有一點兒誠實,這宗樣兒的人,我決不要他。

問答第四章

徐²、識²、陳²、遇⁴、慶⁴、讓⁴、泲¹、托¹、惦⁴、勞²、糢³、康¹、奈⁴、

---

① 趕:等到。
② 望:和,向,介詞。
③ 擔待:原諒,諒解。
④ 不是:過失,毛病。

莫⁴、被⁴、竊⁴、惡⁴、挣⁴、繃¹①、保³、精¹、養³、姐³、妹⁴、未⁴、姑¹、嫁⁴、陣⁴、亡²、婿¹、婦⁴、憐²、排²、殘²、疾²、景³、栽¹、培²、感³、激¹、盡⁴、提²、拔²

龍田！
大人叫我作甚麼？
院子裏那個人是誰？
那個人是姓徐的。
阿，是你認識的麼？
是，我以前認識的。
你們倆是在那³兒遇見的？
是在上海會遇的。
是多嗜呢？
前好些年。
你和他很有交情麼？
可以，我們本是個遠親。
阿，有層親麼，他做甚麼來了，你知道不知道？
不知道。大人要我問他麼？
問他也好。
他說是來要見大人。
來見我做甚麼？
他說是他父親打發他來，請大人的安。
他那父親是作甚麼的呢？
從前是作買賣，現在是閒住。
這人我所②不記得，是個作甚麼買賣的？
西城那個大布鋪，大人那³兒不記得？
阿，那徐福慶阿，他我還記得，來的是他的兒子麼？

---

① 繃：課文部分作"蹦"，前後不一致。列此備考。
② 所：完全，徹底。

不錯,是他的兒子。
讓他進來。
老大人讓你哪。
大人好!
請坐!請坐!
大人請坐!
請坐!請坐!來!
喳!
沏茶來。貴姓是徐麽?
賤姓徐。
徐福慶是你父親?
不錯,家父名字是徐福慶。
前幾年我們就認識,他好阿?
托大人的福,打發我來,請大人的安。
叫他惦記著,著實勞你的駕。
該當的。
我模模糊糊記得,他眼睛不大好,如今好了没有?
年紀這麽大,眼睛還算可以。
那³兒説到年紀,歲數兒和我差不多。
家父今年六十九。
我七十一,比他大兩歲。
看大人這麽康健①,我父親身子能彀這麽樣,那是求之不得的。
怎麽不能呢?他没有我受的累多。
大人是爲國家當重任,辦事受的累多。我老子爲家業,心裏也有他的辛苦。
那是從前做買賣的時候兒累的,如今是囬家歇著了。
囬家是囬家,也是無可奈何。
怎麽呢?買賣不好麽?

---

① 康健:健康。

也不竟是那們①樣。
怎麼呢？莫不是銀錢被了竊？
比丟了還可惡，所挣的錢，差不多叫人都騙净了。
可惜了兒這麼樣，可是欠主兒骿②了？
大人，不是那麼樣。我父親保那個朋友，他跑了。
可惡。就是令尊的精神因爲這個受傷，是不是？
自然是。家裏人口多，没力量養活，不免著急。
你父親跟前你們幾個？
我們弟兄四個，還有三個姐妹。
這麼多呢，未必都在家裏罷？
個個兒都在家裏。
我想那姑娘都是出嫁的。
本有兩個出了門子，③給得都是武官，上囘西路出兵，都陣亡了。
阿，他們倆媳婦就囘家來麼？
是，都囘家來了。一個帶著兩個孩子，一個帶著六個孩子。
嗳，那人口實在的不少。還有一個姑娘没出門子麼？
那倒是歲數還小呢，常愛病。
常愛病麼？是甚麼病？
從我母親死了，他缺奶，後來不很足壯。
這實在可憐。還有你們弟兄們，量必可以幫著過日子。
我却很願意，可惜没個道路。
你是長³房的不是？
我排二。
可是你大哥作甚麼呢？
他腿脚有殘疾，甚麼都不能幹。
嗳，這個光景可了不得，還有你的兄弟，可怎麼樣呢？

---

① 那們：那麼。
② 骿：《漢語大字典》引《玉篇》："必耕切，弓。"
③ 出門子：出嫁。

我父親賠本的時候兒，他們還小呢，不能栽培，他們念書，他們學得還算不深。
說來說去，你的意思是要託我給你找個事情⁴，是不是？
老大人很這麼疼愛我，我感激的心一言難盡了。
就是你今兒個來意實在是因爲這個不是？
非是老大人先提起來，我實在不敢開口。
很好，等我給你打算打算，請你過了十天前後兒來再說。
實在是大人的提拔，我過幾天再來請安。
偺們過兩天見，請！
大人請坐！

問答第五章

永³、抛¹、查²、狂²、烟¹、貪¹、葉⁴、湖²、藥⁴、材²、微¹、薑³、棧³、藏²、艇³、封¹、豐¹、虎³、撞⁴、哨⁴、欽¹、劉²、驚¹、訝⁴、損³、寡³、敵²、膽³、虛¹、躱³、酣¹

龍田，那徐永再來的時候兒，你告訴他我出城去了。
嗳，可惜，叫他失望。他怎麼得罪了大人了？
甚麼得罪呢？他那些個話通身①都是假的。
怎麼呢？他不是徐福慶的兒子麼？
這徐福慶的兒子，那却是。
他說他父親賠本，不是真的麼？
賠本原是賠本，也不像他說的那麼賠本。
不是像他說的賠本，還是怎麼著呢？
他賠本全是他自己糊塗，自己拋費②了，沒別的。
到底家裏養活的人口多。

---

① 通身：全部，完全。
② 拋費：浪費，無節制地花費。

他養活家口,那倒總沒有,不用提別的,那徐福慶早就不在了。
早㝵了世麼? 他那些個兒女,却誰養活呢?
他女兒在他没㝵世之前就都死了,兒子單①生了一個,就是這個撒謊的。
那怕大人是聽錯了罷。
一點兒也没聽錯。我細細的考查過了。
你不是說和徐家有層親麽?
不錯,我說過。
這四五年來,你都没見過罷?
不止四五年,有九年、十年的光景没見了。
就是了。那老徐在布舖作買賣,他的名聲怎麼樣?
那一時人就説他狂傲,没有甚麼別的不好。
他不是很愛吃烟麼?
吃烟是有的,也有點兒貪酒。
却原來就是你在上海遇見那徐永,他在那兒作甚麼?
他説是人托他辦土貨出洋。
甚麼土貨呢? 是茶葉,是湖絲?
有茶葉,有湖絲,有藥材。
這些土貨要運到那³兒去?
他説得是往北往南,我不記得。
他没提辦洋貨呀?
他巧了②提過,我不記得。
没提過辦洋藥麽?
辦洋藥原有的,大人提到我纔想起來。那辦洋藥一層,他還些微有點兒難處。
還是那洋藥短了罷?
短是不短,價錢天天見長³,東西還足彀買的,處處兒都是賣的。
賣的還是公然賣麼?

---

① 單:只,僅。
② 巧了:没準兒,可能。

也不算公然。那時都是躉舩棧房裏藏的。
喫的時候兒,還是在外國洋行裏麼?
不是,徐永常去的是個窄衚衕兒裏頭一個小舖兒後頭。
阿,這徐永也上煙館麼?真是有甚麼老子,有甚麼兒子。
喫的也不大很利害。
阿,自己不喫,竟是替人辦的罷。就是他那個難,是甚麼呢?
那時烟禁未解,他辦得了要出洋,還是耽悮好些日子。
底下出口還怎麼樣呢?
有裝柴火的艇,他把煙下在裏頭,偷著出口。
我想上海的柴火都是進口的,出口是往那³兒去呢?
去的地方兒大概不遠,那艇裝的實在是柴火少,洋藥多。
所以出口鬧出事來了。
鬧出事來是這麼著。那柴火艇順著水放下去,抽冷子①有巡舩來抓住了。
抓住了就把這個貨封了?
還沒有封,這些巡役們說,你若不多多兒給我們錢,可就要搜你的舩了。
巡役們跟他要多少錢?
他們沒說數兒,竟是叫他從豐。
這徐永他要給多少?
他那人糊塗,說要給一百兩。
一百兩,那實在從豐了。
那巡役們也不覺多。
那³兒不覺多?看柴火艇給一百兩銀子,是沒有的,說是若不給三百兩,是要全封了。
這三百兩他給不給?
他沒有這麼些個錢。
沒有這麼些個錢,他還有甚麼法子辦呢?
他寫了個字兒,叫他們跟上海洋行裏取錢。
奇怪,他們也肯要這個字兒。噯,他出了這個虎口,是個便宜。

---

① 抽冷子:突然。

還有,這不算所出了虎口。

怎麼呢? 這巡役們要了這個字兒,又有甚麼反悔麼?

不是那麼樣,他們大家没商量妥的時候兒,柴艇和巡船一塊兒往下走,撞了人家灣著的兩隻船。

又是兩隻巡哨舩麼?

不是關上的船,是欽差劉大臣的舩。一隻是預備他坐的,一隻是他下人坐的。

可笑,還是半夜的時候兒麼?

不到半夜,二更多天。

二更多天,劉大人和底下人必都睡了罷?

劉大人怕是在城裏頭公館裏,底下人們還在舩上樂呀、唱阿的鬧呢。

就是那些個底下人們,到底與海關事情無干。

原是,竟是徐永那個柴艇撞了,他們先是一驚訝,後來心定了一定兒,就望①他要賠補的錢。

要賠補甚麼呢?

賠補他們受驚,賠補官舩的損壞,隨便甚麼算應賠補的。

他甘心受他們這個? 我不明白。

一則是寡不敵衆,二則是他心裏膽虛。

膽虛是應該膽虛,到了兒②怎麼樣呢?

那巡哨船早躲開了,徐永他經過那個,就長³了一個見識,不照前次從豐,只給十兩銀子罷了。

他們依不依?

那³兒不依呢? 他們都喝的半酣了,要搜他的船也不能了,他給的不論怎麼少,都可以依的。

---

① 望:望。
② 到了兒:到底,最終。

問答第六章

岔⁴、結²、始³、終¹、扣⁴、資¹、涉⁴、塌²³、究¹、罰²、遮¹、掩³、揚²、編¹、逾⁴、詐⁴、舉³、靠⁴、估¹、摸¹、臕¹、徇²、庇¹、享³、恤⁴、頓⁴、許³、簡³、轉¹、倚³、推¹

那旁岔兒的話算結了，他那年辦洋藥是甚麼人託他的，他告訴了你没有？

我不記得。

他不是説是他父親叫他的麼？

那我實在是不記得。

不論你記得不記得，實在是他父親叫他買的，後來他父親賠本的緣由，就是因爲這個？

那³兒呢，是他打算的不好麼。

打算得不好，那一句話也可以説。那洋藥出口，是往天津去的。

阿，在天津叫人搜出來了？

那艘始終没到天津，走到山東海面上叫海賊把船扣住了。

這麼著，老徐的資本全丢了？

不錯，不但丢了資本，連頂戴①也丢了。

他原來有個功名麼？那我却不知道。

是，他就是前一年捐②的。

是捐過阿。然而海賊那一案，怎麼會干涉著他的功名呢？難道他與海賊通了麼？

却不因爲海賊，是因爲是走私。

怎麼？那個走私是叫官塲中察著了？

---

① 頂戴：清代官員的帽飾，也是區分官階大小的重要標志。官吏品級，依帽上頂珠的顏色和質地來區別。

② 捐：捐官，用錢買官。

哎，你想一想，那官役勒索的錢多，官塲中也不察照①他們，有這個理麽？

勒索了不過三百兩銀子，也不算很多。

你說是不多，這數兒也是應當和他們同事的均分的。那巡船上的人，不但沒按著分兒分給同事的，他們自己㽽的，也是彼此相爭。

大家為錢爭鬧，後來有個報了官的，是不是？

就是了。官既知道這件事，細究個水落石出，把老徐從重的罰了，還把他的功名革了。

老徐這個丟臉，也難怪徐永遮掩。

遮掩是該遮掩，誰叫他張揚來著，也不用編造這些"他父親因朋友受累"的假話。

那實在過逾②虛詐。

他說這個話的時候兒，我就有一半不信，我記得那李永成和他父親很熟，我心裏打著③，望他打聽打聽這個人。

大概那姓李的說他，沒有甚麽好話罷。

一句好話都沒有。那徐永，他是很認得，那人頭裏求他給找一個事情，他心軟了，依了，沒考過就保舉④了。

是個甚麽差使？

是個貼寫⑤的事情，沒有一個月就不要他了。

不要他，是因為他行止不好，是因為他沒本事？

兩樣兒都不好，楷書所不能寫，怎麽做貼寫呢？而且說的話一句靠不住。

那個人奇怪呀，沒有錢，穿的怎麽體面呢？

體面是甚麽體面呢？那天穿的那褂子也不怎麽樣。

怎麽樣不怎麽樣，也算是值錢的。他騎的那騾子，也是很好的。

我估摸他是坐車來的。

不是坐車，騎著騾子來的，那騾子十分臕壯。

---

① 察照：注意，知悉。
② 過逾：過甚，過分。
③ 打著：打算着。
④ 保舉：向上級薦舉有才或有功的人，使得到提拔任用。
⑤ 貼寫：抄錄文書。

既然是這麼著,你既知道他這麼靠不住,又好花錢,你還這麼徇庇①著他,是個甚麼道理?

比方有人從前很享福,如今没了路兒了,我見了他心裏怎麼能不憐恤?

噯,怎麼憐恤他是憑你,竟有一句話,可不用託我給他找甚麼事情。

可惜了兒的,眼看著他這個人是要要飯的。

等他要飯的時候兒,給他頓飯吃可以,叫我保他做甚麼,我萬也不能。

按那天定的約,他後兒來。

後兒他來了,你可以把我起先②説的那話告訴他。

告訴他,大人一定不肯幫他?

不是那個話,是告訴他我出了城了。

他若是問大人多喒回來?

你就説不知道多喒回來。

若是這麼著,他若是天天兒來打聽呢?

憑他來多少囬,總③不許叫他進來。

我想,不如簡直④告訴他,若打算甚麼事,你轉託別人,不用依靠大人,好不好?

那却不行,若是簡直告訴他不肯相幫,必得³把所以然的話細説明白了,那更不必了。

哼,院子裏説話,不是徐永的聲兒麼?

如若是他,隨你用甚麼話推辭,我是決計不見他了。

我是説著玩兒呢,來的是刻字匠,要錢來了。

叫他月底再來罷。

他先來過兩囬了。

不錯,是有的,我應許⑤了還錢,得給。

---

① 徇庇:徇私包庇。
② 起先:最初,開始的時候。
③ 總:總。
④ 簡直:直接。
⑤ 應許:承諾,答應。

大人不必費事了，我替您開發①了罷。

問答第七章

孟⁴、齋¹、戲⁴、姪²、悉²、搬¹、琉²、厰³、婆²、翻¹、扭³、壓¹、哭¹、郎²、府³

是你叫門麼？
是我叫門。
你是那³兒的？
我是城外頭來的。
你找誰？
找姓孟的。
我就姓孟。
阿，你納就是孟爺？
不錯，我姓孟，找我作甚麼？
廣文齋打發我來的。
廣文齋，不是書舖麼？
不錯，是書舖。
叫你送甚麼書來麼？
不是送書來了。
怎麼手裏拿的不是書麼？
不是書，竟是個書套。
沒有書，竟送個空書套作甚麼？
這書套不是空的。
不是空的，還裝著甚麼？
裝著是幾張畫兒。
畫兒？怕不是送這兒來的罷。
没錯，是給這兒送來的。

---

① 開發；支付。

爲甚麽？我没有買了畫兒。
我知道，不是你納買的。
那麽爲甚麽給我送了來？
有别人給你納這兒買的。
給我買畫兒，是甚麽意思？
買的意思你納倒不用打聽。
到底是誰給買的？
那堂子胡同住的張爺，你納認識不認識？
張爺我認識，就是他買的麽？
還不是他。
不是他，提他作甚麽？
我提他有原故①。
有原故爲甚麽不説呢？
你納太急，囘來就明白了。
你這是耍戲我的話，我不服。
那兒敢耍戲你納？
有正經話，爲甚麽不説？
提起來話還長。
就是你不能説，我進去了，你去罷。
噯，别忙，别忙，還有話説。
有話就快説，我没空兒。
那張爺，你納説是認得。那我告訴你了。他姪兒，你納認得不認得？
見過一次，不很熟悉。
叫送這個畫兒就是他。
他叫送來的，他多喒囘來了？
甚麽囘來呢？他出外來著麽？
他從前不是跟官出去麽？
那個我不知道，是那年出去的？

---

① 原故：緣故。

我記得是前年往江西去了。
前年出去的,我從去年還見他在城裏頭。
那都不論,他給我送畫兒是作甚麼?
本不是給你納買的。
不是給我買的,你拿來作甚麼?我萬不肯買。
說甚麼買呀,錢是他給過了。
你這個來囘的話,我始終不明白。
等我再告訴你幾句話。
就快說,別儘自①耽悞工夫兒。
你納的少爺,不是在户部有差使麼?
你這個人竟是打聽,小兒原是在户部。
他不是單住麼?
他這會兒單搬出去了。
請問他住在甚麼地方兒?
他在交民巷西頭路北裏。
他是在交民巷住麼?
真是,你疑惑作甚麼?
我估摸是城外頭住的。
離衙門②遠不行,你怎麼估摸著是城外頭呢?
昨兒日頭落,碰見他的車在琉璃廠③。
那有這個話,他昨兒晚上在我這兒來著。
車是他的,他却沒在車上。
他沒在車上,你怎麼知道車是他的?
車上坐著個老婆子,他說是孟大爺的車。
老婆子抱著個孩子麼?
不錯,是個七八歲的小孩子。

---

① 儘自:總是,一直。也作"緊自"。
② 門:底本作"們"。
③ 廠:底本作"厰"。

必是我那小孫子,噯,那早晚兒那③兒去?
老爺放心,有點兒事情。
有點兒甚麼事情呢?車驚了麼?
不是,本來道兒不好走。
那麼是車翻了麼?
也不然,是和對頭兒車碰了。
碰了老①没説開②麼?怎麼那早晚還在那兒?
倒不是没説開。
就是小孫子受了傷了?
却没有甚麼很利害,他從車上跳下來的時候兒,把腿扭了一下兒。
可惡!知道那個車是誰的不知道?
就是那個張爺他姪兒的。
還是他呀,那麼送畫兒是作甚麼呢?
這畫兒是給你納令孫的。
特意兒買畫兒壓驚,是甚麼意思呢?
畫兒是先買的,不特意買的。
碰車的時候兒他手裏拿著呢,是不是?
原是剛纔從我們那兒買的。
是小孫子跟他要來著麼?
不是,令孫哭了,他説你別哭,我送你點兒玩意兒。
就是這個畫兒算玩意兒,爲甚麼不送到小兒那兒去呢?
　　那張大爺的姪兒,今兒早起③到我們舖子裏來打聽令郎的住處,我們説知道你納,不知道他,他叫我們把畫兒送到府上就是了。過兩天他親自還來呢。

---

① 老:很長時間,一直。
② 説開:解釋清楚,説明真相,化解矛盾。
③ 早起:早晨。

問答第八章

英¹、旱⁴、州¹、攔³、渡⁴、浦³、叚⁴①、楊²、蔡⁴、隔²、格²、葷¹、富⁴
興¹、妨¹、駁²、岱⁴、御³、恐³、鞍¹、籠¹、嚼²、扯³、慣⁴、夥³、盼¹、咐⁴

請老爺安。
好阿，你是甚麼人？
我是英順行打發來給老爺帶路進京的，老爺定規多喒走？
明兒就要走。
老爺要走的是水路，是旱路②？
是旱路好，是水路好？
水路呢，這幾天雨大，河水長³③了，上水的船拉著費事，再遇著北風，怕五六天到不了通州。
哎，這麼著那水路就不行，走旱路怎麼樣呢？
若是老爺明兒動身，趕著走，第二天晚上就可以到京；慢著點兒，第三天足可以。
這旱路你熟罷？
哎，這十幾年常來往，怎麼是不熟呢？
比方我不用人帶道，你細細兒告訴我，都是打那麼④走，行不行？
可以，沒甚麼不行的。老爺出了城，東邊兒那個浮橋，知道不知道？
那個知道。
您過了這一道橋，到熱鬧街兒那兒再打聽第二道橋，過了第二道橋，往西北就是進京的大道。
聽見說還有過河的地方兒，有沒有？
那是擺渡罷，擺渡是有。

---

① 叚：段。
② 旱路：陸路。
③ 長：漲。
④ 那麼：哪兒。

擺渡是有，那車馬怎麽樣呢？

車馬没甚麽，那都可以擺過去。

往後怎麽樣呢？

往後是這麽著，離了擺渡口兒，還是往大道走，到離天津三十多里的那個鎮，叫浦口，就是頭一段兒。

那³兒呢？頭一段兒不是河西務麽？

河西務遠多了，那算是一天的道兒，過了浦口之後，先到楊村，後到南蔡村，挨晚兒①的時候兒可以到河西務。這些地方兒相隔大約都是三十多里地。

按道兒説，這河西務離京還有多遠？

按道兒説，可以算得是中間兒，在那兒住一夜，明兒可以進了京。

住一夜是在那³兒呢？

貴國的人向來有住店的，有住廟的。

是店裏好，是廟裏好？

依我説，是店裏方便些兒。廟裏留客，是格外的事情。一來，不定有房子没有；二來，如果趕車的多，和尚不願意；再者，丢了東西爲誰是問？

阿，店裏丢東西是店主人應管麽？

原是那麽著，還有一説，吃的、喝的店裏都可以預備，廟裏連厨房都没有。

没厨房，廟裏在那³兒弄飯呢？

他們弄的都是素菜，葷的他們不能弄。

阿，那麽不如店裏好。河西務那兒還是那個店好？

那兒有一個富興、一個順來，兩個都是大店，一個在街南頭兒，一個在街北頭兒。

這兩個是那³個方便呢？

若論房子、吃食，都差不多。南頭兒方便，北頭兒方便，那是隨老爺的意。

南的、北的有甚麽不同，相離得很遠麽？

離得却不甚遠，河西務没有這兒府城那麽大地方，不過是個鎮店，一條長街，兩邊兒有些個舖子甚麽的。

這麽説起來，南的、北的有甚麽不一樣的？

---

① 挨晚兒：傍晚。

没有甚麼不一樣的,是我向來給老爺們帶道,總是一進街就住下的時候兒多。

你說的那是打天津來的,在南頭兒住,打京裏來的,在北頭兒住,是不是?

不錯,老爺明白。

就是了,我到了店裏頭,叫他們弄甚麼菜好呢?

老爺怕没吃過我們的菜罷?

没吃過呢。

阿,老爺還没吃過,不如從天津做一點兒好拿的菜帶著。

甚麼? 自己帶著,到了店裏不吃他們的飯,他們願意麼?

那倒没甚麼,店裏還得他們的房錢。

這房錢有一定的價兒麼?

我們人住店,差不多有一定的價兒。若是外國客人,怕那掌櫃的可以多要幾個錢。

那掌櫃的就是店東麼?

那都不定,有是店東做掌櫃的,有是店東外請別人,替他照應買賣做掌櫃的。

就是這個房錢可以望我要多少錢?

那倒難說,老爺會說我們的話,可以先望他商量,看他要的價兒若很多,不妨駁他,再還他價兒。

那都行了,就是第二天進京還得³打那麼走?

早起離了河西務,還是往西北六,有二十多里,是到安平,還有二十多里,是馬頭,從馬頭還算二十里地,到張家灣那個老城。

没到張家灣,不是先有個小河兒麼?

不是,那城是南北下裏①騎著河面②的,老爺進了南門,順著大街過了河,就出北門。那北門外頭有兩個岔道兒,往北的是上通州六,往西偏著點兒的,那就是進京的了。

那離京還有多遠呢?

---

① 南北下裏:南北方向。
② 騎著河面:橫跨在河面上。

看老爺進那個門,若是城外店裏住,進沙窩門兒,還算有五十多里路;若是到城裡頭,走東便門,那是往北點兒,多個二三里地,也不算很遠。

上外國的公館是進那門好?

那外國的公館,都是在海岱門裏頭,禦河橋一帶。在我説,是進東便門方便些兒。

很好,如今我明白了。還有一件事,我走得這麼快,我的行李怎麼樣呢?

老爺的行李有多少?

就是門外頭擱著的那些東西。

甚麼?那些大箱子也是老爺的麼?

原是。

老爺想兩天進京,恐怕不能都帶罷,不但用好些個大車,費錢,還不能很快。

那麼你説還有甚麼好法子?

依我説,老爺那個鋪蓋等項可以雇一個小車兒裝上,同老爺一塊兒走,其餘上舩,打通州那們走。

按照那麼著,我就坐裝行李的那輛車麼?

老爺再另雇一輛小車兒坐,好罷?

那車是單套,是二套?

老爺要快,必得³二套的。現在的雨水大,道兒不好走,三套的也可以。

哎,道兒不好走,坐車不大對我的勁兒,在這兒雇馬,行不行?

騾子、馬都可以雇,只怕我們的鞍子,老爺騎著不合式。

我們那兒馬身上的傢伙,我都帶著呢。

也怕不行。那馬鞍子,我們的馬還可以背,那籠頭却不肯戴。

籠頭是甚麼呢?

就是牲口嘴裏的嚼子、人拉的扯手,都在裏頭,恐怕我們的馬戴不慣,與老爺有礙,不如買匹外國馬倒好。

外國馬,在天津這兒那³兒可以買?

可以,我們行裏有匹馬,是我們行中夥計的,要賣,那馬很好,又老實又快,來往進京有三四回。

那麼我可以到行裏商量商量。還有,那些大箱子,運到通州的時候兒,雇甚麼人送進京去？

老爺就可以雇小的，好不好？

好，倒沒有甚麼不好的，只怕是這麼些日子，你們行裏離不開你，不容你去。

可以離得開，今兒打發我來，不是聽老爺的吩咐來了麼？

問答第九章

蘇[1]、闊[2]、漢[4]、講[3]、註[4]、中[4]、秀[4]、徽[3]、倖[4]、試[4]、庚[1]、榮[2]、縣[4]、緒[4]、遵[1]、申[1]

有先生來，要見老爺。

請進來。

進來了。

先生請坐。

請坐。

先生貴姓？

賤姓蘇。

先生到這兒來貴幹？

昨兒聽見一個相好的，提說閣下要請先生。

阿，必是那張先生説的。

不錯，是張先生説的。

張先生他告訴您，是我要找先生，是我替人找先生？

他沒告訴我詳細，可不是閣下要請麼？

不是我要請，是一個相好的託我請。

令友還是貴國的人麼？

是本國的人，到貴處日子不多。

既是新來的，我們的話恐怕不懂罷？

不錯，漢活一句都不懂，漢字一個也不認得。

這麼著，我怎麼能教給他書呢？

先生先得[3]教他説話，話能説些兒，那看書再説。

他一字不懂,我從那³兒教起?

先生是老手了,在貴國教過多少門生,怎麽不能教他?

我們的教學,那是另有一說,說話是不學而會的,至於念書,是由從小兒背念熟了的,恐怕令友不能照著我們這兒的小孩子那麽費事罷?

那是自然的,也可以商量一個法子。先生從多大念書?

我從七歲念起。

先生一念是先念《三字經》《千字文》麽?

不錯,先念的是那個。

貴國都先念這兩個小書兒,實在有甚麽益處兒呢?

《三字經》是三字一句,爲得是小孩子容易念。那《千字文》,因爲沒有重字,小孩子念了,就可以認得一千字。

念了這個之後,念甚麽呢?

常念的都是先念四書,後來念五經。

您從念四書起,到念完了五經,有幾年的工夫兒?

兩頭兒算起來,有六七年的工夫。

阿,那五經念完了,就是先生十四歲那一年。

不錯,還沒到十四歲呢。

先生從多大歲數兒上開講?

我從十二歲上纔開講。

開講的時候兒,還是自己看註子①,還是聽先生的解說?

我一開講的時候兒,是聽先生的解說,講過一年多,就自己看註子,後來作了二年多的文章纔進學。

阿,十六歲中秀才,也就算早阿,是先生的天分高。

那³兒的話呢,那也是徼倖,後來鄉試下了多少塲,七八年纔中了舉人。

先生今年貴庚?

我今年三十歲。

先生中舉人之後,這六年裏頭有甚麽公幹?

沒有甚麽事情。前二年在家裏教書,後幾年在外頭作幕幫朋友。

---

① 註子:注釋,注解。

請問令友榮任是甚麼官?
是山東的知縣,他去年不在了,我纔回來的。
先生作過幕,那更好了。
怎麼更好呢?
好處是這麼樣,我那朋友學話之後,還要學文書。
可惜,就是這個教話沒頭緒。
那我倒有一個法①子,今兒個忙些,沒空兒細說,請先生明兒過來,喒們再商量,可以不可以?
可以,沒有甚麼不可以的,我就遵命了,明兒個幾點鐘見?
明兒喒們申初②見罷。
那麼我失陪了。
您請。
請。

問答第十章

洲¹、繙¹、璧⁴、整³、贅⁴、習²、選³、擇²、屬³、榜³、妙⁴、義⁴、類⁴
導⁴、周¹、密⁴、題⁴、絡⁴、印⁴、篇¹、序⁴、譯⁴、切⁴、並⁴、較⁴、倍⁴
乎¹、畧⁴、僅³、複⁴、羅²、織⁴、練⁴、閱⁴、歷⁴、拘¹、清¹、卷⁴、刪¹
談²、彙⁴、啟³、蒙²、續⁴、斷⁴、簹²、溜⁴、貽⁴、登¹、卑²、遞³、互⁴、及²

昨兒來的那蘇先生來了。
請進來。
阿,先生來了。
是,喒們昨兒定規的,今兒見。
不錯,是昨兒定規的。我的敝友請先生教話,您想出甚麼教的頭緒來

---

① 法:法。
② 申初:申時的第一個階段。一天二十四個小時分爲十二個時辰,"申"是第九個時辰,從下午三點到五點。

沒有？

我們人學滿洲話，有一樣兒話條子，不知道貴國有這宗樣兒入手的書沒有？

話條子是有阿，但是竟有英文的，學生們那³兒可以知道繙甚麼漢話呢？若說到漢文，他們不認得字，怎麼能解那個意思？

那是不錯的，總得³要英漢合璧的字典察一察。

察一察是必得³的，還是先明白部首，是不是？

我們人向來沒有專學部首的理。

那是貴國的人念書的時候兒，都認得的是整字，不用分其原歸那一個部首、細算筆畫①兒這麼個累贅。

閣下說得就是，我們人有不認得的字，也得³按著部首察，雖然沒有專學的，那却不大很難。部首的字，通共也不過二百多個，不用很大費事就可以熟習。

所以是，我昨兒提的有個學話的法子，是這麼著，我早已把部首的字分作三層：頭一層是，比方人、口、牛、馬這宗字，有一百三十六，都是話裏常用的，那歸一項；第二層是，比方曰、犬、白、邑這宗字，有三十個，是書上有、話裏所不說的，另歸一項；其餘四十八個字，專作部首的，書上也不見，話裏也不說，這算第三層。分這三層的道理，先生懂得不懂得？

那都懂得。

就是定過這三層之後，就把那話裏頭可用的部首作成一章字眼兒，教學生學習，是一面學幾句話，一面認得那些部首，先生想好不好？

好是很好，一舉兩得，但是二三兩層，還有甚麼好學法兒，閣下可以提一提。

我正在要說，這二三兩層，通共七十八個部首，既是話裏用不著，怎麼能做成話裏的字眼兒呢？只好選擇這些部首裏所屬的字，有話裏常用的，又做成一章字眼兒，也有一面學話，一面學部首的益處，不知道先生明白這個立意不明白？

我雖明白，却不十分了然，閣下手底下有這兩章，可以給我看一看。

---

① 筆畫：筆劃。

就是這兩章,您請看。

阿,是這麼著。頭一章是專用頭一層部首的字連成字眼兒,這兩章裏頭,頭一層部首的字還有,那不是部首的字,就是擇其歸爲二三層部首的做個榜樣,這個主意很妙。

那³兒的話呢,可是這兩章是叫人學習了,還有一章,是把所有的部首按義分類,是爲學生學得快熟的時候兒隨時看了,可以提補他們的意思。

阿,閣下這宗教導實在周密得很,貴國的人得這個開手的門路,算計著得多少天可以記得部首?

也看人的記性。若是聰明人,半個月就可以會了;就是笨的,有一個月的工夫也沒有不行的。

半個月能記得,怕少罷,就是這個部首熟了之後,請問還怎麼樣呢?

部首熟了之後,有先生幫我作的四十章散話兒。

這是我都聽見說過得,是按著類分出字來,是不是?

那說按著類的理,還有一點兒也不能全是按著類。

怎麼呢?

我當初的主意,是把數目、你我、房屋、傢伙、動作等類的字各歸一章①,試了一試,不行。

有甚麼不行呢?

那些類裏頭,竟用本類的字,不能成話,總得³把外字湊上纔行。

這些散話章,閣下可以給我看一看?

可以,這兒有這頭一章,請細細兒的看一看,頭一行是題目,凡是數目的字都在這兒。

那可不穀罷,一、二、八、十這些字在那³兒呢?

那都是部首的字,學生已經看熟了,這四十章的題目裏頭,不用再提。

我這就明白了,連部首算足了。

可自然的就瞧底下那些幾、數、零、來、各等字,那都是望數目字連絡的,纏成小句兒,做成小句兒之後,您看,就連著小句兒編成話條子,先生瞧明白了沒有?

這我都明白了,就是有一件事,學生不認得漢字,那³兒可以知道是甚麼

---

① 章:底本作"張"。

音、怎麽講呢？

等我們刷印①出書來，半篇是漢話，半篇是英話，凡是那個題目字，應該甚麽音的，都相對著記出來，其餘的解法都按著分段的次序繙譯明白。

用貴國的字記我們的口音，是按著我們的反切②的理麽？

我們那反切的理，有不大相同的地方兒，比貴國那反切的理細些兒，中國反切不過上下兩音湊到一塊兒，也不能很合。我們那二十多個音母，不算是字，單寫出來並沒實義，不過是用他定音。有四五個音母成中國一個字音的，雖然不能個個恰對，還比貴國反切較近一點兒。那京話字音的定數兒，先生知道不知道？

這一件事，我們的人没有算過的，因爲没有甚麽用處。

那是不錯的。貴國人算那個實在没有甚麽益處，我却都算過，共總③有四百一十多音。

那是連聲帶音都算上阿？

聲可不在裏頭，竟單説音，若是分聲，那有三倍多呢。

不是閣下算過，我估摸著竟音没有那麽些個。

算得數兒不錯，您看這一篇字，是音全在上頭。

這裏頭似乎有幾個是重些兒的。

那可不能免的，是有三兩個音却是一個字的，比方那"畧"字，不是僅有一個念法。

那不錯的，有"謀畧"，有"大畧"，其"畧"字的音不同。

所以呢，就是定那音目不能不重複的。

看這音目裏，都是常用的字。

不錯，都是話裏常用的字，弄成那些散話章，把這些京音都羅織在題目字裏。

閣下很講究這音目，是何所取義？

---

① 刷印：印刷。
② 反切：古代給漢字注音的一種傳統方法，用兩個漢字來注另一個漢字的音，兩個字中前字稱反切上字，後字稱反切下字。被(切)注字的聲母和清濁與反切上字相同，被(切)注字的韵母和聲調與反切下字相同。
③ 共總：總共。

那是彼此兩國的口音，有好些不同的，我把這京音編在散話裏頭，為得是學生看過這個就可以練習口音，不論甚麼音，沒有沒閱歷過的。
　　閣下纔說的這散話章，有四十章阿？
　　不錯，整是四十章。
　　說的不是先學部首，後念這四十章麼？
　　那都不拘，也可以一面學部首，一面看這四十章。
　　學生看熟了這四十章，還有甚麼進益的書可以看呢？
　　還有兩樣兒，一本是辦妥的，一本是正在辦著。
　　辦妥了的叫甚麼呢？
　　那《清文指要》①，先生看見過沒有？
　　彷彿是看見過，那是"清漢合璧"的幾卷話條子那部書，是不是？
　　是那部書。
　　那一部書却老些兒，漢文裏有好些個不順當的。
　　先生說得是，因為這個，我早已請過先生從新②刪改了，斟酌了不止一次，都按著現時的說法兒改好的，改名叫《談論篇》。
　　這就很好了。纔剛說不是還有一本正在辦著，那也是本著我們這兒的成書作的麼？
　　不是那麼著，是我和我的先生這幾個月裏零碎做的。
　　還是談論篇的樣子，是散話章的樣子？
　　兩樣兒都不是。這一本書不是專為我們的學生可以學貴國話，就與中國人要學我們的，也有點兒益處。
　　是字彙、字典的樣子麼？
　　也不然。貴國除了《清文啟蒙》③之外，怕沒有這樣兒的書，就是《清文啟

---

　① 《清文指要》：清朝嘉慶十四年(1809)刊行的一部滿漢對照雙語教材，作者為清朝大臣富俊(1749－1834)。該書開篇是富俊撰寫的《序》，介紹編撰的原因和目的；《序》後是《字音指要》，簡要介紹滿語的語音特點、發音方法和格詞綴的用法；正文是對話體和獨白體課文 50 章；還有《續編兼漢清文指要》課文 50 章。
　② 從新：重新。
　③ 《清文啟蒙》：清代人學習滿語的教科書，雍正八年(1730)刊行，滿人舞格(生平不詳)編著。全名《滿漢字清文啟蒙》或《兼滿漢字滿洲套語清文啟蒙》《兼滿語滿洲套話清文啟蒙》，共四卷。卷一為滿文 12 字頭單、聯字、切音滿字、滿文外單字、滿文外聯字、滿文切韵法、滿文書寫運筆先後順序、滿文拼寫規律及讀音變化；卷二為滿語套話；卷三為滿文助語虛詞；卷四為滿文辨似、滿語解似。

蒙》那個相似的地方兒，也有些個得細細兒分的。

依您這麼說，這一部書所論的，想來是我們這兒說話的神氣、層次、句法呀。

有些微點兒那麼著，別的不別的，先把這些書做成了，底下還可以有別的要續上也不定，總是望著學生念了，有一步一步的長進，那工夫不間斷，自然一個月比一個月的見強。

那是必然的，彷彿簷溜①還可以穿石呢。

不錯，是因為這個，我所以把這些個淺近的給先生看，也不怕貽笑大方。

那³兒的話呢？登高自卑，行遠自邇，彼此兩國的人互相受教，都無非是由淺以及深的這個理阿。

亞細亞言語集卷之三　畢

---

① 簷溜：屋檐流下的水。

明治十二年三月五日版權免許
同　十三年八月　　出　　版
同　廿五年五月九日印刷再刻出版

編輯者　東京市四谷區左門町二十四番地　　廣部精
發行者　東京市小石川區大門町二十五番地　　青山清吉
關西大賣捌所　大阪南區心齋橋南一丁目　　松村九兵衛
關西大賣捌所　東京市京橋區南傳馬町一丁目　吉川半七
同　　　　　同　　日本橋區通三丁目　　　林平次郎

卷 四

談論第一章

我聽見說，你如今學滿洲書呢麼？很好，滿洲話是咱們頭一宗兒最要緊的事情，就像漢人們各處兒各處兒的鄉談是一個樣兒，不會使得麼？

是，可不是麼。我念了十幾年的漢書，至今還摸不着一點兒頭緒兒呢。若再不念滿洲書、不學繙譯，兩下裡都就悮咯。因為這麼着，我一則來瞧瞧哥哥，二則我還有求哥哥的去處兒呢，只是怪難開口的。

這有甚麼呢？有話請說，若是我能彀做得來的事，你跟前我還推辭麼？

我求的是哥哥疼愛我，就是勞乏些兒，可怎麼樣呢，抽空兒給我編幾個話條子我念，兄弟若能彀成了人，都是哥哥所賜的，永遠不敢忘了恩哪，必定重報的。

你怎麼這麼說呢？你是外人麼？只是怕你不肯學，既然你要學，巴不得的教你成人呢，說報恩的是甚麼話呢？咱們自己人裏頭說得麼？

若是這麼着，我就感激不盡了，只好給哥哥磕頭咯，還有甚麼說的呢？

談論第二章

聽見說，你的清話如今學得狠有點兒規模兒了麼？

那³兒的話呢？人家說的，我雖懂得，我自家①要說，還早呢，不但我說的不能像別人兒說的成片段兒，而且一連四五句話，就接不上，況且還更有一個怪處兒，沒說話之先，無緣無故的怕錯，不敢簡簡決決的說，這麼樣可叫我怎麼說呢？我也灰了心咯，想着就是這麼樣兒的，學來學去也不過是這麼個本事兒，

---

① 自家：自己。

那³兒還能彀有長³進呢？

　　這都是你沒熟的緣故，我告訴你，無論他是誰，但凡遇見個會說的，你就趕着和⁴他說話，再有那清話精通的師傅⁴們，也要往那兒去學，或是和⁴清話熟習的朋友們去說，天天兒看書記話，時時刻刻的說，舌頭就活了。若照着這麼學，至多一兩年，自然而然的就會順着嘴兒說咯，又愁甚麼不能呢？

談論第三章

　　阿哥，你的清話是甚麼空兒學的？聲兒說得好，而且又明白。

　　承你納過獎，我的清話算甚麼呢。我有一個朋友，滿洲話說得很好，又清楚又快，沒有一點兒漢音，很熟練哪！不但這個，而且記得話兒還多，那纔可以筭得起是好呢。

　　他比你如何？

　　我怎麼敢比他？我可不是他的對兒啊，差的天地懸隔的呢。

　　甚麼緣故呢？

　　他學得日子深，會得多，頗¹好⁴書，至今還是不住嘴兒的念，不離手兒的看呢。若要趕他，實在難哪。

　　阿哥，你這話只怕有點兒說錯了罷，你忘了"有志者事竟成"這句話了麼？他也是學會得罷咧，並不是生出來就知道的啊。咱們那點兒不如他？任⁴憑²他是怎麼兒的精¹熟，咱們只要拿定主意，用心的學去，雖然到不了³他那個地步兒，料想也就差不遠兒咯。

談論第四章

　　人生在世，頭等頭兒要緊是學念書呢，特為的是明白道理。學得道理明白了，在家呢，孝⁴父⁴母³；做官呢，給國家出力。不論甚麼事，可自然都會成就。人若是學得果然有了本事，無論到那³塊兒，不但別人尊重你，就是你自己³也覺着體面。還有一種⁴，不念書、不修品³的，全靠着鑽¹幹逢迎作他的本事，我不知道他們心裡到底要怎麼樣啊，我實在替他害羞。這一種人，不但自己辱身壞名,連老子、娘都叫人家咒⁴罵⁴啊。阿哥,你白①想一想,父母的恩情,為人子的能彀報得萬一麼?不能彀榮宗耀⁴祖³的罷咧,反倒叫受人家咒⁴罵⁴,沒出息兒到甚麼分兒上了。細想起這個來,人若是不念書、不修品³行,使得麼?

談論第五章

老弟,你天天兒在這兒過,都是往那³兒去啊?

念書去。

不是念滿洲書麼?

是。

現在念的都是甚麼書?

沒有新樣兒的書,都是眼面前兒的②零碎話和⁴《清話指要》這兩樣兒。

還教你們寫清字楷書不啊?

如今天短,沒寫字的空兒,等着天長了,不但叫寫字,還叫學繙譯③呢。

老弟,我為這念書的事,真是鑽¹頭覓⁴縫④兒的,那兒沒有我到啊。我們左³近⑤沒有念清書的學房,我想着你們念書的這學房,就可以到多嗻我也去念去,請你替我先說說罷。

大哥,你說教我們是誰啊?是師¹傅⁴麼?不是呀,是我的一個族²兄,所有教的都是我們一家兒的子弟,再者就是親戚們,並沒有外人,可怎麼說呢?我們族²兄又要天天兒上衙門,不得閒兒。這是因為我們早啊晚兒的懶,不肯自己用工⑥,他萬不得已,勻着空兒教我們。若不是這麼着,大哥要念書好事罷咧,替你說說又費了我甚麼了呢?

---

① 白:憑空。《北京方言詞典》:"你就白想想,也能咂摸過味兒來。"(陳剛編,商務印書館,1985年,9頁)

② 眼面前兒的:常見的,一般的。

③ 繹:底本作"繹"。

④ 鑽頭覓縫:費盡心機,千方百計。

⑤ 左近:附近。

⑥ 用工:用功。

談論第六章

　　今兒早起背他們的書，一個比一個的生，哼啊哼的，張¹着嘴，瞪⁴着眼，只是站着。因為這上頭，我說："且住了，聽我的話，你們既然是念滿洲書，就該一撲¹納心兒①的學，像是這麼樣兒的充數兒、沾¹虛¹名，多嗜是個了手②啊？不但你們是虛度日月，連我也是白費了勁兒咯。這是你們自己悮了自己咯，還是我悮了你們咯呢？已³經長³成了大漢子的，說着也是這個樣，耳朵雖然聽了，並不放在心上，太皮臉③了罷。把我說的苦口良言全當成了耳傍風咯，別說我找你們的錯縫²子④，譬⁴如我當了差使回來，剩下的空兒歇歇兒不好麼？只是和⁴你們這個那個的，為甚麼呢？不過因為是骨肉，叫你們出息成人的意思啊。我如今也沒法兒了，只好盡心的教導，完我的責²任就是了，聽不聽隨你們罷咧，叫我可怎麼樣兒呢？"

談論第七章

　　你是懂得漢書的人哪，若學繙譯⑤很容易，只要專心，⑥別隔斷⁴了，挨着次兒的學，兩三年的工夫兒，自然就有頭緒兒了。若是三天打魚²、兩天曬網³的，就念到二十年，也是枉³然。

　　哥哥，瞧我的繙譯，求你納罣改一改。

　　你學得大長³了，句句兒順當，字字兒清楚，沒有一點兒肬¹星兒⑦，若考，可

---

① 一撲納心兒：安分，專心。
② 了手：了結。
③ 皮臉：厚臉皮，不知羞恥。《元明清文學方言俗語辭典》引《金瓶梅》第八回："李舒過臉來，等我掐你這皮臉兩下子。"《初刻拍案驚奇》第二十六回："及至杜氏起來了，老和尚還皮着臉撩撥他幾句，杜氏一句話也不來招攬。"（岳國鈞主編，貴州人民出版社，1998年，524頁）
④ 找錯縫子：找對方的錯誤、過失。
⑤ 譯：底本作"繹"。
⑥ 底本無談論第七章大部分、第八章、第九章開頭部分。從此處開始，一直到談論第九章"唤誰去的，至今還沒來麼"處，據六角恒廣《中國語教本類集成》第一集第1卷《亞細亞言語集支那官話部》（再版）補。（東京不二出版社，1991年，267頁）
⑦ 肬星兒：瑕疵，污點。多作"疙星兒"。

以拿得穩必得。這一次考筆帖式①,遞⁴了名字沒有?

若是考得,很好,只怕秀才未必使得罷。

這是那³兒的話呢? 像你這樣兒的人,八旗²都許考,獨不准你考的理有麼? 況且義學生②還使得呢,秀才還用說麼? 因為考的,你姪²兒這個空兒纔趕着學滿洲書呢。快補名罷,別錯過了機會啊。

談論第八章

若看書,看《通鑑⁴》,長學問,記得古來的事情,以好的為法,以不好的為戒,於身心大有益處啊。至於看小說兒、古詞兒③,都是人編的沒影兒的瞎說,就是整千本兒的看了,有甚麼益處呢? 有一種⁴人,還皮着臉子④,念給人家聽呢。從前那一國,誰和⁴誰打過幾次仗,這個拿刀砍,那個使斧架,這個又使鎗扎¹,那個又使棍搪。若說是敗⁴了,請了來的都是雲裡來、霧裡去的神²仙,剪草為馬,撒豆兒成兵。明明兒的是謊話,那糊塗人們當成真事,還獸頭獸腦、有滋有味兒的聽呢。有見識的人看見,不但笑話,而且懶怠⁴瞧。你往這上頭用心做甚麼?

談論第九章

那個書取³了來咯沒有?

取去了,還沒拿來呢。

使喚誰去的,至今還沒來麼?

打發他取去了。我先叫他去,他肯聽我們的話麼? 有要沒緊⑤兒的,就擱

---

① 筆帖式:清朝官職名,負責辦理文件、文書。
② 義學生:區別於政府所辦學校的官學生。義學是為八旗貧寒子弟讀書而開設的學校。
③ 古詞兒:據張衛東譯《語言自邇集》按語,當為"鼓兒詞"之訛。鼓兒詞,擊小鼓等的演唱形式,也指這種演唱形式的唱本,如《紅樓夢》第一一九回"沒聽過鼓兒詞"、《兒女英雄傳》第九回"你這可是看鼓兒詞看邪了"。(威妥瑪著、張衛東譯,《語言自邇集——19世紀中期的北京話》,北京大學出版社,2002年,219頁)
④ 皮着臉子:厚着臉皮。
⑤ 有要沒緊:慢吞吞,不着急。也說成"有緊沒慢"。

時候兒。後來我說有哥哥的話，他纔趕忙着去了。那一部書不是四套麼，他只拿了三套來。我們說他，你為甚麼漏了一套，若不趕着①取去，仔細②你主子回來不輕依¹你呀。他反倒說，我們告訴得糊塗、不明白，抱怨着去了，至今還沒回來呢。若差人迎他去罷，又恐怕走岔²了道兒。

這種樣兒的滑²東西，也有麼？一定是往那個熱鬧地方兒頑兒去咯，若不嚴嚴兒的管教，斷⁴斷⁴③使不得。等他回來的時候兒，把他綑³上，重重兒的打一頓⁴纔好，不然慣了他，就更不堪¹了。

談論第十章

射²步箭⁴是咱們滿洲人最要緊的事，看着容易做着難，就是黑下白日④的長拉、抱着弓¹睡的都有。若拉到出類拔²萃⁴的好，能出了名的有幾個？

難處在那³兒呢？

身子要正，沒有毛病兒，髈子要平，一身要很自然，還又搭¹着⑤弓硬，箭出去的有勁兒，再箭箭兒中，纔算得是好呢。

大哥，你納看我射的，比前出息了沒有？若是有不是的去處兒，請撥²正撥²正。

你射的步箭有甚麼說得呢？早晚兒要仗着大拇³指頭戴翎²子咯，樣兒又好，又很熟，撒得又乾凈，人若都能像你，還說甚麼呢？但只弓還畧軟些兒，前手畧有一點兒定不住，把這幾處兒若全都改了，不拘到那³兒去射，一定出衆，有誰能壓¹得下你去呢？

談論第十一章

哥哥新喜啊。

---

① 趕着：抓緊時間。
② 仔細：小心，當心。
③ 斷斷：堅決，絶對，無疑。
④ 黑下白日：白天和夜裏。
⑤ 搭着：加上，外帶。

好説，大家同喜啊。

哥哥請坐。

做甚麽？

給哥哥拜年哪。

甚麽話呢？

老哥哥啊，是該當磕頭的。

請起請起。陞¹官哪，得子啊，過富貴的日子啊。請起，請上坐。這現成兒的煮餃³子，請吃幾個罷。

我在家裡吃了出來的。

吃的那麽飽麽？年輕的人兒，纔吃了就餓啊，想必是粧假罷。

真的呀，在哥哥家我還作客麽？撒謊的是猴兒。

那們就倒茶來。

哥哥，我不喝。

怎麽？

我還要到別處兒去呢，該去的地方兒多，若太去晚了，人都犯思量。哥哥請吃，別送我，看帶了味兒去。

有那個理麽？不出房門兒使得麽？來了空空兒的，連茶也沒喝，到家都替我問好罷。

談論第十二章

哥哥，恭喜咯！説放章京①揀選上了。

是啊，昨兒挑選³的，把我擬³了正了。

擬陪的是誰啊？

你不認的，是一個前鋒¹校②。

他有兵麽？

---

① 章京：漢語"將軍"在滿語中的音譯。

② 前鋒校：清朝負責警衛皇帝的機構爲前鋒營，前鋒校是前鋒營的下級軍官。順治元年（1644），定前鋒營編制時稱噶布什賢達。十七年，定漢名爲前鋒校。額定九十六人，左、右翼各四十八人。（張政烺主編《中國古代職官大辭典》，河南人民出版社，1990年，782頁）

没有，寡有圍。

我替你納算計熟咯，一定要戴孔雀翎子①咯。

我有甚麽奇處兒，比我好的多着的呢，一定指望着，使得麽？託着祖宗的福蔭，僥倖撈¹着，也定不得。

你納説的是那²兒的話呢？你納是甚麼時候兒的人，年久咯。若論起來，和你納一塊兒行走的朋友們都做了大人咯，在你納後頭的年輕的人兒們，也都陞了，都比你納高貴了。若論你納的差使，出過兵，受過傷，現在又是十五善射。你納説，旂下强過你納的是誰？我知道了，想是怕我來喝喜酒罷。

這有甚麼呢？若果然是真得了，別説是酒，我合着你納的意思，請你納。

談論第十三章

當差行走的，只看各自的機會，時運若平常，樣樣兒總不着，不論甚麼事，眼看着要成，偏會又生出杈⁴兒來。有一種彩頭好、走好運的人，真是没有不照着他所思所算的，爽爽利利兒的隨了心的，眼瞜着就是優¹等高陞¹。

你納是這麼説，我心裡却不然，只論巴結不巴結就是咯。若是素餐尸¹位的，整年家不行走，還該當革²退②呢，再指望陞能彀麽？第一，差使要勤謹³③，朋友們裡頭要和氣，別各別另樣的，別不隨羣兒，有事不攀¹人。不論甚麼差使，一撲納心兒的辦，勇³往向前的行了去，必定是在高等兒上，有不陞的道理麽？

談論第十四章

有一位有年紀兒的人，見了人兒很親熱，若是坐在一處兒論起書和學問來，很喜歡接連不斷的，整天家説也不乏。該指撥人的地方兒指撥，該教導人的地方兒教導，講今比古的。若是遇見年輕的人兒們了，他和言悦⁴色⁴的往好處兒

---

① 戴孔雀翎子：做官。清代官員冠帽後裝飾有孔雀翎子，以翎眼多者爲貴。
② 革退：剥奪其官位並强迫退職。
③ 勤謹：勤勞，勤快。也作"勤緊"。

引³誘，又最仁¹德、最護⁴衆，見了人家有苦處，就像是他自己的一個樣，很着急，必定儘³着力⁴兒搭救⁴。真是仁德兼全、厚道積¹福的老人家。故此若隔久了我不去看一看，我心裡頭只³是不過意。俗語兒說的"一人有福，托帶滿屋"，現在家業充足，子孫興¹旺⁴，都是他老人家行為好的報⁴應⁴啊。

談論第十五章

這個老大人的才情敏³捷，有決斷，無論甚麼事情，到手就有條有理兒辦結咯，而且心裡明白，認得人，好歹瞞不過他的眼睛去。又最憐愛人，凡有勤謹體面少年子弟們，到了挑缺應陞的時候兒，真是肯提拔保舉。但是遇着差使上滑的，在面子上要獻⁴勤兒、討好、占⁴便宜的，這種人可小心着，難免叫他拿住。若是叫他撈着了，斷沒有輕放過去的。

你們的話雖然是這麼說啊，弟兄們天天兒眼巴巴兒的盼⁴①着，要仗着我成人，我若是應保舉的不保舉，應約束的不約束，怎麼還能賞功罰罪呢？我是生成②的心直口快，想來說話、行事還正派，故此人家都服我，願意給我出力啊。

談論第十六章

養兒原為防備老，為人子的應該記着父母的勞苦、養活的恩，該當趁⁴着父母沒有老之前，拿好穿好吃的孝⁴敬他們，和顏悅色的，叫他們喜歡。若是吃穿不管，饑寒不問的，像外人兒似的看待，叫兩個老人家傷心生氣，到了百年之後，任憑你怎麼痛哭，中甚麼用啊？就算是你出於誠心，誰信呢？不過是怕人家笑話假的罷咧。就供甚麼樣兒的珍饈美味，誰見魂靈兒來受享了麼？也還是活人兒饞³操¹③罷咧，歿④的人有甚麼益處啊？還有一種更不好的人，說父母上了年紀兒了，老背晦了，吵鬧着強要分家的，說到這個場³處，不由的叫人生

---

① 盼：底本作"盻"。
② 生成：生來，天生。
③ 饞操：像暴食者一樣滿嘴塞着食物。饞，《漢語大字典》引《集韻·講韻》："饞，河朔謂強食不已曰饞。"又《絳韻》："饞，食無廉。"操，用手往後推。
④ 歿：死，也作"没"。

氣傷心,這種樣兒的人天地不容,神鬼都是恨的,焉¹能善終¹呢?你只靜靜兒的看着,眨眼的工夫兒,他的子孫也就照着他的樣兒學了。

談論第十七章

弟兄們是一個母親的肚子裡生的,小的時候兒在一塊兒吃,一塊兒頑,不分彼此,何等的親熱來着。後來長³大了,漸漸兒的生分①的緣故,大約都是聽了妻¹妾⁴的挑唆¹,爭¹家產或³是聽了傍人離間⁴的話,各自各兒懷着異心的很多。

這是甚麼緣故呢?

天天兒聽了這些讒²言,心裡都裝滿了,一時間不能忍,以致於打架辯嘴,就成了讐²咯。也該想一想,產業沒了,還可以再置⁴;女人死了,也可以再娶³;弟兄們若是傷一個,就像手脚折了一隻的,是一個樣,焉能再得呢?比方偶然鬧出了一件禍事來,那還得骨肉相關的弟兄們捨命巴結着搭救啊。若是傍人,恐怕連累,躲還躲不迭呢,肯替你出力麼?看起這個來,再沒有如同弟兄們好的咯,人為甚麼不細細兒的想想這些個呢?

談論第十八章

若説相與②朋友,應該學古時候兒的管仲⁴、鮑¹叔²。他們倆有一天在荒郊¹野外的地方兒逛⁴,看見道傍邊兒有一個金元²寶,他們倆彼此對讓,誰也不肯揀,撂⁴③下走咯。

碰見一個莊稼漢,告訴他説:"那兒有一個金元寶,你去揀去罷。"那個莊稼漢趕忙着去到那兒一找,並不見金子,只見有一條兩頭兒蛇²,嚇⁴了一大跳,連忙使鋤²把蛇砍成兩截兒,就追趕他們倆,嚷着説:"我和你們有甚麼讐啊,把條兩頭兒蛇告訴我説是金元寶,差點兒沒要了我的命。"他們倆不信,回去一看,仍就是金子,砍成兩半兒咯。管仲、鮑叔每人拿了一半兒走了,那個莊稼漢還

---

① 生分:感情淡薄,關係疏遠。
② 相與:結交。
③ 撂:放下,擱置。

是空着手兒回去咯。

古時候兒的人們相與的道理是這個樣兒啊。

這話雖是小說兒上的,寔在可以給如今見利忘義的人們作得榜樣啊。

談論第十九章

你打聽的不是那位老弟麼?

是啊。

他是囊中之錐¹,不久就要出頭咯。

甚麼緣故呢?

他生來的安静、博學,行動兒、漢仗兒又出衆,差使上又勤,居家是一撲納心兒的過,父母跟前又孝順,弟兄們跟前又親熱,真是没有一點兒毛病兒。況且朋友們裡頭又很護衆,不拘誰托他一件事,他不應就罷了,他若説是點了頭,必定替你巴結着辦。不成,不肯歇手。因此誰不敬他?誰不要親近他?可是説的"吉人天相",這個樣兒的人豈³有空過一生的理麼?天必降⁴福啊!

談論第二十章

那個阿哥,是咱們舊街坊¹啊,眼看着長大的孩子,隔了能有幾天兒,如今聽見説很出息了,做了官了。起初我還半信半疑的來着,後來我在朋友們跟前打聽,果然是真的。看起這個來,是"有志者事竟成"和"有志不在年高"的,這兩句話真是不假啊。

哥哥,你的話雖然是這麽説,也是他老家兒有陰功,纔生出這個樣兒的成人的孩子來呀,很樸¹寔,又良善①,除了學馬步箭②的空兒,素常③在家就只是看書,荒唐的道兒一步兒也不肯走。況且公事上又很小心、很勤謹,有便宜,有得項的地方兒,他總不沾染,這正合了"積善之家,必有餘慶"的那句話了。

---

① 良善:善良。

② 馬步箭:清制,凡武試,必考騎馬射箭和步立射箭,謂之馬步箭。(李鵬年、劉子揚、陳鏘儀編著《清代六部成語詞典》,天津人民出版社,1990年,308頁)

③ 素常:平日,平常。

談論第二十一章

　　咱們這些人裡頭,你還是外人兒麼?要瞧我,就一直進來,又何必先通報呢?既到了門口兒,怎麼又回去了呢?想必是我們家裡的人們說我不在家,你惱咯,是這個緣故不是啊?我若不説出緣故來,你怎麼知道呢?這一向①咱們那羣孩子合着夥兒開了耍錢塲兒了,方纔來,起誓發願的,必定叫我去,我不得空兒,你是深知道的,一會一會兒的差使,如何能定呢?而且王⁴法又很緊,倘若鬧出一件事來,把臉放在那兒啊?因這上頭,惱就由他惱去罷,我到底没去,告訴家裡的人們,不拘誰來找我,答應不在家。不想你來了,糊塗奴才們也照着答應不在家,打發了去咯,纔進來告訴我。因爲這麼着,我急忙差人去趕,他説没趕上,我心裡很失望,寔在不知道要怎麼樣兒纔好。

談論第二十二章

　　我們倆底根兒相好,而且如今又連了幾層親,許多年没得見面兒了。我打出兵的地方兒回來,就要找了他去叙談叙談,不想叫事情絆住,竟没空兒去。到昨兒,我順便兒到他家一問,那兒的人説,他搬了好久咯,現在小街兒西頭兒拐³灣兒住着呢。我照着告訴我的話找了去一瞧,在儘溜頭兒②噶¹拉兒③裡,關着門兒呢。我叫了半天的門,並没人兒答應,又敲¹着門大着聲兒叫了好一會子,出來了一個走不動的老媽媽兒,他説主人没在家,別處兒去了。我説:"等你們老爺回來告訴説,我來瞧來了。"他耳朵很聾,總聽不見。因爲這上頭,我没法兒,就在他們隔壁兒小舖兒裡借了個筆硯,把我瞧去的話寫了個字兒留下了。

---

　　① 一向:過去的某一段時間。
　　② 儘溜頭兒:長形物的頂端或時間的盡頭。《新編北京方言詞典》:"把繩子拴在棍子的儘溜頭|不幹到儘溜頭不下工。"(董樹人著,商務印書館,2010年,230頁)
　　③ 噶拉兒:旮旯。

談論第二十三章

大哥請騎着,我失躲避了啊。乏乏的,又下來作甚麼?

甚麼話呢?若沒有看見就罷了,我在老遠的就看見了,有騎着的理麼?

大哥不到家裡①坐麼?

是啊,咱們許久沒見了,我進去畧坐坐兒。哎呀,栽了這麼許多的花兒了麼,又養着許多金魚,山子石兒堆得也好,心思用的很巧,層層都有樣兒。這個書房寔在乾浄,怎麼瞧怎麼入眼,真正是咱們念書的地方兒。

但只恨我自己沒有甚麼朋友,一個人兒念,很冷清。

這有何難呢?你若不厭煩,我給你做伴兒來,何如?

若是那們着,真是我的造化了,我請還恐怕不來呢。若果真來,真是我的萬幸咯,厭煩的理有麼?

談論第二十四章

起初見了他,望着人兒很親熱,又很爽快,相貌又體面,漢仗兒又魁²偉³,伶²牙俐⁴齒⁴的又會說,我看着很羨慕,心裡說,怎麼和他相與相與纔好,不住口兒的誇¹獎他。後來走上了一處兒常混混,細細兒考較他所行所為的事情,原來不是個正經人,虛架子弄空的。他的真假那³兒摸得着呢?而且心裡又陰險,不給人好道兒走,嘴裡雖然跟你好,背地裡害得你很不輕。人若是落在他的圈套兒裡,就是一個仰面兒觔斗②,在他手裡坑害的人可不少了,屈着指頭兒筭不清啊。故此,朋友們提起他來,都說是可怕,沒有不頭疼的。這就是俗語兒說的"人心隔肚皮,知人知面不知心"的話兒,是特為這種人們說的咯。

我還算是僥倖,若不留心遠着他,有不落在他的局裡的麼?

---

① 裡:底本作"理"。

② 觔斗:筋斗。

談論第二十五章

你的性子也太疲²①了,既然不能就罷了,應承了人家的事情,又不能成,只是給人家就擱②着,是甚麼意思呢?若這個樣兒的行事,朋友們還怎麼信你的話呢?你想,是自己不覺罷了,我寔在替你害羞。與其這麼顢¹頇¹③着,索性把寔在的光景³告訴他,人家也好歇了心,另打算哪。

談論第二十六章

這是甚麼話呢?論事情還沒有影兒呢,就畧遲些兒也不要緊,正經事情的主兒尚且不着急,你先這麼催¹逼¹的,是個甚麼道理啊?不論甚麼事情,總要詳細了又詳細,得了正經主意纔可以告訴人。若像你們糊裡麻裡④的,撈摸着就說,可以使的麼?我的生性兒就是難纏²,若是事情沒得寔兒,強壓着頭叫我行,我斷不肯。若信我的話,叫他等着;倘³若不信,叫他求別人兒去辦罷,誰攔²着他呢麼?

談論第二十七章

你不知道,這都是年輕血氣旺的緣故,吃幾次虧的時候兒,自然而然的就心墮了。我從前最好打把勢⑤,天天兒演習。我哥哥慣⑥使的是鎗,就有十幾個人兒也到不了³他跟前兒這樣兒的本事。而且後來還遇見了一個人,是利害過他的呢。我舅⁴舅⁴家從屯裡來了一個瘸子,會耍刀。他們倆說,要試試本事,各自拿了各自的兵器。我哥哥心裡那³兒有他呢,拿起鎗來直往他心口上就是一扎¹,那個瘸子一點兒不忙,從從容容的使刀一架,我哥哥的鎗尖兒齊各

---

① 疲:疲塌,滿不在乎,毫無顧忌。也作"皮"。
② 擱:底本作"攔"。
③ 顢頇:糊塗而又馬虎。
④ 糊裡麻裡:胡亂,雜亂無章的樣子。
⑤ 打把勢:擺空架子,炫耀自己。也說"打把式"。
⑥ 慣:熟練,擅長。

碴²①兒的斷了一截兒,趕着抽鎗,没抽迭,刀早已放在脖子上了,纔要躱,叫他夾¹着脖子一摔,撂出好遠的去咯。因爲這上頭,很沒味兒,再也不學了,看起這個來,天下的能人還少麽?

談論第二十八章

要各樣兒的東西上,愛惜、省儉纔是過日子的道理呀。我若不說你,我又忍不住。把吃不了的飯給家下人們吃,不好麽?任着意兒倒在溝眼裡,是爲甚麼呢?你心裡也安穩³麽?你只知道吃飯,不知道米的難處呢。種地的、拉縴的,受得都是甚麼樣兒的辛苦,纔到了這兒,就是個米粒⁴兒,也不是容易得的啊。況且咱們不能像那些個財主人家兒,吃着這個想着那個的,不希奇②的銀子錢,嘴有甚麼捆³兒呢?吃有甚麼盡頭兒呢?若是這麼慣了,不但會破家,而且也折福。有年紀兒的人們說的話兒"惜衣得衣,惜食得食",你的福田能有多大?若是這麼樣兒不省儉,小心着久了的時候兒自己捱²③上餓了,你後悔也就遲了啊。

談論二十九章

人生百歲不過眨④眼的光景,把銀子錢結結寔寔的收着作甚麼?這個浮生如夢的身子,能彀樂得幾天兒呢?一恍⑤兒就不中用了。趁着沒有老,若不吃不穿的,到得筋骨硬了的時候兒,穿呢,不成樣兒,吃呢,不得味兒。反倒瞭着孩子們的下巴頦子過日子,有甚麼趣兒啊?只別過逾了就是咯,算計着所得的分兒樂一樂兒,也很使得呀。

這個話,你是知道我的事情說的呀,還是揣摸着說的呢?我若果然是富富餘餘的,樂也是應當的,並不能像別人兒有銀錢、有產業,叫我拿甚麼樂呢?叫

---

① 碴:碴。
② 希奇:稀奇。
③ 捱:挨。
④ 眨:底本作"貶"。
⑤ 一恍:一晃。

我借了債⁴穿哪，還是賣了房子吃呢？若依着你這個話行，錢財兒花净了的時候兒，嘆⁴口氣就死了纔好。萬一不死，還有氣兒活着，可怎麽樣兒過呢？到那時候兒，就是我求你，你還理我麽？

談論第三十章

今兒有誰來過麽？

大哥出去之後，有倆人瞧來了，説是大哥陞了官，道喜來了。

誰出去答應的？

我在門口兒站着來着。我説大哥没在家，老爺們請到裡頭坐罷。他們不肯進來，回去了。

都是甚麽樣兒？

一個是胖子，比大哥畧高些兒，四方臉兒，連鬢⁴鬍子，暴子眼兒，紫³糖色。那一個真可笑，臟的看不得，一隻眼，而且還是斜着，又是糡稠²麻子①，滿下巴的捲毛兒鬍子，咬着舌兒②。望我一説話，我差一點兒没有"撲¹哧¹"的笑了。

那個胖子，我知道了，這一個可是誰呢？

我問他們的姓來着，每人都留下了一個職名，我拿來給大哥看。

哎呀，這猴²兒從那³兒來？你倒別把他看輕了，像貌③雖然長得歪¹歪¹扭扭的，筆底下很好，有韜¹畧兒，題起他來，誰不知道，是早已出了名的人了。

談論第三十一章

你還没起身麽？

早晚兒就起身了。馱子、行李都整理妥當了，只是盤纏銀子還短些兒。"上山擒虎易，開口告人難"的話，我今兒纔信了，捨着臉兒各處兒借，總没有得，没法兒，找哥哥來了，或銀子、或當頭④，求借給我點兒，回來的時候本利奉還。

---

① 糡稠麻子：很密的麻子。糡：糨。
② 咬着舌兒：説話咬字不清楚。
③ 像貌：相貌。
④ 當頭：爲了换錢送進當舖典當的東西。

幸虧你來得早,畧遲些兒也趕不上。方纔屯裡拿了幾兩銀子來,還没用呢,你拿一半兒去使,喝了茶再稱給你。你這不是初次出門麼?

是。

我告訴你些個話、行遠道兒的道理。朋友們裡頭,以和為貴,待底下的官人兒們,不必分内外,一個樣兒的疼愛,就有得銀子、弄錢財兒的地方兒,臉面要緊,別手長了。若是亂來,於聲名是大有關碍的呀。

哥哥説的是金玉[4]良言,兄弟永遠記着就是咯。

談論第三十二章

您納是幾兒打屯裡來的?

我到了好些日子了。

您納來了,我總没聽見説;若聽見,我也早來瞧來了。

咱們住的地方兒寫①遠,又是官身子,没聽見就罷咯。

你們的地在那[3]兒?

在霸[4]州所屬[3]的地方兒。

黃河麼?

不是,是渾[2]河。

今年那兒的莊稼如何?

很好,豐盛大收了。

不[2]是先説潦[4]②了,又説旱了麼?

那都是謠[2]言,信不得。別説別的,黑豆的價兒就十分便宜,十來個錢一升[1],許多年没有這麼賤。

真麼?

自然是真。

若是這麼着,再打發人去的時候兒,請替我買幾石來,多少銀子,算明白告訴我,我照着原買的價兒給你。

---

① 寫:深遠。

② 潦:涝。

是啊。我看見拴着好幾匹馬,這是該當的,與其在咱們這兒買得價兒貴,何不在那兒帶了來,有加倍的便宜呢?

談論第三十三章

若買,就買匹好馬,拴着看,也有趣兒,橫豎費草費料的,拴着這麼匹儍頭馬作甚麼?

大哥不知道,昨兒牽[1]了來,我就拉到城外頭試過了,可以騎得,顛[1]的穩,跑的又快,射馬箭一點兒張裏[3]的毛病都沒有,又隨手,又妥當。

看起這個來,你原來不認得馬。若是好馬,腿子結寔,耐得勞苦,圍塲上熟,樣兒好,又伶便,像英雄少年們繫[4]上撒袋,騎上跑,就像飛鷹[1]似的,真可觀。這馬是甚麼?口也老了,下巴都搭拉①了,腿又軟,肯打前失②,你的身子又笨,與你很不相宜。

如今可怎麼樣呢?已經買定了,將就着養着罷了,我並沒有緊差使,又沒有遠差使,但只老寔,就和我對勁兒,究竟比步行兒強啊。

談論第三十四章

這件貂鼠褂子在舖子裡買的麼?
不是舖子裡的,廟上買的。
多少銀子買的?
你白猜一猜。
這件至不濟③也值三百兩銀子。
我從二百兩上添起,添到二百五十兩上,他就賣了。
價兒怎麼這麼賤?從前像這樣兒的,至平常得[3]五百兩銀子,你看,顏色兒黑,毛道兒厚敦,又平正,而且風毛出的齊截,面子的緞④子又厚,花樣兒又新

---

① 搭拉:下垂的樣子。也作"耷拉"。
② 打前失:驢、馬等牲口前蹄没站穩而跌倒或險些跌倒。
③ 至不濟:最低限度。也作"至不及"。
④ 緞:緞。

鮮,樣子又合時,就是比着你的身子做,也没有這麼樣兒好。

大哥,你也有一件來着。

我那個算甚麼,白有個褂子的名兒就是咯。毛稍兒壞了,顏色兒變了,反穿不得了。

若是那們樣,等關了俸的時候兒,再買件好的就是咯。

哎,我是過了時的人了,還講究甚麼樣兒呢,但只煖和就好了。你們是年輕的人兒們,正是往上巴結①的時候兒,逢朝會的日子,穿件好的,打扮打扮,是該當的。我若是穿了好的,不但不得樣兒,而且不舒服,况且我們武職差使上,也不對好衣裳,索性穿舊的、破的,倒和我們很對勁②兒。

談論第三十五章

我有個朋友,膽子很大,夏天的時候兒,黑下楮③着窗户睡,正睡着了,覺着耳朵裡聽見有響³聲兒,睁¹開眼一瞧,大月亮地下有一個怪物,臉似黄紙,眼睛裡流血,渾身雪白,頭髮蓬²鬆¹着,一跳一跳的前來,睡夢中忽然看見,嚇了一跳,心裡説:"這就是鬼罷。"悄悄兒的瞧着,看他怎麼樣。那鬼跳了不久的工夫兒,開開立櫃,拿出許多衣裳來,挾在胳肢⁴窩④底下,從窗户裡出去了。他心裡暗想着,若果然是鬼,有拿衣裳的理麼?正想着的時候兒,那個該殺的又進來了,因此他猛³然起來,拿出把腰刀來,把那個東西斫了一下兒,那個東西"哎呀"了一聲,倒³在地下了。叫了家下人來,點上燈一照,很可笑,原來是個賊,故意兒的粧成鬼來嚇人來咯。

談論第三十六章

哥哥們提起話兒來就説鬼,我也告訴你們一件怪事,你們説的都是在古兒詞上看下來的,我這個是我親自經過的。那一年,我們出城外頭閒游玩回來,

---

① 巴結:努力拼搏争取。
② 對勁:此處指合適。
③ 楮:拄,支撑。《漢語大字典》引《爾雅·釋言》:"楮,柱也。"
④ 胳肢窩:胳肢窩。

看見道傍邊兒有一座大墳院，房屋、牆垣都破爛了，歪的歪，倒的倒了，那裡頭各樣兒樹木長³得可是很深密。因為這上頭，我們說這個地方兒很凉快，咱們進去畧歇歇兒。把帶了去的菓子、菜放下，就在墳前坐着吃喝起來了。正吃喝着的時候兒，我們鐘¹子①裡所斟¹得酒，忽然自己焰¹②焰的都着了，衆人都嚇睏⁴了。剛要躲着走，我一個叔叔忙擺手兒說："站住，你們別怕，老時候兒有給鄂博③留謝⁴儀²④的話啊，今兒降在這兒了。"忙斟了一鐘酒，禱³告着、祭⁴奠⁴着的時候兒，所着的酒立刻都滅了。這是我親見的，你們說怪不怪？

談論第三十七章

你們對過兒的那所房子如何？

你問他作甚麼？

我的朋友要買。

那個房子住不得，很凶。底根兒我有個哥哥住着來着，門面房七間，到底兒五層，住着很平安、乾净。後來因到了我姪兒手裡，說廂¹房⑤糟²爛了，從新蓋了蓋，想不到忽然鬼啊、怪的作起祟⁴來了。起初鬧得還好些兒，久而久之，白日裡出了聲兒咯，後來就顯了形兒了。家裡的女人們動不動兒的就撞磕⑥着，嚇的傷了性命兒的都有。跳神⑦也枉然，送祟⁴⑧也没用，没法兒，賤賤的價兒賣了。

大哥你知道麽，這都是運氣不好的緣故。若是時運好，就有邪祟，他也躲避着，能害人麽？雖然是這麼說，我那個朋友胆兒很小，我把打聽的真情話告訴他就完了，買不買由他罷。

---

① 鐘子：盅子。

② 焰：火發出的聲音。

③ 鄂博：敖包。

④ 謝儀：表示謝意的祭品貢獻。

⑤ 廂房：中國傳統建築采用四面合圍式布局，一般由一條南北向的中軸綫展開，正中間南向坐落正房，沿軸綫東西兩側對稱布置東、西廂房。（包世軒等編著《傳統建築》，中國旅游出版社，2015年，13頁）

⑥ 撞磕：人精神失常，舊時迷信的人認爲是碰到鬼邪。也作"撞客"。

⑦ 跳神：滿族所信仰的民間宗教薩滿教的娛神儀式，以此來醫病。

⑧ 送祟：用焚燒紙錢的儀式把鬼神送走，以此醫病。

談論第三十八章

大哥,你那盤數珠兒①,我說要拿去,到底没有拿了去。

甚麽緣故呢?

我遭遭兒②來了,你都没在家,因没有見你,舍糊着拿你的東西去,有這個理麽?因為這麽着,我今兒特來見你,告訴了我好拿了去。

除了數珠兒,你要甚麽東西,合着你的意思,買來給你。就是舖子裡没賣的,我也必定想着法兒各處兒尋了來給你,你心下如何?索性你頭裡拿了去,倒好來着。

怎麽咯?

丢咯。

可惜了兒的。菩²提數珠兒⁴雖多,像那個樣兒的就很少啊。每天拿來拿去的,汗⁴浸透了,很光滑了。不拿的時候兒,放在櫃子裡就好了。

也是該丢。上月我往園子裡去,在排槅⁴③兒上掛④着,忘了没收。回來找,那³兒還有呢?連踪¹影兒都不見了,不知道叫誰偷了去咯,竟找不着咯。

談論第三十九章

大哥,你没聽見説麽?新近城外頭來了一個看八字⑤兒的,説是很靈,竟是神仙轉世的一個樣兒,把咱們過去的事倒像誰告訴過他的,手拿把穩兒的算得着。咱們的人們去的很多,接連不斷的,擠滿了。有這個樣兒的高明人哪,到多喒咱們也叫他瞧瞧去。

---

① 數珠兒:念珠,念佛經時用來計數經句,或用來計數念經的次數。
② 遭遭兒:每一次,每一回。
③ 槅:闌。
④ 掛:底本作"掛"。
⑤ 看八字:據人出生時的干支曆日期,推算人命運的好壞。人出生年月日時共四柱干支,每柱兩字,合共八字,故稱"八字",也稱"生辰八字"。

我早已知道了，我的個朋友這幾天都去過，前兒①我也到了那兒，把我的八字兒叫他瞧了瞧，父母屬³甚麼，兄弟幾個，女人姓甚麼，多喒得的官，件件兒都算的正對，絲毫也不錯。過去的事情，雖然都應了，但只未來的事，我想未必能毂應他說的話罷。

雖然話是這麼說，咱們那³兒不花幾百錢呢，與其在家裡白坐着，只當是逛去似的，權當解個悶兒，又有何不可呢？

談論第四十章

我告訴你個笑話兒。剛纔我獨自個兒這兒坐着，看見窗戶檔兒上落着一個雀³兒，老爺兒照的影兒，一跳一跳的，我慢慢兒的捻¹手捻脚②兒的走到跟前兒，隔着窗戶紙兒一抓，把窗戶抓了個大窟窿，恰好抓住了一看，是個家雀兒，纔一倒手③，"嗻嚕④"的一聲飛咯。我趕忙關上門，剛拿住，又掙脫了，滿屋子裡我正趕着拿的時候兒，小孩子們聽見說拿住雀兒了，一齊都來咯。趕的趕，拿的拿，有一個小孩子使帽子扣住了。後來我說："哎，人家還買雀兒放生呢，你拿他作甚麼？放了罷。"他一定不肯，打着墜⁴軲轆兒⑤的要，沒法兒，給了他咯，他纔跳跳鑽鑽的，喜歡着去了。

談論第四十一章

這幾天我們那兒正作大會呢，施主的女人們去的很多，一個比一個長的好，仙女似的，雪白的臉蛋兒，漆黑的頭髮，真是眼是秋波、腰如弱柳。總而言之，他那個風流俊俏的樣兒，畫也畫不上來，很可我的心。

你瞧你的樣兒，我若不說，你竟在受不得，可惜了兒的，人皮子怎麼給你披了，奔六十歲的人了，還小麼？把自己的死都忘了，睜開眼睛就到女人們羣兒

---

① 前兒：前天。
② 捻手捻脚：躡手躡脚。
③ 倒手：把東西從一隻手轉到另一隻手。
④ 嗻嚕：噗嚕。
⑤ 墜軲轆兒：兩隻手攀住東西身體懸空，往下墜着打轉的動作。

裡去，玩笑調戲，算甚麼能處兒呢？別人兒若說你女人這麼長、那麼短的，遭塌①你，你心裡怎麼樣呢？這麼大年紀兒的人咯，一點兒不按着道理行，倒行的都是些個吃屎的事，是個甚麼意思啊？如今的時候兒，天低啊，我很替你發愁呢。

談論第四十二章

大哥，你納瞧，甚麼樣兒的壞孩子都有啊，別人兒這樣兒、那樣兒的勸⁴他，不過是要他好，恐怕他學壞了的意思，把念過的書，暑温温兒不好麼？人若是往正經本事上學，就很難；若往壞處兒學，就很容易。如今我就說破了嘴，他也不肯聽，反倒無精②打彩的，噘着嘴、撂臉子。因為這上頭，我心裡受不得，動了氣，很很③的打了他一頓。他臉上一紅，和我說"只是找我的錯縫子作甚麼"，眼淚⁴汪¹汪¹的，竟是個糊塗没造化的人哪。俗語兒說的"良藥苦口""忠¹言逆⁴耳"，若不一族，我巴不得的哄着，叫他喜歡呢，必定討他的厭煩作甚麼？

談論第四十三章

甚麼賤貨兒啊！竟不是個人哪！長得活脫兒④的像他老子一個樣，越瞧越討人嫌。不論是到那兒，兩個眼睛擠擠顧顧的，任甚麼兒看不見混撞，嘴裡疙疙巴巴⑤的，竟是嘔⑥人似的。正經事情上，絲毫不中用。若說陶氣，很能。一點空兒不給，常叫在跟前兒服侍⁴，還好些兒；若不然，就陶氣得不堪咯。竟是個通天鬼，拿起那個，撂下這個，猴兒似的不安静，唧¹叮¹咕¹咚¹的鬧。我若是氣上來，把那個雜種的腸子擰斷了纔解恨。過了氣兒，想起來，可怎麼樣呢？當

---

① 遭塌：糟踢。
② 精：底本作"情"。
③ 很很：狠狠。
④ 活脫兒：相貌、舉止等都很相像。
⑤ 疙疙巴巴：磕磕巴巴。
⑥ 嘔：底本作"漚"。

真的殺了他罷,而且是家生子①兒,撥火棍兒短,強如手撥咯。因為這上頭,我畧有點兒得項,有吃喝兒的地方兒,倒偏疼他些兒。

談論第四十四章

昨兒我往別處兒去了的時候兒,賤奴才們就任着意兒辯嘴吵鬧,及至我回來,那猴兒們正吵嚷呢。我咳嗽了一聲走進去,一齊都住了聲咯,賊眉鼠³眼的使眼色兒,一個個的躱避着走咯。今兒早起起來一瞧,該殺的們都來咯,直撅²撅②兒的跪⁴着說:"奴才們該死。"求的求,磕頭的磕頭。因為這上頭,我的氣纔畧平了些兒。我說:"你們怎麼咯?不好好兒的,肉癢癢了麼?必定叫打了的時候兒,得了甚麼好處兒了麼?自此以後,再要這麼行,小心眼珠子。若不結結寔寔的打你們,也不知道怕呀。"說完,都"喳"的一聲,答應著去咯。

談論第四十五章

大哥你瞧,如今又穀了,喝得稀爛醉的,站都站不住了。我問他那個事情,你告訴了他沒有?他前仰兒後合的,直瞪着倆眼,和⁴我發愣怔③。又不是聾子、啞巴,為甚麼不答言兒?今兒若不把這個該死的痛痛快快的責罰他一頓,我就起個誓。

大哥罷喲,他想是忘了,沒有去。他的不是,他不知道麼?因為這樣兒,心裡害怕,不敢答言兒。今兒既然是在我這兒,看我的臉,饒過這一次罷。自今以後,叫他很很心戒⁴了酒罷。可是說的"主子管奴才,靴子裡摸襪子",他躱在那³兒去啊?改呢,更好;若是不改,仍舊還是這麼往醉裡喝,大哥重重兒的責罰他,我即便再是遇見,也不求情了。

大哥,你不知道,他是生成的不成器的東西,若說喝酒,就捨了命,比他老子的血還親。今兒饒了他,就改不成,至多一兩天不喝罷咧,過了後兒,仍就還

---

① 家生子:家奴所生的兒子。也叫"家生奴""奴產子"。
② 直撅撅:挺直僵硬的樣子。
③ 愣怔:出神發愣的狀態。

是照着樣兒喝。

談論第四十六章

大哥,你怎麽咯? 臉上傻白①的,冷孤丁②的瘦⁴成這個樣兒了?

大哥,你不知道,這幾天掏¹溝的味兒很不好,又搭着忽然熱忽然涼的,没准③兒。因為這樣兒,故此人都不能保養身子。前兒吃早飯的時候兒,就很涼來着,一會兒的時候兒,又熱起來了,人人兒都受不得,炮⁴燥⁴④的出了一身透汗,纔脱了袍²子,要涼快涼快,又喝了碗涼茶,就立刻頭疼起來了,鼻子也傷了風咯,嗓子也啞了,身子坐在雲彩上的似的,暈⁴暈⁴忽¹忽¹的不舒服。

不獨²你是那樣兒,我的身子也不爽快,懶怠動,幸而昨兒把所吃所喝的全吐⁴了,不然,今兒也扎挣⑤不住了。

我教你個法子,但只餓着肚子,少少兒的吃東西,若是那麽着,就是畧畧兒的着點兒涼,也就無妨了。

談論第四十七章

哎呀,你納怎麽咯? 咱們能隔了幾天哪? 怎麽這麽快鬍子都白咯,漏⑥出老樣兒來了?

老弟,你别怪嘴直。聽見说你如今上了耍錢塌兒了,欠了許多的賬。若果然是那麽着,不是頑兒的呀,畧收收兒好。

這都是甚麽話呢?

自己行的自己不知道麽? 看起朋友們都議論你的來,想是你有點兒罷咧。

---

① 傻:傻。傻白,特别白,"傻"多作"煞"。
② 冷孤丁:没有預料到,猛然間。也作"冷不丁""冷古丁"。
③ 准:底本作"淮"。
④ 炮燥:身體燥熱,不舒適。
⑤ 扎挣:勉强支撑着。
⑥ 漏:露。

耍①錢有甚麼捆兒？若是陷進去，有甚麼存得下的？臨終末了兒②，就是不犯王法，也是連一個大錢剩不下，家業弄個精光的，纔撂開了手。這個樣兒的事情，我的眼裡見的、耳朶裡聽的，雖不多，也有百數個。咱們是知己的好朋③友，知道若是不勸，要相好的做甚麼？寧可沒有，更好。我必定打聽作甚麼？

談論第四十八章

我看你酒上很親，一時也離不得，深進去了。每喝動了，必定喝到很醉，站不住脚兒的時候兒纔住，這不是好事啊！略戒一戒兒好。若是赴席，有喜事呢，略喝多些何妨呢？不論有事沒事，只管拿着盅子不離嘴的喝，生出甚麼好事來呀？不過是討女人、兒子的厭煩，在長³輩兒們跟前得不是，惹出大禍來，耽悮了要緊的事情罷咯。因酒學了本事，長³了才幹，至於人敬⁴成了正經事情的很稀少。總而言之，酒是亂性傷身的毒藥，任着意兒喝使得麼？大哥，你若不信，照照鏡子瞧瞧，鼻子、臉都叫酒糟¹透了。你不是平常人兒啊！不分晝夜的這麼喝，豈不是自己害自己麼？

談論第四十九章

這幾天因為有事，一連熬了兩宿眼，渾身沒勁兒，很軟的。昨兒晚上，我就要早睡來着，因為親戚們全都在我這兒，我怎麼撂下去睡覺呢？因為這上頭，身子雖然强扎挣着，陪着坐着，眼睛十分受不得了，眼皮子也搭拉了，心裡也糊塗了。之後客一散，我就抓了個枕³頭，穿着渾身的衣裳睡着了，直到三更天纔醒³。因為這上頭着了點兒涼，不知道是怎麼這們心裡不舒服，膨悶，渾身發燒，就像火烤³的是一個樣，而且又害耳朶底子，疼的連腮幫子都腫了，飲³食無

---

① 耍：底本作"要"。
② 末了兒：最後。也説"末末了兒"。
③ 底本缺談論第四十七章後半部分、第四十八章、第四十九章前半部分。從此處開始，一直到談論第四十九章"疼的連腮幫子都腫了，飲食無味，坐"處，據六角恒廣《中國語教本類集成》第一集第1卷《亞細亞言語集支那官話部》（再版）補出。（東京不二出版社，1991年，278頁）

味,坐卧⁴不安,因爲那樣兒,我説這想是停²住食了。服了一劑打藥①,内裡所有的好啊歹的東西,都打下來了,心裡覺着纔畧鬆快些兒。

談論第五十章

本是弱身子,而且又不知道保養,偏又過貪酒色,所以身子虧損³了。如今叫病纏住了,很延²纏。昨兒我們去瞧的時候兒,他還扎挣着來到上房,和⁴我們説:"哥哥們太勞乏了,這個樣兒的熱天氣,常來瞧,而且又不時的送東西,太費心了,十分感情②不盡了。也因其是親戚關心想着我,若是傍不相干兒的人,還結記③着我麽?我也没有多餘的説的了,只有記在心裏,病好了的時候兒,再道謝磕頭罷。"嘴裡雖然是這麽説,身子露出扎挣不住的樣兒來了。我們説:"大哥,你納是聰明人哪,不用我們多説,好好兒的養着身子,快好罷,得空兒我們再來瞧你。"説完回來了。

亞細亞言語集卷之四 終

---

① 打藥:瀉藥。
② 感情:感謝。
③ 結記:掛念,惦記。

卷 五

續談論第一章

　　夏天的時候兒,還可以扎挣着走來着。近來這幾天添了病,竟躺倒了,飲食都難進了,闔²家子亂烘¹烘¹的,不得主意,老人家們心裡愁得都瘦了。那一天我去瞧他,我看見他瘦得一點肉沒有,竟剩下骨頭咯,在炕上倒氣兒①呢。我慢慢兒的走到跟前說:"你如今好了些兒了麽?"他睁開眼瞧見我,把我的手緊揝住說:"噯,哥哥呀,這是我的罪啊,如今這樣是不能好了,我不知道麽。自從有病,那個大夫沒治過?甚麼樣兒的藥沒吃過?纔好了一好兒②,又重落了,就是我的命了。我並不虧心,但只父母上了年紀兒了,兄弟又小,再者親戚骨肉都在這兒,我能撂下誰呢?"話沒說完,眼淚直流下來,好傷心哪。就是鐵石的人,聽了他說的那個話,也沒有不慘得慌的啊。

續談論第二章

　　若是不該死,他自然而然的有救星。那一夜沉²重了,昏過去好一會子纔甦¹醒³過來了,我嘴裡雖然説"無妨,無妨,請放心",這樣安慰⁴老人家,心裡實在是没了指望兒了。那兒知道兩位老人家福氣大,他的造化好。第二天,另請了一個大夫治,眼瞧着一天比一天的好了。前兒我去看,見身子雖没有還元兒③,臉面却轉過來了,也畧長³了點兒肉了,靠着枕頭⁴吃東西呢。我説:"好

---

① 倒氣兒:病人呼吸困難,時斷時續。
② 好了一好兒:好了一會兒。
③ 還元兒:恢復元氣。

啊,大喜呀,這一塲病雖没死,也脱了一層皮呀。"他和⁴我笑嘻¹嘻¹的説:"如今出了災¹了,可大好了。"

續談論第三章

你勸我的,何曾不是好話?但只我另有一個想頭。若果然該當服藥,我不是木頭啊,有愛惜銀錢不愛身子的道理麼?甚麼緣故呢?前年我³吃錯了藥,幾¹幾乎①没有傷了命,至今想起來心裡還跳呢。如今的醫生們裡頭,好的雖有,百個裡頭也不過有一兩個罷咧,其餘的只知道挣銀子錢,他那³兒管人家的性命兒呢!你若不信,請一個醫¹生試試,藥性還不一定知道了没有,就大着胆子給人家治病。慌慌張張來到你家,説是診¹脈⁴,使手指頭混摩②一回,胡哩嗎哩的開個藥方子,拿上馬錢③去了。若是好了,算是他的力量大;若是不好,説是你的命定,與他絲毫無干。我的病我不知道麼?與其吃各樣兒的藥,不如自己静静兒的養着倒好。

續談論第四章

別人説他,與你何干④呢?越勸越生氣,太急燥⁴了罷。等客散了再説罷,必定此刻要弄清了麼?

大哥,你説的這個話我心裡聽不進去,咱們是一個船兒上的人哪,這個事也與你有點兒牽連,難道没有一點罣⁴碍⁴麼?議論他連咱們也捎⑤上了,你不攔着,反倒這樣兒隨着人家的口氣兒説,這是甚麼意思呢?我真不服。

不是那麼着。若有話,從從容容的説,急繃¹繃¹的就完了麼?你看這兒所坐的人,都是為你的事情來的,你只管怎麼怒氣冲¹冲¹的,倒像要把誰攆³出去的似的,這些人怎麼好意思坐着呢?要回家去,臉上下不來;要在這兒坐着,你

---

① 幾幾乎:幾乎。
② 混摩:混摸。
③ 馬錢:出診費。
④ 干:底本作"于"。
⑤ 捎:底本作"稍"。

又山嚷怪叫的叫喊,這就進退兩難了啊,以後朋友們還怎麼往①你行走呢?

續談論第五章

看起你來,只是嘴能干②,外面兒雖像明白,心裡却不燎³亮。他不尋趁③你來,就是你的便宜,你可惹他作甚麼?好話總不聽,倒像神鬼指使的一個樣,強拗⁴着去了,到底受了羞辱回來了。

那個該死的,你説他是誰?了不得,有名兒的利害人啊!從不給人留分兒。與他無涉的事還可以,暑有一點兒妨碍的去處兒,不拘是誰,疊着勁兒必要占住理,得了便宜纔歇手。

這不是咯,倒底④把臥着的老虎掏⑤起來了,碰了釘¹子回來了,這有甚麼趣⁴兒呢?俗語兒説的:"有拐棍兒不跌跤¹,有商量兒不失着。"光你一個人兒的見識,能到那兒?任憑怎麼樣,我比你長³幾歲,若果然該行的,就是你心裡不要去,我還提撥着你,催着你叫你去呢,豈有倒攔着你的情理麼?

續談論第六章

你怎麼這麼樣兒的不穩重,若是體體面面兒坐着,誰説你是木彫坭塑⁴的廢物麼?你若不言不語的,那個説你是啞吧麼?倒像在誰跟前兒鬪⑥笑兒似的,惹了這個又招那個,有甚麼樂處兒呢?你自己不覺罷咯,傍邊兒的人都受不得了。幾兒遇見一個利害人,吃了虧的時候兒,你纔知道呢。

哎呀,原來這樣兒的利害麼?

阿哥,你哥哥説的話很是,若是傍不相干兒的人,肯這麼説麼?頑笑是拌

---

① 往:和。
② 此處底本無"干"字,據《語言自邇集》第一版(1867年)、第二版(1886年)補。
③ 尋趁:故意挑毛病,指摘。
④ 倒底:到底。
⑤ 掏:轟。《漢語大字典》引《玉篇·手部》:"掏,擊聲。"《廣韵·耕韵》:"掏,擊聲。"
⑥ 鬪:逗,逗引。《漢語大字典》引張相《詩詞曲語辭滙釋》卷二:"鬪,猶引也。與'逗'通。"元邵亨貞《沁園春·無題》:"醉後看承,歌時鬪弄,幾度孜孜頻送情。"

嘴的由頭，久而久之生出甚麼好事來呀？你寡長了個身子，歲數兒還早呢。

哎，誰沒有從這個時候兒過過麼？正是好頑兒的時候兒呀，這個空兒，就只請一位名師，教他念書，漸漸兒的知識開了，明白了世務的時候兒，自然而然的就改好了，又愁甚麼沒出息呢？

續談論第七章

他那個動作兒是個甚麼樣兒呢？在人家跟前結結巴巴的，怎麼問、怎麼答，都不知道，畏首畏[4]尾的，怎麼進、怎麼退，也不懂的，醒着像人家睡着一樣，白充個人數兒，糊裡糊塗的，怎麼長來着呢？你們相好啊，略指教指教他也好。

二哥，你們沒在一塊兒久相與，還沒有深知呢，比這個可笑的事還多呢。和他一處兒坐下，說起話兒來，正說着這個，忽然想起別的來，就說那個，不然就搭①拉着嘴唇，不錯眼珠兒的瞪着你，猛然間又說出一句無頭無尾的獃話來，叫人笑斷了肚腸子啊。前兒瞧我去來着，後來臨走的時候兒不直走，轉過脊梁來倒退着走。我說："大哥，小心門檻子。"話沒說完，絆住脚了，身子往後一歪，仰着面兒跌了去咯。我急忙趕上扶[2]住，幾幾乎沒跌倒。從前我還勸他呢，後來知道不能改了，不是有出息兒的東西，何必白勞唇乏舌的勸他呢？

續談論第八章

大哥，你聽見了麼？話頭話尾的都刻薄我穿的膪[2]舊②，不是我誇[1]口，他呀，還筭是小孩子呢，能有幾日的溺精？這也實在不是他們知道的事啊。新衣裳，是偶然有事情穿的罷咧，我這不過家常穿的，舊些兒何妨呢？漢子家沒有本事，該當羞罷咧，穿的有甚麼關係呢？即[2]如我雖不穿好的，心裏頭却寬綽，甚麼緣故呢？不求告人，不欠債，這就沒有可恥的去處兒。若像他們這種年輕的人兒們，我眼角兒裡也沒有他，只知道穿鮮明衣裳，搖搖擺擺的充體面，知道學漢子的本事麼？若像他們這個樣兒的，就是叫蟒緞、錦緞裹[3]了，有甚麼奇處

---

① 搭：搭。
② 膪舊：破爛。

呢？最下賤没眼珠兒的人們，混說他體面，巴結他們罷咧。若是我説，他不過是個掛衣裳的架子。

續談論第九章

你這是怎麼説？人家恭恭敬敬的在你跟前討主意，知道説知道，不知道説不知道，撒謊作甚麼？倘若把人家的事情就悮了，倒像你有心害他的。他若是可惡的人，我也不説來咯。那是一個老實人，怪可憐見兒的，一眰①就知道是個慢皮性兒②的人，倘別人若這麼行，咱們尚且還該攔勸呢，你反倒行這個樣兒的刻薄事，太錯了，真真的我心裡過不去。

大哥，你原來不知道叫他騙了啊。那個臟東西，外面皮兒雖像愚¹蠢，心裡却了³不得。他的那個窮兇極惡利害的地方兒，你没試過，不知道罷咧。法子多，圈套兒大，很會和人討憑據。不論甚麼事，預先拿話兒勾引你，把你的主意套了去，然後遠遠兒的觀望着瞧你的空子。若些微③的有一點兒破綻，跟進去就給你一個兜屁股將。大哥，你想這個事情，有關碍我的地方兒啊，若是把徹底子的主意告訴他，如何使得呢？您這麼怪我，我不委曲麼？

續談論第十章

咱們那個朋友怎麼樣咯，這幾天他那個愁容滿面、無聊無頼的樣兒，有甚麼緣故麼？

不知道，平素間下雨下雪的日子他在家裏，除此以外，是地方兒他就閙④閙去，在家裡白坐着，他那³兒坐得住呢？

這一向没出房門兒，在家裡呢，昨兒我去瞧他。

臉面兒還像先麼？

---

① 眰：瞧。
② 慢皮性兒：慢性子。
③ 些微：稍微。
④ 閙：底本作"閒"。

很瘦了，竟是坐不安、睡不寧的樣兒。因為這上頭，我很疑惑，纔要問他，可巧又來了一個親戚，把話打住了。

噯呀，我知道了。大約是叫那件事絆住，心亂了。

雖然是那麼說有"經過大難，不怕小煩"的話啊，從前甚麼樣兒的難事，都清清楚楚兒的辦完了，這又算甚麼要緊的事呢？也值得憂愁成那個樣兒麼？

續談論第十一章

你太沒有經過事，怯極了，有話為甚麼放在心裡，直去和他明說開就完咯，他也是個人罷咧，不按着道理行麼？說出緣故來，從頭至尾的一一的分解開了就完了，他能殼把你怎麼樣麼？怕殺呀，是怕吃了你呢？況且別人都沒動靜兒，你來不來①的先這麼怕，這樣兒、那樣兒的防備着，你還有個漢子的味兒麼？

不妨，你放寬心罷。他若果然不依你，要和你見個高低兒，還給你留情麼？你如今就是這麼樣兒的怕了，能殼乾乾淨淨兒的沒事兒麼？看起至今並沒音信，想來是他早已忘了，撂開手了。你若不信，悄悄兒的探聽信兒，我管保②你無妨無礙的呀。

續談論第十二章

你們很相好啊，如今怎麼咯？總不登你的門檻兒了麼？

不知道，想是有誰得罪了他咯罷。還有一說，從來沒個好端端的行走着，抽冷兒的因為一半句話上記住了，惱了就總不肯行走了的理，不行走咯也罷了，背地裡還只說我這樣兒不好、那樣兒利害，所有遇見認識我的朋友們，當作話靶兒躁塌③我，這是甚麼意思呢？新近給我們孩子娶媳婦兒，我還臉上下不來，請他去來着，狗也沒有打發一個來。我所遇見的，都是這個樣兒的朋友，叫

---

① 來不來：動不動，動輒。
② 管保：包管，准保，保證。
③ 躁塌：糟蹋。

我怎麼再還相與朋友呢？

　　那個人的説話、行事很假，信不的，我没説過麽？那個時候兒你還理論麽，倒很有點兒不舒服我來着。

　　俗語兒説的"知人知面不知心"，心裡頭的好歹，如何能彀知道的透澈①呢？不分好歹，一概都説是很相好的朋友，使得麽？

續談論第十三章

　　誰和他説長道短了麽？是他的話逼着叫我説啊，瞞得住別人兒，瞞得住你麽？自從過年以來，他還走了甚麼差使了麽？

　　今兒是在那兒喝了酒咯，剛一進門兒來就説："嗳呀，我怎麼纔見你啊。"要照他那麼説，我不脱空兒的、整月家替他當差使，反倒不是了麼？因這個話上，我的氣就到了脖脛子上咯，今兒且不必説，明兒再講罷。

　　大哥，你為甚麼和他一般一配的争呢？他那頑兒慣了的嘴，你有甚麼不知道的呢？想來又喝醉咯，只當是没看見、没有聽見罷咯，何必理他呢？

　　二哥，你不知道，這樣兒軟的欺、硬的怕的人跟前，若給他留分兒，他更長了價兒咯，你索性説"我是頑兒，不知不覺的話説冒失了"，人家或者可以原諒你罷咧，反倒滿臉的怒氣，誰還怕他不成？

　　大哥，你別生氣，我把這個酒鬼帶在僻静的地方兒，指着他臉罵他一頓，給你出出氣，如何？

續談論第十四章

　　壞了腸子咯，把我輕慢②的了不得，我和你説話不配麽？來動了就拿巧話兒譏誚我，把自己當成甚麼咯？每日裡，鼻子臉子的，常在一塊兒混混，我只不説罷咧，我若説出根子來，未免又説我揭短了。你的家鄉，我的住處，誰不知道

---

① 透澈：透徹。
② 輕慢：對人不敬重，態度傲慢。

誰呢？你不叫人家揉挫①的，能有幾天兒呀？如今賤貨兒就敢和我裝起胖兒來咯，是甚麼意思呢？索性說失了言兒咯，那個我還恕得過去，死扭着說他的話是，一口咬定了，不肯認不是，自然是更叫人氣上來咯，他太把我看輕咯，實在不知道他仗着甚麼，能彀有這個樣兒的舉動兒？誰也不能殺誰，誰還怕誰麼？若果然要見個高低兒，很合我的式，若略打一個各磴②兒，也不是好漢子。

續談論第十五章

那是個沒出息兒的東西，你怎麼瞧上了？雖是個人身子，却是牲口腸子，略躲着些兒走好，真是個無事生事的混帳行子啊。心眼子黑，並且是聽見風兒就是雨兒的，若畧有點兒小事情兒，叫他聽見的時候兒，就混嚼說，爛張揚個不堪啊，把這兒的事情傳在那兒，把那兒的信兒告訴這兒，叫兩下裡成了仇的時候兒，他可從中作好人兒。你若說我說的話信不的，你瞧，不但沒有一個人兒和他相好的，若不指着他的脊梁罵他的，那就是他的造化了。噯③，他父母生下這種樣兒的賤貨兒來，叫人家罵，真也是沒德行咯。

續談論第十六章

方纔我上衙門回來，從老遠的轟得一羣人，騎着馬往這邊來了，到了跟前兒細認了一認，是咱們舊街坊某人，穿的、騎的很體面，肥馬輕裘的，面貌兒也大胖了。看見我理也不理，把臉往那們一扭，望着天就過去了。彼時我就要叫住，很很的羞辱他來着，後來我想了一想，說："罷，做甚麼？他理我，我就體面了麼？他只哄別人兒罷咯。"

噯，大哥，你納不知道啊，三年以前在咱們那兒住着的時候兒，又是誰來着，很窮啊，吃了早起，巴結晚上，天天兒游魂似的，忍着餓各處兒張羅，拾着一根草，都是希罕的，一天至不及也到我家兩三次，不尋這個，就要那個，我的甚

---

① 揉挫：折磨，欺凌。也作"揉搓"。
② 各磴：咯磴。
③ 噯：底本作"愛"。

麼他沒吃過？筷子都啞明了。如今是求不着人了，一旦之間就變了，忘了舊時候兒了，不是自己抬舉自己，他那行為誰又放在眼裡呢？

續談論第十七章

世上沒有記性的人，再沒有過於你的了，前兒我怎麼說來着，這件事情憑他是誰，別叫人知道，你到底洩漏了。咱們悄悄兒的商量的話，如今吵嚷的處處兒人都知道了，他們豈聽不見麼？這些人倘若羞惱變⁴成怒⁴了，望咱們不依，動起手腳兒來，得了甚麼便宜了麼？把好好兒的事情如今弄到這個田地，全都是你呀。

大哥，你怪我，我真委曲。如今事情已經這樣兒了，我縱然分辯個牙青口白的，你肯信麼？我的心是惟天可表了，是我說來着，不是我說來着，久而自明。依我的主意，你別抱怨，索性粧個不知道，看他怎麼樣。依呢，依了；如果不依的時候兒，再看光景，預備也不遲啊。

續談論第十八章

你啊，是個很好的人，心裡沒有一點兒渣子，但只嘴太直，知道了人家的是非，一點分兒不肯留，就直言奉上。雖說朋友們裡頭有規過的道理，也論相與好不好的勸罷咧。若不這樣兒，只說是朋友，並不分遠近，那如何使得呢？方纔的這些話，你說的不是好心麼？他心裡很不舒服，瞪着眼疑惑着說："噯呀，仔細啊，保不定①這是害我罷。"

大哥，你說的話竟是治我的病的良藥啊，我很信服，這實在是我的個毛病兒，我豈不知道麼？但只是遇着這個樣兒事情，不由的嘴癢癢，"本不可與言，而與之言，謂之'失言'"的話啊。從今兒起，我痛改前非罷，再要這樣兒的多說話，大哥就在我臉上啐②吐沫③，我情願甘心領受。

---

① 保不定：說不定。
② 啐：用力吐出來。
③ 沫：底本作"沬"。

續談論第十九章

好人再沒有過於你的了,還不住口兒的稱贊你那個朋友,你太過於老實了,那行子有甚麼捆兒啊,只管提他,他若有求煩人的地方兒,別人說甚麼,他就照着樣兒跟着行,他的事情一完,把頭一轉,是誰全不認得。他去年窄住^①的時候兒,誰和他要甚麼了麼?他自己說他有好書,你納要看我送來,這麼那麼的應許我,後頭事情完了,提也不提了。因為那樣兒,我說,你許給我的書怎麼樣咯?因為當面兒一問,臉上一紅一白的,只是支吾,總答應不出來咯。一部書有甚麼稀罕啊,給了怎麼樣,不給又怎麼樣,但只是無故的哄人,未免太討人嫌了。

續談論第二十章

大哥,你納只是這麼固辭,真我十分不明白,是甚麼緣故呢?還是因為我來遲了這麼樣兒舉動啊,還是因為別的呢?素常尚且不時的行走,老家兒的好日子,我倒不來,焉能筭是朋友呢?實在是總不知道,若果然知道,當真的應該先來。雖說是有我不多,沒我不少,替你納待待客也好啊!就是高親貴友們裡頭,送來的好東西還少麼?想來是吃不了的,我這點子微物兒,又何足掛齒呢?然而也是我一點兒孝心,那³兒敢說必定請老人家吃呢,但只畧嚐嚐,就是疼我了,我來的意思也完了。你絕意不收的,我還是在這兒坐着啊,還是回去呢?實在叫我倒為了難。

續談論第二十一章

大哥,你聽見了麼?咱們那個饞嘴的東西,說是破敗的很,困住了,襤褸成了花子一個樣兒,戰抖抖的披着一塊破被。

那趁願該死的,去年甚麼罪兒沒受過,甚麼苦兒沒吃過,若畧有一點兒人

---

① 窄住:經濟不寬裕。

心,也改悔過來了。俗語兒説的"窮的伴富的,伴的没褲子",這話是當真哪!既如此,就該當回過味來咯,還有甚麽心腸説這兒的酒好、那兒的菜好,和富貴人們一般一配的各處兒游玩?那時候兒我就説,等到上凍兒的時候兒,看他怎麽樣,再瞧罷咧,如今果然應了。

大哥,説雖是這樣兒説,如今可怎麽樣呢?當真的瞧着叫他死麽?我心裡想着,咱們大家略攢湊攢湊,弄點兒銀子幫幫他纔好。

若果這樣兒辦銀子,還不好。怎麽説呢?他的脾氣你還不知道麽?一到了手就完,還有剩下的麽?倒是買一套衣裳給他,還有點兒益處。

續談論第二十二章

這一向你又往那³兒奔波去了?遇見有空兒,何不到我那兒走走呢?怎麽總不見你的面兒咯?

我早要瞧哥哥來着,不想叫一件傍不相干兒的事情絆住了,竟受了累了,整天家忙,那³兒有點兒空兒呢?若不是,今兒還不能脱身兒呢。我説我有件要緊的事情,撒了個謊,剛剛兒的纔放了我來咯。

你來的很好,我正悶的慌呢,想來你也没有要緊的事,咱們坐着説一天的話兒,現成兒的飯吃了去,我也不另收拾菜。

但只我來動了,平白的就騷擾啊,我心裡也不安哪。因其這樣兒,我不敢常來。

你怎麽外道①呢,咱們從幾兒分過彼此來着,若再隔幾天你不來,我還要預備點東西呢,特請你去呢,一頓現成兒的空飯,又何足掛齒呢?況且你的甚麽我没吃過啊,看起這個來,竟是明明兒的叫我再別往你家去的意思啊。

續談論第二十三章

老兄,你怎麽纔來,我只是等着你們,差一點兒没有睡着了。

我告訴你説,我們纔要動身往家來的時候兒,忽然遇見一個討人嫌的死

---

① 外道:客氣,見外。

肉,話又粘又不要緊,怎麼長、怎麼短的,只是說不完,若沒有事,絮叨些兒何妨呢?只管由他說罷咧。又恐怕你等着,沒法兒,我說我們有事,明兒再說罷。這纔把他的話止住了,不然早來坐乏了。

誰在這兒?快放桌子,想必爺們都餓了,飯哪甚麼的,都簡决①些兒。

兄弟啊,你這是怎麼說呢,有剔②的白肉就完了,又要這麼許多的菜蔬作甚麼,把我們當客待麼?

不過是一點兒心,能有甚麼好東西啊,大哥就着吃些兒。

你太盛設了啊,我們自家吃呢,若不飽,也不肯放筷子啊。

若是那們着,還有甚麼說得呢?那就是疼我兄弟了。

續談論第二十四章

你納往那³兒去來着?

我往那邊兒一個親戚家去來着。

順便兒到我們家裡坐坐兒罷。

大哥,你納在這兒住着麼?

是啊,新近搬了來的。

若是這麼着,咱們住的離着能彀有多遠兒呢,我若知道,就早過來看你納來了。大哥先走。

豈有此理,這是我家啊,你納請上坐。

這兒坐着舒服。

你納這麼坐了,叫我怎麼坐呢?

已經坐下了,這兒有個靠頭兒。

家裡人呢?拿火來。

大哥,我不吃煙,嘴裡長³了口瘡了。

若是這麼着,就快倒茶來。

大哥,請茶。

---

① 簡决:簡單决斷。
② 剔:切成薄片兒。

好熱茶啊，略涼一涼兒罷。

是啊。

看飯去，就把現成兒的快拿了來。

大哥，別費心，我還要往別處兒去呢。

怎麼咯，現成兒的，又不是為你納預備的，隨便兒將就着吃點兒罷。

大哥，我還作客麼？已經認得府上咯，改天我再來，咱們坐着說一天的話兒罷。

續談論第二十五章

昨兒往誰家去來着，回來的那樣兒晚。

瞧我們朋友去來着，他家住的遠，在西城根兒底下呢，又搭着留我吃便飯，故此略遲些兒。

我要和你納商量一句話，打發了幾次人去請，你納的家下人們說，坐了車出去了，沒有留下話。我算計着，你納去的地方很少，不過是咱們圈兒裡頭的這幾個朋友們罷咧，一定到我家裡來的，竟等到日平西①，也不見來，我算是白等了整一天哪。

大哥的家人們沒到以②前，我已經早出了門咯，我回來的時候兒，小子們告訴我說，大哥這兒打發了兩三次人去叫我，我彼時就要來來着，因為天太晚了，又恐怕關栅攔兒，所以我今兒纔來。

續談論第二十六章

你前兒往莊子上上墳去來着麼？

是啊。

怎麼今兒纔回來？

① 日平西：太陽落山。
② 以：底本作"已"。

相離的很遠哪。因為當天不能回來，在那兒歇了兩夜，前兒一頂城門①兒就起了身，直到晚上纔走到了。昨兒供了飯，又歇了一夜，今兒東方亮兒就起身往回裡走，道兒上除了打尖②，也總沒有歇着，剛剛兒的趕掩城門兒纔進來了。

在遠處兒葬埋，雖說是好，若是到了子孫們沒有力量兒，就難按着時候兒上墳了。

可不是麼，舊園子裡因為沒有地方兒咯，看風水的人們都說那塊兒好，故此纔在那兒立了墳咯。總而言之，咱們有是有的道理，沒有是沒有的道理，憑他是怎麼樣兒的窄，就步行兒去，也要奠一鐘酒啊。若到了子孫們身上，只看他們有出息兒沒出息兒就是咯。若是個沒有出息兒的子孫，就是他住在園子裡，還未必能彀燒一張紙錢呢。

續談論第二十七章

他們家裡誰不在③咯？前兒我在他們那兒過，看見家裡的人們都穿着孝呢。我因為忙着來該班④兒，故此也沒有得問一問。

剛纔我聽見說，他叔叔不在咯。

親叔叔麼？

是親叔叔。

你弔⑤喪去來沒有？

昨兒做道場⑥，我在那兒坐了一整天呢。

多喒出殯？

說是月底。

---

① 頂城門：舊時城門早開夜閉，有人清早等候在城門洞口，城門一開，立即進出，就叫"頂城門"。《蕩寇志》第七十二回："兩個客官都回鄉去了，天不亮動身，頂城門出去的。"（陸澹安編著《小說詞語匯釋》，上海古籍出版社，1979年，543頁）

② 打尖：路途中吃便飯、休息。

③ 不在：去世。

④ 該班：值班。

⑤ 弔：底本作"弟"。

⑥ 做道場：民間葬喪風俗，也稱"做五七"。道場，本是佛教設齋供佛、超度亡靈的法會場所。

他們塋地在那³兒？

離我們家的墳地很近。

若是這麼着，道兒很遠哪，至少說也有四五十里。如果你再見了他，替我說道惱①啊，等我下了班兒，再同着你去看看他。出殯之前，你給我一個信兒，我就不能送到他墳上去，也送到城外頭。平素間我們雖没有甚麼大來往，每逢遇見的時候兒就很親熱，人生在世，那個不是朋友呢？因為這個事情上，想來也没有人説咱們趕着走動②的話罷。

續談論第二十八章

他來的時候兒我正睡覺呢，猛然驚醒了，一聽，上房裡來了客咯，説話兒呢。我想是誰來了呢，這麼嗓子大，想是那個厭物來了罷。走進去一瞧，果然是他，直挺挺的坐着，議論不斷的，自來到總没有住嘴兒，這樣兒、那樣兒的，直說了兩頓飯的工夫兒，到了黄昏的時候兒纔回去了。

漢子家，没有事在人家家裡整天的坐着，受得麼？把那些個陳穀子爛芝麻、餿了的事情儘自説，聽得人家腦袋都疼了。不拘甚麼好啊歹啊的東西，還是叫他見不得。倘若叫他看見了，問也不問，撈摸着拿着就走。寔在是這一輩子，再没有可以告訴人家説的話咯。這種樣兒人的雜碎都壞盡了，只是你占便宜麼？能獨自得麼？

續談論第二十九章

甚麼稀罕東西兒呢？每逢看見就和人家尋③，也不覺絮煩，太不體面了罷。人家臉上過不去，也給過你好些次了，心裡還不知足麼？必定盡其所有的都給了你麼？給你是人情，不給是本分，反倒使性子摔搭④人，那就是打錯了

---

① 道惱：向喪事人家問候，慰問。
② 走動：親戚朋友之間來往。
③ 尋：索要。
④ 摔搭：以甩打東西或其他動作發洩不滿。也作"摔打""甩打"。

主意咯。比方若是你的東西呢？人家愛，你不愛麼？全不由你作主兒，澈底①兒都要拿了去，你心裡何如呢？昨兒因為是我肯忍你那行子的性子罷咧，若除了我，不拘是誰，肯讓你麼？好好兒的記着我的話，改了好。你此刻若是個沒有一點兒能耐的，那還又有一說，你現在還是有吃有穿的，只是要占小便宜兒，是個甚麼緣故呢？也不怕人家背地裡説你眼皮子淺麼？

續談論第三十章

古語兒說的："幼不學，老何為？"這個話是特意叫人勤學、別懶惰的意思啊！不拘甚麼人兒，若是有米粒大的一點兒能幹，就可以完全了一輩子的事情呢，何況是好好兒的肯學，還愁甚麼不能彀作官呢？而且又是旂人，吃不愁、穿不愁，不種地、不挑担子、不做手藝，坐着吃國家的糧米。自幼兒若再不肯努力勤學，拿甚麼本事給主子出力呢？拿甚麼報答上天生養你的恩呢？

續談論第三十一章

作好事，是說人應該行孝悌忠信的道理，並不是供神佛、齋僧道。比方說作惡的人們，任憑他是怎麼樣兒的吃齋、修橋補路，豈能彀解了他的罪惡麼？就是神佛也未必降福給他啊。

續談論第三十二章

我有一件事，特意求大哥指教來咯。若要行，又似乎略有點兒關係的地方兒；若是中止了不行，又很可惜了兒的。現成兒的、到了嘴裡的東西不吃，平白的讓人麼？行又不是，止又不是，寔在是叫我兩下裡都難了，怎麼能彀得一個萬全之計纔好啊。

這個事情，是顯而易見的。有甚麼不得主意的地方兒呢？你若是不行，是你的造化；你若是行了的時候兒，你能彀堵得住誰的嘴啊？若是吵嚷開了，都

---

① 澈底：徹底。

知道了，你那纔到了難處兒了呢，些微的小便宜兒算甚麼？那正是日後的禍苗呢，有利必定有害，吃了虧的時候兒後悔就晚了。若照着我的主意，你別猶疑不決的，打定主意，不行就完了。倘再只管遲疑不斷的，若是拉扯住了的時候兒，那就"打不成米，連口袋都丟①了"，要出個不像兒的大醜呢。

續談論第三十三章

我要託大哥一件事，只是怪難開口的，甚麼緣故呢？因為求的事情太多了，但只是不求你納，除你納之外，想來也沒有能殼成全我這件事情的人，因此我又煩瑣你納來咯。

你不是為那件事情來了麼？

是啊，大哥怎麼知道了？

今兒早起，你們令郎就和我說了，吃早飯的時候兒，我就去了一次，偏偏兒的遇見他不在家。纔交晌午②，我又去了，沒到他上房③之前，就聽見裡頭說啊、笑的聲兒，因為這上頭，我把窗戶紙兒舔破了，從窗戶眼兒裡往裡一瞧，看見這個給那個斟酒、那個給這個回敬，正攪在一處兒吃喝熱鬧了。我原想進去來着，因為有好些個不認識的朋友，冲散了人家喝酒的趣兒作甚麼，所以我就抽身出來了。他們家下人看見，要告訴去，我急忙擺手兒攔住了。你別忙，明兒我起個黑早兒④，和他說妥當了就完咯。

續談論第三十四章

誰情願去管他的事情來着麼？我是好好兒的在家裡坐着的人啊，不知道他在那塊兒打聽得說我認識那個人，一連來了好幾次，和我說："大哥，我這件事寔寔在在的仗着你了，就是勞乏些兒，可怎麼樣呢？"求我疼他，一定替他說

---

① 丟：底本作"去"。
② 交晌午：剛好中午。
③ 上房：四合院裏的正房。
④ 黑早兒：大清早。

说，在屁股後頭跟着，總不放我。我起根兒①臉軟，你是深知道的。人家這麼樣兒的着急，跪着哀求，你怎麼好意思的叫他没趣兒回去呢？因爲推托不開，所以我纔應承了，明明白白兒的通②都告訴了那個朋友咯。不承望，不是他一個人兒的事，說是人多掣肘，没有肯應承。我還要看光景說來着，後來想了一想，說："罷呀。"看事情的樣子，是不能挽回了，必定强壓派着叫人家應承，使得麼？故此我回來告訴了他個信兒，倒說我壞了他的事咯，望着我撩臉子③。好虧心哪！早知道我何必說來着，這是圖甚麼呢？

續談論第三十五章

我原想你這件事情和他說很容易來着，誰想那個厭物竟這麼樣兒的牙關緊，不肯依，這倒鬧得很費了事咯。

我把咱們商量的話告訴了他，他倒放下臉來，說我說的話是放屁。因爲這上頭，我動了火氣，都到了脖頸子上了。心裡說，要怎麼樣就怎麼樣罷，滿心裡要惹他一惹。後來我想了一想，自己問着自己說："你錯了，這來不是爲自己的事，不過爲得是朋④友們，容讓他些兒，又費了你甚麼了呢？"任憑他儘着量兒數落，我一聲兒也没有哼，順順當當兒的受了，又坐了好一會子，看着他的光景，順着他的氣兒，慢慢兒的哀求他，剛剛兒的纔點了頭咯。你想一想，我的性子若是畧急一點兒，你的事情就不妥了。

續談論第三十六章

因爲有緣，我們求親來咯。我這個兒子，雖然没有超羣的才貌、奇特的本事，但只是不吃酒、不賭錢，就是迷惑人的去處兒、胡游亂走的地方兒，也從來没到過。若不棄嫌⑤，老爺們賞賜句疼愛的話兒。阿哥，你往前些兒，咱們

---

① 起根兒：本來。
② 通：全部。
③ 撩臉子：變臉色，生氣。也作"撂臉子"。
④ 朋：底本作"明"。
⑤ 棄嫌：嫌棄。

叩求。

　　老爺們,別,大家坐下,聽我説一句話。咱們都是老親,一個樣兒的是骨肉,誰不知道誰呢？但只是作夫妻都是前世裡造定的緣分,由不得人的。為父母的,自己眼瞇着孩子們能彀配個好對兒,把苦拔苦掖①的心腸也就完咯。話雖是這麼説,我還有長輩兒沒有瞧見這位阿哥,再者,來的太太們,把我們女孩兒也瞧瞧。

　　是呀,老爺説的很有理。把這話就通知裡頭太太們,把阿哥也帶進去,給裡頭太太們也瞧瞧,彼此都合了意的時候兒,再磕頭也不遲啊。

續談論第三十七章

　　這不是給女壻的衣裳麼？
　　是啊。
　　這些人是做甚麼的？僱了來的裁縫們呢？
　　哎呀,咱們的舊規矩兒都忘了麼？老時候兒的孩子們都會做衣裳來着②,鋪上棉花,合上裡兒,翻過來的時候兒,這個縫大襟,那個打盝子③,這個煞④胳肢窩,那個上領子,烙袖椿兒的烙袖椿兒,釘鈕子的釘鈕子,不過一兩天的空兒就完了。況且連帽子都是家裡做來着,若是僱人做,或是買着穿,人家都從鼻子眼兒裡笑話啊。

　　大哥的話説的雖然有理,但你只知其一,不知其二。古時候兒和⁴如今一個樣兒,比得麼？況且娶的日子又很近了,摺⑤着指頭兒算,剛剛兒的十天,如今不留空兒的連着夜兒做,趕得上趕不上,還尚不定呢。若是死守着舊規矩,那可是"在旂杆底下悮了操"了,大睜眼兒就悮了,是個甚麼意思呢？

---

　　① 苦拔苦掖:費心撫養。
　　② ※"來着"下脱"就以做綿襖論罷"七字。
　　③ 打盝子:裁剪,縫補。(李瑢默編著《中韓大辭典》,遼寧民族出版社,2007年,第381頁)
　　④ 煞:本指用力勒緊,此處指縫連到一起。
　　⑤ 摺:掐。

續談論第三十八章

他們老婆漢子，你說是結髮夫妻麼？

不是啊，是繼娶的呀。那個女的妨①了幾個漢子咯，相貌兒也還好，活計兒上也還去的，就只有一件，平常好吃醋。男人過了五十多歲了，並沒有兒女，說是要娶一個妾，他橫②攔着不依，要上弔抹脖子嚇唬③着吵鬧。那個無能為忘八④，又很軟弱，叫女人欺負病了，又不能把那淫婦怎麼樣，自己只是生暗氣，送了命了。

看起這個來，世上的事情真是不能一個樣，我們那兒有一位阿哥，新近買了一個女人作了妾，盡像是個無價寶。那個女人說甚麼，就任着他的意兒行，不敢駁回兒，把那個娼婦頂在頭頂兒上，倒把自己正經女人挫磨使喚，天天兒受折磨。如今弔死了，娘家告了，至今還沒有完呢。若把那個潑婦配了這個兇漢子，正是一對兒，天為甚麼不把他們湊成夫妻呢？

續談論第三十九章

大哥，你這位令郎是第幾個的？

這是我的老生兒子。

出了花兒⑤了沒有？這些個都是挨肩兒⑥的麼？

生了九個，存⑦了九個。

大哥，不是我說句頑話兒，大嫂子真能幹哪！久慣會生兒子，可以算得是個子孫娘娘了，寔在是有福的人啊！

---

① 妨：舊時迷信講究命運，常說因某人而影響某事，就叫"妨"。
② 橫：不順從情理地，不顧一切地，蠻橫地。
③ 唬：底本作"諕"。
④ 忘八：王八。
⑤ 出花兒：出天花。天花是一種急性傳染病。
⑥ 挨肩兒：指同胞兄弟姐妹排行相鄰，歲數接近。
⑦ 存：成活，存活。

甚麼福啊,前生造的罪罷咧。大些兒的還好點兒,小些兒的,每天吱兒喳兒的,吵的連心裡都熟燙了。

世上的人都是這麼樣。子孫富①的人們,又嫌多了抱怨,像我們子孫稀少的人們,想有一個在那兒呢?叫老天爺也難了。

你們妞兒若不丟,如今也有十幾歲了。

七歲上沒的,若有,今年十歲了。

真是個好孩子,到如今題起來,我替你傷心。那個相貌兒、言語兒,比別的孩子們,另外的大不相同。見了人兒的時候兒,身子端端正正兒的、安安詳詳兒的上前問好,可憐見兒的那個小嘴兒,甚麼話兒都會說。若問他一件事情,倒像誰教他的一個樣,從頭至尾的告訴。像那個樣兒的,一個頂十個,養這許多沒用的作甚麼?

續談論第四十章

昨兒吃了祭神的肉就罷了,又叫送背燈的肉②作甚麼?

甚麼話呢?老大哥啊,該當送的罷咧,方纔還要請大哥去來着。你納是知道的,左不過是這幾個奴才們罷咧,宰猪的宰猪,收拾雜碎的收拾雜碎,那個都不費手呢。因為這上頭,故此沒有打發人去請。

你沒人替手兒,我是深知道的,還等着你請麼?因此我約會着朋友們來吃大肉來咯,我們還恐怕趕不上呢,誰想剛合式。兄弟們別叫主人糟心,咱們就序着齒兒③一溜兒④坐下吃。

兄台們,請吃肉,泡上湯吃。

哎呀,這是甚麼話呢?錯咯,咱們當初有這個樣兒的規矩來着麼?這個肉

---

① 富:多。

② 背燈肉:滿族祭祀食品。背燈,也叫"背燈祭",舊時滿族的一種祭祀禮儀,夜間舉祭,無任何燈火,閉門遮窗,外姓人不得進入神堂,參祭人不能隨意走動,帶有濃鬱而神秘的宗教色彩。祭祀完畢,闔族男女老少不分尊卑共享祭肉。(劉桂騰著《滿族薩滿樂器研究》,遼寧民族出版社,1999年,124頁)

③ 序着齒兒:按照年齡大小排序。

④ 一溜兒:一排。

啊,這是祖宗的克食①,有強讓的麼?況且客們來去,還不迎不送呢,像這樣兒讓起來,也不忌諱麼?

續談論第四十一章

在盛京的時候兒,我們天天兒打圍②來着。這天我們打圍去,在草裡跑出個麃子來,我打着馬,拉開弓一射的時候兒,畧落了點兒後,回手拔箭的空兒,只見麃子的尾巴動啊動的,轉眼的空兒過了山梁兒,奔山前往上去咯。我緊跟着趕了去,又過了個山梁兒,往山後頭去了。因為這麼着,我緊催着馬,剛剛兒的趕上,一射,又從頭上過去了。想不到從那邊兒來了一個鹿,纔過山梁兒,往這們跑着,正中了我射的那枝箭,跌倒了,寔在可笑。彩頭兒好,可是人家說的"想不到的,倒得了",若把這話告訴別人兒,好像是撒謊的似的。

續談論第四十二章

這春天的時候兒,一點兒事沒有,白閒着,在家裡坐着,很悶的慌啊。

昨兒我兄弟來,說往城外頭游頑去,約會我出城。到了曠野的地方兒,一瞧,春景兒寔在好啊!河沿上的桃花兒是鮮紅,柳枝兒是碧綠,而且樹枝兒上各樣兒的雀鳥兒在那兒叫,一陣兒一陣兒的春風兒颳的草香在鼻子尖兒上過,水上的小船兒是來來往往的不斷的走,兩岸上的游人是三五成羣兒的逛。我們倆從小道兒上灣灣曲曲③的走到了樹林子多的地方兒,一看,也有唱的,也有彈的,也有賣茶、賣酒的,而且活魚、活蝦也很賤,故此我們倆足足的游玩了一天。大哥,你納別怪我沒有告訴你納說,不是瞞着,因為怕遇見和你納有不對勁兒的人哪。

---

① 克食:滿語詞,賞賜的意思。
② 打圍:許多打獵的人從四面圍捕野獸,也泛指打獵。
③ 灣灣曲曲:彎彎曲曲。

續談論第四十三章

前兒,我們在西山裡好樂來着。白日裡游頑樂啊,那是不必説的咯;到了黑下的時候兒,更暢快。我們幾個人吃了晚飯,坐上船,不久的工夫兒月亮上來,照得如同白日的一個樣。慢慢兒的撐着船順着水兒往下走,轉過了山嘴兒,一瞧,那水和天的顏色兒是一個樣,竟無所分別,浩浩如銀,實在是水清山静。趕撑到蘆葦深的去處兒,忽然聽見廟裡的鐘聲兒,順着風兒悠悠揚揚的來咯,然時間心裏頭萬慮俱消,就好是①水洗了的是一個樣兒的乾净。就是出了世的神仙,也不過是這麼樣兒樂罷咧。我們幾個人更高了興咯,直喝到天亮,也不覺醉。為人在世,若遇這個樣兒的風清月朗的好景致②,能有幾回?若是徒然虛度了,豈不可惜了兒的麼?

續談論第四十四章

前兒,我們幾個人甚麼是逛,竟是受了罪咯。出了城兒,放着正經道兒不走,不知道繞到那兒去咯。沿着路兒問着找③着,剛剛兒的到了閘口兒的跟前兒,坐上船,彼此説着話兒,喝着酒,到了東花園兒,又趕回閘口兒來,早已就日平西了。纔吃完了飯,我就説:"哥哥們走罷,跟的人都是步行兒,家又離的很遠。"他們都實蚯蚯的坐着,動也不動。後來看見日頭快落了,纔騎上馬急着回來。到了關外頭,恍恍惚惚的,月亮都出來了。從城裏頭出去的人們都叫"快走",説掩了一扇門咯。心裡更着了急,加着鞭子催着馬,趕到了臨期末尾兒④,都關在城外頭了。實在是有滋有味兒的出去,無精打彩⑤的回來。

---

① 好是:好似。
② 致:致。
③ 找:底本作"我"。
④ 臨期末尾兒:快到最後。
⑤ 無精打彩:無精打采。

續談論第四十五章

今兒好利害呀。自從立夏之後,可以說得起是頭一天兒的熱咯,一點兒風絲兒也沒有,所有的傢伙都是燙手兒的熱,越喝冰水越渴。沒了法兒咯,我洗了個澡,在樹底下乘了會涼兒,心裡頭纔畧好了些兒。這個樣兒的燥熱天,別人兒都是赤身露體的坐着,還怕中暑呢,你怎麼只是低着頭寫字呢?是甚麼罪孽啊?不要命了麼?

你這都是沒官差、白閒着、安閒慣了的話。譬如小買賣人兒們,挑着很重的担子,伸着脖子各處兒跑着叫喚,汗下如雨的,纔能賺得百數錢兒度命兒。若像我這個樣兒的,吃現成兒的,從從容容的寫字,他能毃麼?況且冬冷夏熱是自古至今不易之理,索性靜靜兒的耐着,或者倒有爽快的時候兒。若竟着會子急,還能毃免了麼?

續談論第四十六章

哎呀,這個樣兒的大雨,你往那³兒去來?快進來罷!

我的一個朋友不在咯,送殯去來³着。今兒早起天陰陰的,雖然有要下雨的光景,到了晌午,又是響晴的天。往回裏走着的時候兒,又一片兒一片兒的鋪開了稠雲了,故此我和家裡人們說,這天氣不妥當,快走罷,不然咱們一定要着雨咯。正說着,就涮涮的下起來咯。大哥,你說在曠野地裡,可往那³兒去躲呢?雨衣、氊褂子都沒穿迭當,渾身都濕透咯。

無妨,我有衣裳,拿出來你換。天也晚了,明兒再進城去。我們這個僻地方兒,雖然沒有甚麼好東西,家裡養的小猪子、鵝,宰一兩隻給你吃。

吃還說甚麼,但得這個好地方兒棲身,就是便宜了,不然還怕不冒着雨兒走麼?還有甚麼法子麼?

續談論第四十七章

許多日子連陰着下雨,我心裡都煞咯。這兒也漏了,那兒也濕了,連個睡覺的地方兒都没有,而且又是蚊子、臭蟲、虼蚤,叮得實在難受,翻來覆去的過了亮鐘,並没有睏,把眼睛強閉着,又忍了一會兒。剛剛兒的恍恍惚惚的睏上來咯,正似睡不睡的,忽然從西北上,就像山崩地裂的是一個樣,响了一聲,把我戰戰兢兢的嚇醒了。過了好一會子,身上還是打戰,心裡還是忐忐的跳,睁開眼一瞧,屋裡所有的東西,都没有損壞一點兒。叫人出去一看,説是街坊家的山牆①叫雨淋透了,倒咯。噯呀,睡夢之中那³兒經得起那麼大的响聲兒震哪。

續談論第四十八章

昨兒清早兒起來,屋裡很黑,我説,想是天還没有亮呢,到院子裡一瞧,噯呀,原來是天陰的漆黑。我洗了手、臉,纔要上衙門,那天一星子半點子②的就下起來了,略等了一會兒,涮涮的下响了,又坐了一坐兒,喝了鐘茶的空兒,忽然打了個霹雷,就傾盆似的下來咯。我只説這不過是一陣兒暴雨罷咧,等過了再走。那³兒知道,直下到挨晚兒,又一直的下到天明,總没有住。直到早飯後,纔恍恍惚惚的看見日頭咯,真是應時的好雨啊!想來各處兒的田地,没有不透的咯。秋天的庄稼,豈有不收成的麼?

續談論第四十九章

昨兒黑下好冷啊!睡夢中把我凍醒了。天一亮,我急忙起來,開開房門一瞧,原來是白花花的下了一地的雪。吃了早飯,小晌午兒的時候兒,那雪飄飄飄飄③的,越發下起大片兒的來咯。我心裡想着,没有事,怎麼得一個人兒來,坐着説説話兒也好啊。家下人們進來説,有客來咯。我心裡很喜歡,一面兒就叫收拾下酒菜,一面兒又叫爐了一盆子炭火,趕着請了弟兄們來,酒菜已經預備齊咯,端上來慢慢兒的吃喝着,把簾子高高兒的捲起來,一瞧,那雪的景致比

---

① 山牆:人字形屋頂的房屋兩側的墻壁。
② 一星子半點子:形容數量小。
③ 飄飄飄飄:飄飄搖搖。

甚麼都清雅，紛紛的下着。山川樹木都是雪白，看着越發高了興，拿過棋來，下了兩盤。吃了晚飯，點上燈，纔散了。

續談論第五十章

　　昨兒一點兒風兒都沒有，很晴的好天來着，忽然變了，日頭都慘淡了。因為這麼着，我說，天氣不妥，要颳大風，趁着沒有颳以前，咱們快走罷。各人都散了，我剛到了家，就颳起大風來咯。樹稍兒叫風颳着摔的那個聲兒真可怕！直颳到三更天纔略住了些兒。今兒早起往這麼①來的時候兒，看見道兒上的人們都是站不住，個個兒是吸吸哈哈②的跑。我先是順着風兒走，還好些兒；後來迎着風兒走的時候兒，那臉啊、腮啊，就像是針兒扎的似的，凍得疼。手指頭凍得拘攣③了，連鞭子都拿不住，吐的唾沫沒到地兒就凍成冰，一截兒一截兒的跌碎咯。噯呀，有生以來誰經過這個樣兒的冷呢？

續談論第五十一章

　　人是比萬物最尊貴的，若不懂好歹，不明道理，與那畜牲何異啊？就是朋友們裡頭，你我彼此恭恭敬敬的，豈不好麼？他如今來到的時候兒，就是找④着發豪橫，不顧頭尾信着嘴兒混罵人，算是自己的本事啊，還是怎麼樣呢？瞧瞧長得嘴巴骨，臌⑤着個大肚子，竟是個傻子，還只是充懂文墨的，好叫人肉麻啊！像狗叫的似的，人家都厭煩的不聽咯。若畧有一點兒人心的，也該知覺咯，還腆着臉子不知恥，倒像是誰誇他的，越發興頭起來咯，是怎麼説呢？他老子一輩子也是漢子來着，不知道怎麼作了孽咯，養出這個賤貨兒來。噯，完了，福分都叫他老子享盡了，這就是他的結果了，再想要陞騰，如何能呢？

---

① 這麼：這兒，這邊。
② 吸吸哈哈：嘻嘻哈哈。
③ 拘攣：肌肉收縮，不能伸展自如。
④ 找：底本作"我"。
⑤ 臌：鼓。

續談論第五十二章

　　你這是怎麼說呢？天天兒吃得飽飽兒的，抱着琵琶絃子彈，有甚麼樂兒啊？要從此成名啊，還是要靠着這個過日子呢？咱們幸而是滿洲，吃的是官米，使得是錢糧銀子，一家子頭頂着、脚趾着，都是主子的，並不學正經本事，差使上也不巴結，只是在這上頭鑽着心兒學，真是玷辱了滿洲咯！與其把有用的心費在沒用的地方兒，何不讀書呢？人往高處兒走，水往低處兒流。琵琶絃子上，任憑你學到怎麼樣兒的好，卑污下賤的名兒總不能免，正經官塲中，把彈琵琶絃子算得本事麼？若說我的話不可信，大人們、官員們裡頭，那一個是從彈琵琶絃子出身的呀？你如今能指出來麼？

　　　　　　　　　　　　　　　　　亞細亞言語集卷之五　終

卷　六

例言[1]

　　竊以爲，未聞用本邦文字注釋官話字音之規則。若十人爲之，必各不相同；第同一人，前後恐亦有不同。總之，因各作者使用相異之自製符號記錄之故。尚未見一書明立一法。余不揣愚鈍，曾嘗試自製符號記之，以便自身之閱覽。然而余心甚不安，欲早日立一定之規，以供後學者參考。而余爲生計奔波勞苦，未曾得暇，常以爲憾。聽聞京話字音總數共計四百十餘字，且眾字皆收於此《平仄編》。如此，欲端正京話之音，必依此卷。然未有記錄其字音之規之時，即於讀者，或許愈存隔靴搔癢之憾，并生臨歧惘然之惑。故此番不揣愚鈍，妄自倉促定立記法一二，以示較余尚不及者。其體例如左所示。

　　字音之上半程有"ル、ロ、リ、レ、ラ"符號之時，須知此是與"ジユ、ジヨ、ジイ、ジエ、ジヤ"相近之半濁音。且此音多存於本邦自古以來之讀書音之濁音字中。即"日（ジツ）、人（ジン）、讓（ジヤウ）"等諸如此類。

　　字音之上半程有"チ°、ト°、テ°"符號之時，須知此均是與"ツイ、ツヲ、ツエ"相近之音。另，"ウヲ、イエ、クヰ、スヰ、レヤ"等，是"オ、エ、キ、シ、ヤ"之拗音。另須知其餘諸項皆按卷首之五音拗直五位圖。

　　字音之下半程有撥音"ン"之情況最多，且此音有兩種區分，一爲"開ン"，二爲"閉ン"。其"開ン"之音必屬平聲之"真文元寒刪先侵覃鹽鹹"，上聲之"軫吻阮旱潸銑寢感琰豏"，去聲之"震問願翰諫霰沁勘豔陷"等韵之字。且其"閉ン"必屬平聲之"東冬江陽庚青蒸"，上聲之"董腫講養梗迥"，去聲之"送宋絳漾敬徑"等韵之字。

---

　　[1]　例言原文爲日文，由陳曉博士翻譯。

"開ン"之音是原本清晰明確之撥音。然而"閉ン"之音類似於自喉至鼻穿過之微弱發聲，故將此音記爲"ンョ"以別之。即"章（ヂヤンョ）、井（チ°ンョ）、浪（ランョ）、孔（コンョ）、兩（リヤンョ）"等類。

另，字音之下半程記有"井"之字，是與"ウイ、ユイ"相近之音，並非與"イ"之音相同。且此音多屬"支微魚虞紙尾語麌，寘未御遇以及入聲之沃質物"韵之字，與屬"齊佳灰①薺蟹賄霽泰隊"等韵之字之下半程相異。

另，字音之下半程記有"ヲ"之字，多屬"蕭肴豪筱巧皓嘯效號"等韵之字，記有"ウ"之字，屬"尤有宥"等韵之字，即"朝（チ°ヤヲ）、巧（チヤヲ）、逃（タヲ）、號（ハヲ）"及"秋（ヂウ）、有（イウ）、豆（トウ）、走（ゾウ）"等類。

雖京話之四聲與原本傳統之四聲相異，而其發音之情形皆大同小異。故今按韵字將其區分而列之，蓋求易於邦人之解悟。若有不當之處，衆君子不吝賜教爲幸。

明治十三年三月
廣部精　識

---

① 底本作"仄"。

平仄篇

		上下上去 平平声声	上 平	下 平	上 声	去 声
阿	是阿哥之阿	阿○阿阿	是阿	○	阿甚麼	阿哥
愛	是愛情之愛	哀埃矮愛	哀求	塵埃	高矮	愛惜
安	是平安之安	安○俺岸	平安	○	俺們	河岸
昂	是低昂之昂	昂昂○○	低昂	昂貴	○	○
傲	是狂傲之傲	熬熬襖傲	熬菜	熬夜	綿襖	狂傲
乍	是乍見、乍冷、乍熱之乍	渣劄拃乍	渣滓	劄文	一拃	乍見
茶	是茶酒之茶	叉茶扠杈	叉手	茶酒	扠腰	樹杈
窄	是寬窄之窄	齋宅窄債	齋戒	住宅	寬窄	欠債
柴	是柴炭之柴	拆柴册○	拆毀	柴炭	樣册子	○
斬	是斬絞之斬	沾○盞站	沾染	○	一盞燈	驛站
産	是産業、生産之産	攙饞産懺	攙雜	嘴饞	産業	懺悔
章	是章程之章	章○長賬	章程	○	生長	帳[①]目
唱	是歌唱之唱	娼長廠唱	娼妓	長短	水廠	歌唱
兆	是先兆之兆	招著找兆	招呼	著急	察找	先兆
吵	是吵嚷之吵	吵巢炒鈔	吵嚷	窩巢	煎炒	錢鈔
這	是這個、那個之這	遮摺者這	遮掩	摺奏	再者	這個
車	是車馬之車	車○扯撤	車馬	○	拉扯	裁撤
這	是這塊兒之這	○○○這	○	○	○	這塊兒
真	是真假之真	真○枕震	真假	○	枕頭	地震
臣	是君臣之臣	嗔臣碜趁	嗔怪	君臣	砢碜	趁着

---

① 此處"帳"字與前面對應的"賬"不一致,這種情況下文還有,多爲通假字或異體字,讀音基本相同,例如:"些"組的"鞵""鞋","票"組的"漂""摽","少"組的"杓""勺",等等。下文不再出注。

正	是邪正之正	正○整正	正月	○	整齊	邪正
成	是成敗之成	稱成懲秤	稱呼	成敗	懲辦	斗秤
吉	是吉凶之吉	雞吉己①記	雞犬	吉凶	自己	記載
奇	是奇怪之奇	七奇起氣	七八	奇怪	初起	氣血
家	是住家之家	家夾甲價	住家	夾帶	盔甲	價錢
恰	是恰巧之恰	掐○卡恰	掐花	○	卡子	恰巧
楷	是楷書之楷	○○楷○	○	○	楷書	○
江	是大江之江	江○講匠	大江	○	講究	匠人
搶	是搶奪之搶	腔牆搶餞	腔調	牆壁	搶奪	餞木
交	是交代之交	交嚼腳叫	交代	嚼過	手腳	叫喊
巧	是巧妙之巧	敲橋巧俏	敲打	橋梁	巧妙	俏皮
街	是街道之街	街結解借	街道	完結	解開	借貸
且	是況且之且	切茄且妾	切肉	茄子	況且	姬②妾
見	是見面之見	奸○減見	奸臣	○	裁減	見面
欠	是該欠之欠	千錢淺欠	千萬	錢財	深淺	該欠
知	是知道之知	知值指志	知道	值班	指頭	志向
尺	是尺寸之尺	赤遲尺翅	紅赤赤	遲誤	尺寸	翅膀
斤	是斤兩之斤	斤○錦近	斤兩	○	錦繡	遠近
親	是親戚之親	親勤寢喓	親戚	勤儉	寢食	狗喓
井	是井泉之井	睛○井静	眼睛	○	井泉	安静
輕	是輕重之輕	輕晴請慶	輕重	陰晴	請安	慶弔
角	是角色之角	○角○○	○	角色	○	○
却	是推却之却	○○○却	○	○	○	推却
酒	是酒肉之酒	究○酒救	究辦	○	酒肉	救護
秋	是春秋之秋	秋求糗○	春秋	央求	飯糗了	○
窘	是窘迫之窘	○○窘○	○	○	窘迫	○
窮	是貧窮之窮	○窮○○	○	貧窮	○	○

---

① 己：底本作"巳"，據例詞"自己"改之。
② 姬：底本作"姬"。

桌	是桌櫈之桌	桌濁〇〇	桌凳	清濁	〇	〇
綽	是寬綽之綽	擉〇〇綽	擉碰	〇	〇	寬綽
晝	是晝夜之晝	週軸肘晝	圍週	車軸	臂肘	晝夜
抽	是抽查之抽	抽綢醜臭	抽查	綢緞	醜俊	香臭
句	是句段之句	居局舉句	居處	賭局	保舉	句段
取	是取送之取	屈渠取去	寃屈	溝渠	取送	來去
捐	是捐納之捐	捐〇捲眷	捐納	〇	舒捲	家眷
全	是齊全之全	圈全犬勸	圈點	齊全	犬吠	勸戒
絕	是斷絕之絕	噘絕屩①倔	噘嘴	斷絕	馬撩屩子	倔喪
缺	是補缺之缺	缺瘸〇確	補缺	瘸骸	〇	確然
君	是君王之君	君〇菌俊	君王	〇	菌子	俊秀
羣	是成羣之羣	〇羣〇〇	〇	成羣	〇	〇
爵	是爵位之爵	〇爵〇〇	〇	爵位	〇	〇
却	見上	〇	〇	〇	〇	却然
主	是賓主之主	猪竹主住	猪羊	竹子	賓主	住處
出	是出外之出	出厨處處	出外	厨房	處分	住處
抓	是抓住、抓破之抓	抓〇爪〇	抓破	〇	雞爪子	〇
欻	是欻一聲之欻	欻〇〇〇	欻一聲	〇	〇	〇
拽	是拉拽之拽	拽〇跩拽	拽泥	〇	鴨跩	拉拽
揣	是揣摩之揣	揣〇揣踹	懷揣	〇	揣摩	蹬踹
專	是專門之專	專〇轉傳	專門	〇	轉移	經傳
穿	是穿戴之穿	穿船喘串	穿戴	車船	痰喘	串通
壯	是壯健之壯	裝〇獎壯	裝載	〇	粗獎	壯健
牀	是牀鋪之牀	膗牀闖創	膗户	牀鋪	闖入	創始
追	是追趕之追	追〇〇墜	追趕	〇	〇	廢墜
吹	是吹打之吹	吹垂〇〇	吹打	垂手	〇	〇
准	是准駁之准	諄〇准	諄諄	〇	准駁	〇
春	是春夏之春	春純蠢〇	春夏	純厚	蠢笨	〇

---

① 屩:蹶。

中	是中外之中	中○腫重	中外	○	腫疼	輕重
充	是充當之充	充虫寵銃	充當	虫蟻	寵愛	鐵銃
擉	是擉捼之擉	擉○○○	擉捼	○	○	○
額	是額數之額	阿額我惡	太阿	額數	爾我	善惡
恩	是恩典之恩	恩○○搵	恩典	○	○	搵倒
哼	是哼阿之哼	哼○○○	哼阿	○	○	○
兒	是兒女之兒	○兒耳二	○	兒女	耳朵	二三
法	是法子之法	發法髮法	發遣	法子	頭髮	佛法
反	是反倒之反	翻煩反飯	翻騰	煩惱	反倒	喫飯
方	是方圓之方	方房訪放	方圓	房屋	訪查	放肆
非	是是非之非	非肥匪費	是非	肥瘦	賊匪	使費
分	是分開之分	分墳粉分	分開	墳墓	脂粉	職分
風	是風雨之風	風縫○奉	風雨	裁縫	○	供奉
佛	是佛老之佛	○佛○○	○	佛老	○	○
否	是然否之否	○浮否埠	○	浮沉	然否	埠口
夫	是夫妻之夫	夫扶斧父	夫妻	扶持	斧鉞	父母
哈	是哈哈笑之哈	哈蝦哈哈	哈哈笑	蝦蟆	哈吧	哈什馬
害	是利害之害	咳孩海害	咳聲	孩子	江海	利害
寒	是寒涼之寒	頇寒喊漢	顢頇	寒涼	叫喊	滿漢
碎	是打碎之碎	碎行○項	打碎	各行	○	項圈
好	是好歹之好	蒿毫好好	蒿草	絲毫	好不好	好喜
黑	是黑白之黑	黑○黑○	黑白	○	黑豆	○
很	是很好之很	○痕很恨	○	傷痕	好得很	恨怨
恆	是恆久之恆	哼恆○橫	哼哈	恆久	○	兇橫
河	是江河之河	喝河○賀	喫喝	江河	○	賀喜
後	是前後之後	齁侯吼後	齁齁	公侯	牛吼	前後
戶	是戶口之戶	忽壺虎戶	忽然	茶壺	龍虎榜	戶口
花	是花草之花	花滑話話	花草	泥滑	話敗人	說話

壞	是損壞之壞	○懷○壞	○	懷想	○	損壞
換	是更換之換	歡環緩換	歡喜	連環	鬆緩	更換
黃	是青黃之黃	荒黃謊晃	荒亂	青黃	撒謊	一晃兒
回	是回去、回來之回	灰回悔賄	石灰	回去	後悔	賄賂
混	是混亂之混	昏魂渾混	昏暗	鬼魂	渾厚	混亂
紅	是紅綠之紅	烘紅哄汞	烘烤	紅綠	欺哄	煉汞
火	是水火之火	劐活火貨	劐口子	死活	燒火	貨物
西	是東西之西	西席喜細	東西	酒席	喜歡	粗細
夏	是春夏之夏	瞎霞○夏	瞎子	雲霞	○	春夏
向	是方向之向	香詳想向	香臭	詳細	思想	方向
小	是大小之小	消學小笑	消減	學徒	大小	談笑
些	是些微之些	些鞋血謝	些微	靴鞋	氣血	謝恩
先	是先後之先	先閒險限	先後	清閒	危險	限期
心	是心性之心	心尋○信	心性	尋東西	○	書信
姓	是姓名之姓	星行醒姓	星宿	行為	睡醒	姓名
學	是學問之學	○學○○	○	學問	○	○
修	是修理之修	修○朽袖	修理	○	糟朽	領袖
兄	是兄弟之兄	兄熊○○	兄弟	狗熊	○	○
須	是必須之須	須徐許續	必須	徐圖	應許	接續
喧	是喧嚷之喧	喧懸選選	喧嚷	懸拱[1]	揀選	候選
雪	是雨雪之雪	靴穴雪穴	靴鞋	穴道	雨雪	鑽穴
巡	是巡察之巡	熏巡○汛	熏蒸	巡察	○	營汛
學	見上	○	○	○	○	○
衣	是衣裳之衣	衣一尾易	衣裳	一個	尾巴	容易
染	是沾染之染	○然染○	○	然否	沾染	○
嚷	是嚷鬧之嚷	嚷瓤嚷讓	嚷嚷	瓤子	嚷鬧	謙讓

---

[1] 拱：掛。

繞	是圍繞之繞	○饒繞繞	○	饒裕	圍繞	繞住
熱	是冷熱之熱	○○○熱	○	○	○	冷熱
人	是人物之人	○人忍任	○	人物	容忍	責任
扔	是扔棄之扔	扔○○○	扔棄	○	○	○
日	是日月之日	○○○日	○	○	○	日月
若	是若論之若	○○○若	○	○	○	若論
肉	是骨肉之肉①	揉柔○肉	揉的一聲	剛柔	○	骨肉
如	是如若之如	如如入入	如貼	如若	強入	出入
軟	是軟弱之軟	○○軟○	○	○	軟弱	○
瑞	是祥瑞之瑞	○○蕊②瑞	○	○	花蕊	祥瑞
潤	是潤澤之潤	○○○潤	○	○	○	潤澤
榮	是榮耀之榮	○榮毧③○	○	榮才	毧毛	○
嘎	是嘎嘎笑的聲兒	嘎嘎嘎嘎	嘎嘎的笑	打嘎兒	嘎雜子	雞嘎嘎蛋兒
卡	是卡倫之卡	卡○○○	卡倫	○	○	○
改	是改變之改	該○改概	該當	○	改變	大概
開	是開閉之開	開○慨○	開門	○	慷慨	○
甘	是甘苦之甘	甘○趕幹	甘苦	○	追趕	才幹
看	是看見之看	看○砍④看	看守	○	刀砍	看見
剛	是剛纔之剛	剛○堈扛	剛纔	○	土堈子	擡⑤杠
炕	是火炕之炕	康扛抗炕	康健	扛擡	不抗不卑的	火炕
告	是告訴之告	高○稿告	高低	○	稿案	告訴
考	是考察之考	尻○考靠	尻骨	○	考察	依靠

---

① 肉：底本作"骨"，據"平仄篇"的編排體例徑改。《語言自邇集》（張衛東譯，北京大學出版社，2002年）"第七章聲調練習"中第136條也作"肉"。

② 蕊：蕊。

③ 毧：鳥獸細軟而濃密的毛。

④ 此處及後面的例詞底本作"斫""刀斫"，依文義徑改。《語言自邇集》（張衛東譯，北京大學出版社，2002年）"第七章聲調練習"中第147條也作"砍""刀砍"。

⑤ 擡：抬。

給	是放給之給	○○給○	○	○	放給	○
刻	是刻搜之刻	刻○○○	刻搜	○	○	○
根	是根本之根	根哏○艮	根本	□①哏	○	艮卦
肯	是肯不肯之肯	○○肯揩	○	○	肯不肯	一揩子
更	是更多、更少之更	更○埂更	更改	○	道埂子	更多
坑	是坑坎之坑	坑○○○	坑坎	○	○	○
各	是各人之各	哥格各個	哥哥	影格	各自各兒	幾個
可	是可否之可	可可渴客	可惜了兒	可否	饑渴	賓客
狗	是猪狗之狗	溝狗狗殼	溝渠	小狗兒的	猪狗	足殼
口	是口舌之口	摳○口叩	摳破了	○	口舌	叩頭
古	是古今之古	估骨古固	料估	骨頭	古今	堅固
苦	是苦甜之苦	窟○苦褲	窟窿	○	甜苦	褲子
瓜	是瓜果之瓜	瓜○寡掛	瓜果	○	多寡	口掛
跨	是跨馬之跨	誇○侉跨	誇獎	○	侉子	跨馬
怪	是怪道之怪	乖○拐怪	乖張	○	拐騙	怪道
快	是快慢之快	○○攉快	○	○	攉痒痒	快慢
官	是官員之官	官○管慣	官員	○	管理	習慣
寬	是寬窄之寬	寬○款○	寬窄	○	款項	○
光	是光明之光	光○廣逛	光明	○	廣大	遊逛
況	是況且之況	誆狂○況	誆騙	狂妄	○	況且
規	是規矩之規	規○詭貴	規矩	○	詭詐	富貴
愧	是慚愧之愧	虧揆傀愧	虧欠	揆守	傀儡	慚愧
棍	是棍棒之棍	○○滾②棍	○	○	翻滾	棍子棒子
困	是乏困之困	坤○閫困	坤道	○	閨閫	乏困
工	是工夫之工	工○礦共	工夫	○	金礦	通共
孔	是面孔之孔	空○孔空	空虛	○	面孔	閧③空

---

① 底本字迹模糊。《語言自邇集》（張衛東譯，北京大學出版社，2002年）"第七章聲調練習"中第154條作"鬪"。

② 滾：底本作"浣"。

③ 閧：底本作"閒"。

果	是結果之果	鍋國果過	飯鍋	國家	結果	過去
闊	是寬闊之闊	○○○闊	○	○	○	寬闊
拉	是拉扯之拉	拉邋蜊蠟	拉扯	邋邊	蜊蜊蛄	蠟燭
來	是來去之來	○來○賴	○	來去	○	倚賴
懶	是懶惰之懶	懚婪懶爛	懚鬖	貪婪	懶惰	燦爛
浪	是波浪之浪	榔狼朗浪	檳榔	狼虎	光朗	波浪
老	是老幼之老	撈勞老澇	打撈	勞苦	老幼	旱澇
勒	是勒索之勒	勒○○樂	勒索	○	○	歡樂
累	是連累之累	累雷累類	累死	雷電	累次	族類
冷	是冷熱之冷	○稜冷愣	○	稜角	冷熱	發愣
立	是站立之立	璃離禮立	玻璃	分離	禮貌	站立
倆	是倆三之倆	○○倆○	○	○	倆三	○
兩	是斤兩之兩	量凉兩諒	商量	涼熱	斤兩	原諒
了	是了斷之了	○聊了料	○	無聊	了斷	料理
列	是擺列之列	咧咧咧列	罷咧	瞎咧	咧嘴	擺列
連	是接連之連	連憐臉練	接連	憐恤	臉面	練習
林	是樹林之林	○林檁賃	○	樹林子	房檁	租賃
另	是另外之另	○零領另	○	零碎	領袖	另外
略	是謀略之略	○○○略	○	○	○	謀略
留	是收留之留	遛留柳六	一遛兒	收留	楊柳	五六
駱	是駱駝之駱	擼騾裸駱	擼起袖子	騾馬	裸身	駱駝
陋	是鄙陋之陋	搜樓簍陋	搜衣裳	樓房	酒簍	鄙陋
律	是律例之律	○驢屢律	○	驢馬	屢次	律例
戀	是依戀之戀	○○○戀	○	○	○	依戀
略	是忽略之略	○○○略	○	○	○	忽略
掄	是混掄之掄	掄倫圖論	混掄	人倫	渾圖著	講論
略	是大略之略	○○○略	○	○	○	大略
路	是道路之路	嚕爐櫓路	嘟嚕	爐灶	船櫓	道路
亂	是雜亂之亂	○○○亂	○	○	○	雜亂

倫	是五倫之倫	○輪圇論	○	車輪	圇囫	設論
龍	是龍虎之龍	窿龍隴弄	窟窿	龍虎榜	瓦隴	胡弄
馬	是馬匹之馬	媽麻馬罵	爹媽	麻木	馬鞍	打罵
買	是買賣之買	○埋買賣	○	葬埋	收買	發賣
慢	是快慢之慢	顢瞞滿慢	顢頇	隱瞞	豐滿	快慢
忙	是急忙之忙	茫忙莽○	白茫茫	急忙	鹵莽	○
毛	是羽毛之毛	貓毛卯貌	貓狗	羽毛	卯刻	相貌
美	是美貌之美	○煤美昧	○	煤炭	美貌	愚昧
門	是門扇之門	捫門○悶	捫摸	門扇	○	憂悶
夢	是睡夢之夢	懵盟猛夢	懵懂	結盟	勇猛	睡夢
米	是米糧之米	眯迷米密	眯瞌眼	迷惑	米糧	機密
苗	是禾苗之苗	喵苗藐廟	喵喵的貓叫	禾苗	藐小	廟宇
滅	是滅火之滅	咩○○滅	咩咩的羊叫	○	○	滅火
面	是臉面之面	○綿勉面	○	綿花	勉力	臉面
民	是民人之民	○民憫	○	民人	憐憫	○
名	是姓名之名	○名○命	○	姓名	○	性命
謬	是謬妄之謬	○○○謬	○	○	○	謬妄
末	是始末之末	摩麼抹末	揣摩	甚麼	塗抹	始末
謀	是圖謀之謀	○謀某	○	圖謀	某人	○
木	是草木之木	○模母木	○	模樣	父母	草木
那	是問人那個之那	那拏那那	在這兒那	拏賊	那個	那裏
奶	是牛奶之奶	○○奶耐	○	○	牛奶	耐時
男	是男婦之男	喃男○難	喃喃囈語	男婦	○	災難
囊	是囊袋之囊	嚷囊攮齉	嘟囔	囊袋	攮了一刀子	齉鼻了
鬧	是熱鬧之鬧	撓鐃惱鬧	撓着	鐃鈸	煩惱	熱鬧
內	是內外之內	○○○內	○	○	○	內外
嫩	是老嫩之嫩	○○○嫩	○	○	○	老嫩
能	是才能之能	○能○○	○	才能	○	○

你	是你我之你	○泥擬匿	○	泥土	擬議	藏匿
娘	是爹娘之娘	○娘○釀	○	婆娘	○	蘊釀
鳥	是鳥獸之鳥	嚷○鳥尿	嚷嚷的貓叫	○	鳥獸	屎尿
捏	是捏弄之捏	捏呆○孽	捏弄	呆獸	○	罪孽
念	是想念之念	拈年捻念	拈花	年月	捻匪	念誦
您	是稱呼人的話，你納的本字	○您○○①	○	您納	○	○
甯	是安甯之甯	○甯擰②佞	○	安甯	擰壞	佞口
虐	是暴虐之虐	○○○虐	○	○	○	暴虐
牛	是牛馬之牛	妞牛鈕拗	妞兒	牛馬	鈕扣	拗不過來
挪	是挪移之挪	○挪○懦	○	挪移	○	懦弱
耨	是耕耨之耨	○○○耨	○	○	○	耕耨
女	是男女之女	○○女○	○	○	男女	○
虐	見上	○	○	○	○	○
虐	見上	○	○	○	○	○
奴	是奴僕之奴	○奴努怒	○	奴僕	努力	喜怒
暖	是暖和之暖	○○暖○	○	○	暖和	○
嫩	是老嫩之嫩	○○○嫩	○	○	○	老嫩
濃	是濃淡之濃	○濃○弄	○	濃淡	○	擺弄
訛	是訛錯之訛	哦訛○惡	哦一聲	訛錯	○	善惡
偶	是偶然之偶	毆○偶嘔	毆打	○	偶然	嘔氣
罷	是罷了之罷	八拔把罷	八九	提拔	把持	罷了
怕	是恐怕之怕	芭扒○怕	琵琶	扒桿兒	○	恐怕
拜	是拜客之拜	擗白百拜	擗開	黑白	千百	拜客
派	是分派之派	拍牌狐派	拍打	木牌	一屁股狐下	分派
半	是整半之半	班○板半	輪班	○	板片	整半

---

① 底本沒有"○您○○"，依據"平仄篇"編排體例補。
② 擶：擰。

盼	是盼望之盼	攀盤〇盼	高攀	盤查	〇	盼望
幫	是幫助之幫	幫〇綁謗	幫助	〇	綑綁	毀謗
旁	是旁邊之旁	胖①旁唪胖	胖腫	旁邊	吹唪	胖瘦
包	是包裹②之包	包薄保抱	包裹	厚薄	保護	懷抱
跑	是跑脫之跑	拋袍跑磣	拋棄	袍褂	跑脫	槍磣
北	是南北之北	背〇北背	背負	〇	南北	向背
陪	是陪伴之陪	披陪〇配	披衣	陪伴	〇	配偶
本	是根本之本	奔〇本奔	奔忙	〇	根本	投奔
盆	是木盆之盆	噴盆〇噴	噴水	盆礶	〇	噴香
迸	是迸跳之迸	繃〇〇迸	繃鼓	〇	〇	迸跳
朋	是朋友之朋	烹朋捧碰	割烹	朋友	手捧	碰破
必	是務必之必	逼鼻筆必	逼迫	口鼻	筆墨	務必
皮	是皮毛之皮	批皮鄙屁	批評	皮毛	鄙俚	屁股
表	是表裏之表	標〇表鰾	標文書	〇	表裏	鰾膠
票	是文票之票	漂嫖漂票	標沒	嫖賭	漂布	錢票子
別	是分別之別	憋別彆彆	憋悶	分別	彆嘴	彆拗
撇	是撇開之撇	擎〇撇〇	擎開	〇	撇了	〇
扁	是圓扁之扁	邊〇扁便	邊沿	〇	圓扁	方便
片	是片段之片	偏便諞片	偏正	便宜	諞拉	片段
賓	是賓主之賓	賓〇〇殯	賓主	〇	〇	殯葬
貧	是貧窮之貧	摒貧品牝	摒命	貧窮	品級	牝牡
兵	是兵丁之兵	兵〇稟病	兵丁	〇	稟報	疾病
憑	是憑據之憑	砰憑〇聘	砰磅	憑據	〇	聘嫁
波	是水波之波	波駁播簸	水波	准駁	播米	簸箕
破	是破碎之破	坡婆管破	土坡	婆娘	管籠	破碎
不	不字作詩裏有作上平用的					
剖	是剖開之剖	掊〇剖〇	掊剋	〇	剖開	〇

① 胖：胖。
② 裹：裏。

不	是是不是之不	不不補不	我不	不是	補鈌	不可
普	是普遍之普	鋪葡普鋪	鋪蓋	葡萄	普遍	鋪子
洒灑	是洒掃之洒	撒瞰洒〇	撒手	一眼瞰著	洒掃	〇
賽	是賭賽之賽	顋〇〇賽	顋頰	〇	〇	賭賽
散	是散放之散	三〇傘散	三四	〇	傘蓋	散放
桑	是桑梓之桑	桑〇嗓喪	桑梓	〇	嗓子	喪氣
掃	是掃地之掃	騷〇掃掃	騷擾	〇	掃地	掃興
啬	是吝嗇之嗇	嘶〇〇嗇	嘶嘶的叫狗	〇	〇	吝嗇
森	是森嚴之森	森〇〇〇	森嚴	〇	〇	〇
僧	是僧道之僧	僧〇〇〇	僧道	〇	〇	〇
索	是勒索之索	唆〇鎖溯	調唆	〇	鎖上	追溯
搜	是搜察之搜	搜〇叟嗽	搜察	〇	老叟	咳嗽
素	是平素之素	蘇速〇素	蘇州	迅速	〇	平素
算	是算計之算	酸〇〇算	酸的鹹的	〇	〇	算計
碎	是零碎之碎	雖隨髓碎	雖然	跟隨	骨髓	零碎
孫	是子孫之孫	孫〇損〇	子孫	〇	損益	〇
送	是迎送之送	松〇竦送	松樹	〇	毛骨竦①然	迎送
殺	是殺死之殺	殺〇儍㐌	殺死	〇	癡儍	挐剪子㐌一點
曬	是曬乾之曬	篩〇色曬	篩子	〇	顏色	曬乾
山	是山川之山	山〇閃善	山川	〇	雷閃	善惡
賞	是賞賜之賞	商晌賞上	商量	晌午	賞賜	上下
少	是多少之少	燒杓少少	火燒	刀杓	多少	老少
舌	是脣舌之舌	賒舌捨射	賒欠	脣舌	棄捨	射箭
身	是身體之身	身神審慎	身體	神仙	審問	謹慎
生	是生長之生	生繩省賸	生長	繩子	各省	賸下
事	是事情之事	失十使事	失落	九十	使喚	事情

---

① 竦:悚。

卷 六 203

手	是手足之手	收熟手獸	收拾	生熟	手足	禽獸
書	是詩書之書	書贖數數	詩書	贖罪	數錢	數目
刷	是刷洗之刷	刷○耍○	刷洗	○	耍笑	○
衰	是衰敗之衰	衰○摔率	衰敗	○	摔東西	草率
拴	是拴捆之拴	拴○○涮	拴捆	○	○	涮洗
雙	是成雙之雙	雙○爽雙	成雙	○	爽快	雙生
水	是山水之水	○誰水睡	○	誰人	山水	睡覺
順	是順當之順	○○○順	○	○	○	順當
說	是說話之說	說○○朔	說話	○	○	朔望
絲	是絲線之絲	絲○死四	絲線	○	死生	四五

大	是大小之大	答搭打大	答應	搭救	毆打	大小
他	是他人之他	他○塔榻	他人	○	佛塔	牀榻
歹	是好歹之歹	獃○歹代	獃呆	○	好歹	交代
太	是太甚之太	胎擡○太	孕胎	扛擡	○	太甚
單	是單雙之單	單○膽蛋	單雙	○	膽子大	雞蛋
炭	是柴炭之炭	貪談坦炭	貪贓	談論	平坦	柴炭
當	是應當之當	當○攩當	應當	○	攩住	典當
湯	是喝湯之湯	湯糖爣燙	喝湯	白糖	爣臥	燙手
道	是道理之道	刀擣倒道	刀槍	擣線	顛倒	道理
逃	是逃跑之逃	叨逃討套	叨恩	逃跑	討要	圈套
得	是得失之得	叨得○○	話叨叨	得失	○	○
特	是特意之特	忑○○特	忐忑	○	○	特意
得	是必得之得	鏑○得○	小鑼兒鏑鏑的聲兒	○	必得	○
等	是等第、等候之等	燈○等鐙	燈燭	○	等候	馬鐙
疼	是疼痛之疼	鼟疼○櫈	鼟鼟的鼓聲兒	疼痛	○	板櫈
的	是你的、我的之的	的敵底地	我的	仇敵	到底	天地
替	是替工之替	梯提體替	樓梯	提拔	體量	替工
弔	是弔死之弔	貂○○弔	貂皮	○	○	弔死
挑	是挑選之挑	挑條挑跳	挑選	條陳	挑着	跳躍

疊	是重重疊疊之疊	爹疊○○	爹娘	重疊	○	○
貼	是體貼之貼	貼○鐵帖	體貼	○	銅鐵	牙帖
店	是客店之店	搷①○點店	搷量	○	圈點	客店
天	是天地之天	天田餂②搩	天地	莊田	拏舌頭餂	搩筆
定	是定規之定	釘○頂定	釘子	○	頂戴	定規
聽	是聽見之聽	聽停梃聽	聽見	停止	樹梃	聽其自然
丟	是丟失之丟	丟○哞○	丟失	○	呀哞	○
多	是多少之多	多奪朶惰	多少	搶奪	花朶兒	懶惰
妥	是妥當之妥	託駝妥唾	託情	駱駝	妥當	唾沫
豆	是綠豆之豆	兜○斗豆	兜底子	○	升斗	綠豆
頭	是頭臉之頭	偷頭○透	偷盜	頭臉	○	透澈
妒	是嫉妒之妒	督毒賭妒	督撫	毒害	賭博	嫉妒
土	是塵土之土	禿塗土唾	禿子	塗抹	塵土	唾沫
短	是長短之短	端○短斷	端正	○	長短	斷絕
團	是團圓之團	○團○○	○	團圓	○	○
對	是對面之對	堆○○對	堆積	○	○	對面
退	是進退之退	推○骰退	推諉	○	骰快	進退
敦	是敦厚之敦	敦○旽鈍	敦厚	○	打旽兒	遲鈍
吞	是吞吐之吞	吞屯○褪	吞吞吐吐	屯田	○	褪手
冬	是冬夏之冬	冬○懂動	冬夏	○	懂得	動靜
同	是會同之同	通同統痛	通達	會同	統帥	疼痛
雜	是雜亂之雜	臢雜咱○	醃臢	雜亂	咱的	○
擦	是擦抹之擦	擦○○○	擦抹	○	○	○
在	是在家、在外之在	栽○宰在	栽種	○	宰殺	在家
才	是才幹之才	猜才彩菜	猜想	才幹	雲彩	菜飯
贊	是參贊之贊	簪偺攅贊	簪子	偺們	攅錢	參贊

---

① 搷:《語言自邇集》(張衛東譯,北京大学出版社,2002年)"第七章聲調練習"中第344條作"掂""掂量"。

② 餂:舔。

慚	是慚愧之慚	参慚慘儳	参考	慚愧	悽慘	儳頭
葬	是葬埋之葬	臟啈○葬	貪臟	啈們	○	葬埋
倉	是倉庫之倉	倉藏○○	倉庫	瞞藏	○	○
早	是早晚之早	遭鑿早造	週遭	穿鑿	來得早	造化
草	是草木之草	操槽草○	操練	馬槽	草木	○
則	是則例之則	○則○○	○	則例	○	○
策	是計策之策	○○○策	○	○	○	計策①
賊	是賊匪之賊	○賊○○	○	賊匪	○	○
怎	是怎麼之怎	○○怎○	○	○	怎麼	○
参	是参差之参	参○○○	参差	○	○	○
增	是增減之增	增○怎贈	增減	○	怎麼	餽贈
層	是層次之層	蹭層○蹭	蹭一聲上了房	層次	○	蹭蹬
作	是作為之作	作昨左作	作房	昨日	左右	作為
錯	是錯失之錯	搓矬○錯	揉搓	矬子	○	錯失
走	是行走之走	○○走奏	○	○	行走	奏事
湊	是湊合之湊	○○○湊	○	○	○	湊合
祖	是祖宗之祖	租足祖○	租賃	手足	祖宗	○
粗	是粗細之粗	粗○○醋	粗細	○	○	喫醋
揝	是揝住之揝	鑽○纂揝	鑽幹	○	纂修	揝住
竄	是逃竄之竄	躥攢○竄	馬躥	攢湊	○	逃竄
嘴	是嘴脣之嘴	堆○嘴罪	一堆	○	嘴脣	犯罪
催	是催逼之催	催隨○萃	催逼	隨他去	○	萃集
尊	是尊重之尊	尊○撙	尊重	○	撙節	○
寸	是尺寸之寸	村存忖寸	村莊	存亡	忖量	尺寸
宗	是大宗之宗	宗○總縱	大宗	○	總名	縱容
葱	是葱蒜之葱	葱從○○	葱蒜	依從	○	○
子	是子孫之子	資○子字	資格	○	子孫	寫字

---

① 計策：底本爲"○"，按照"平仄篇"的編排體例，此處應該有例詞，疑底本遺漏。依《語言自邇集》（張衛東譯，北京大学出版社，2002年），補爲"計策"。

次	是次序之次	齜磁此次	齜著牙兒笑	磁器	彼此	次序
瓦	是甎瓦之瓦	挖娃瓦襪	刨挖	娃娃	甎瓦	鞋襪
外	是內外之外	歪〇舀外	歪正	〇	舀水	內外
完	是完全之完	灣完晚萬	水灣兒	完全	早晚	千萬
往	是來往之往	汪王往忘	汪洋	王公	來往	忘記
爲	是行爲之爲①	微爲委位	微弱	行爲	委員	爵位
文	是文武之文	温文穩問②	温和	文武	安穩	問答
翁	是老翁之翁	翁〇〇甕	老翁	〇	〇	水甕
我	是你我之我	窩〇我臥	窩巢	〇	你我	坐臥
武	是文武之武	屋無武物	房屋	有無	文武	萬物
牙	是牙齒之牙	丫牙雅壓	丫頭	牙齒	文雅	壓倒
涯	是天涯之涯	〇涯〇〇	〇	天涯	〇	〇
羊	是牛羊之羊	央羊養樣	央求	牛羊	養活	各樣
要	是討要之要	腰遙咬要	腰骹	遙遠	咬一口	討要
夜	是半夜之夜	噎爺野夜	噎住	老爺	野地	半夜
言	是言語之言	煙言眼沿	喫煙	言語	眼睛	河沿兒
益	是損益之益	揖益〇易	作揖	益處	〇	易經
音	是聲音之音	音銀引印	聲音	金銀	勾引	用印
迎	是迎接之迎	應迎影應	應該	迎接	没影兒	報應
約	是約會之約	約〇〇樂	約會	〇	〇	音樂
魚	是魚蝦之魚	愚魚雨預	愚濁	魚蝦	風雨	預備
原	是原來之原	寃原遠願	寃屈	原來	遠近	願意
月	是年月之月	曰噦〇月	子曰	乾噦	〇	年月
雲	是雲彩之雲	暈雲允運	頭暈	雲彩	應允	氣運
有	是有無之有	憂油有右	憂愁	香油	有無	左右
用	是使用之用	庸容永用	平庸	容易	永遠	使用

亞細亞言語集卷之六　終

---

① 爲：底本作"行"，據編排體例徑改。
② 問：底本作"聞"。

卷 七

言語例略第一叚

看貴國的人學我們的漢話，都像是費事得很，却是甚麼難處呢？

唉，那難處不止一樣了。有口音的難處，有單字的難處，更有文法的難處。

怎麼呢？外國人各國互相學話，看着像不用很多的工夫，難道我們這漢話和貴國的話全是兩樣兒的麼？

那到不必説。天下各國的話，沒有全不相同的地方兒，是人那念頭發出來，隨勢自可分好些神氣，有直説有無、有問、有令、有願望、有驚訝。比方"這人死了，那人沒死"，那是直説有無的話；"那人死了沒有"是問人的話；"斬那人罷"是令人的話；"巴①不得那人好了"是願望的話；"可惜了兒那人死了"是驚訝的話。這是鄙意，先生明白不明白？

那兒不明白？這就可算文話的總例。是中外各國，人情自然相同之理。

可不是麼。就是論及單字的那個難處，這惟漢文獨異。怎麼呢？就是除了中國之外，是有文各國，寫字就有那些筆畫的定數，這些筆畫各有本音，可以把數筆連在一塊兒，不但會整字，還有指定聲音的用處。

那清文頗有幾分相似，漢文雖不相同，那漢文寫的還分八筆，稱爲"字母"，和貴國的筆畫可不同麼？

其用大不相同。那漢文單着的筆畫，雖有本音，作成整字，其音與筆畫本音並不相干。比方寫一個"十"字，那是數目裡一個字，寫的是橫竪兩筆，那橫的原名"一"字，竪的原名"滾"字，這兩筆合成"十"字，一看就知是專管這個字形，於聲音毫無干涉。這是外國人學漢字以爲最難的地方兒。

---

① 巴：底本作"杷"。

外國定音的，還有甚麼好法子呢？

是這麼着，外國寫字，那有二十多個筆畫，把那筆畫連成字，也不用很多的工夫就可以知道那個理。學會之後，遇見甚麼字，都可以定得準他的音。至若漢字，並沒有一個可以準是定音的地方兒，沒念過決不能知道，必得察一察，察過一次，日後再見了，還是不能保其不忘記。

那是不錯的。我們漢人們不怕忘記了，是因爲從小兒先認單字的。

就是了，我們外國既是沒念過貴國的書，看書的時候兒，未免有那單字的難處。等到把單字連上成文，那作文的難，就比單字更甚萬分。

聽見說，外國的文較比①我們中國省事些兒。

那是，外國的作文，其單字，各字都歸准類，連字成句，又有句法明文那些書。貴國並無這些指定句法的書，成句都是記得書上記載的字樣，句既作成，就可以連句成文。至於那單字，統分虛、實兩大項，那是我考察了多少回，至今總沒有透澈這個理。

本字裡有正義的，統謂是實字，其中要看用法，還有死、活之分。虛字較難細辨，比方"你不要錢麼"那一句，那"麼"字本無正義，用之竟是因爲指明了是訂問的口氣，就是虛字。其餘的幾個裡，那個"不"字，雖有實義，漢文裡頭還算是虛字，那"你"字、"要"字、"錢"字，那都爲實字。至於那個死的、活的不同，就是此處"你""錢"這兩個字是死的，那"要"字一個字是活的。然而那"要"字纔說是活字，在此處固然是活的，別處也可以當死的用。比方"其要在速"這一句，那"要"字、"速"字可不是死字麼？再問這句裡活字沒有麼？就是那"在"字必算是活字。又考這些字裡虛實之分，就是那"其""在"這兩字，雖然本有正義，此處仍算是虛字。

看起這個來，就是虛字、實字這些個名目，大有隨時隨勢可以互相變通的理。

變通是全能彀變通的，甚至於有人說，不論那個字，都可以做半活半死的用。

我們英國話文限制死些兒，沒有漢字那變換的活動，權分其大端，有單字，有句法。那字各歸九項，就是論單字的一端；至於連字成句，連句成段，那就是

---

① 較比：比較。

句法。

敝國向來作文章也有分股分段的式樣，東家剛說這句法，可以是那麽樣罷？

那却不同。貴國作文憑那句法，是專管那個字句的長短。我們成句之理，就是無論何句，必有綱目兩分，方能成句。人家所題那人、那物、那事，爲綱；論綱的是非、有無、動作、承受，這都爲目。看起這個來，竟有死字，沒有活字，難算成句。較比"人""雨""馬"，竟說這三個字，不添活字，實屬有頭無尾，焉能算是話，竟是有活字沒有死字，其理相同，不待言矣。"那人是好""下雨""那馬快"，這三句達出來的意思全了，所以纔成句。分其綱目，就是這頭一句裡，那"人"字爲綱，論"人的好不好"是目；第二句"下雨"，"雨"字是綱，論起"下雨不下"是目；第三句"馬"字爲綱，論起"走得快"爲目。

言語例略第二段

這句段分的綱目，中國也不是總沒有這個道理，但是東家所說的單字分有九項，那是從前還沒有聽見提過。

可以，是先生沒聽見過。那單字的分項，漢話裡沒有如此指明，就是那英文，凡有人、物、事、勢此等字樣，所分字項的定制，皆稱爲名目，即如"人"字、"書"字、"病"字、"年"字，這四個字都是名目。英國不分作文、說話裡，凡有遇用那名目，多有先加字樣，可以指出所提是否早已議及。這等字樣，漢話裡雖然沒有詳細分別，凡遇其勢，也有分其已準、未準之法。比方凡說"有個人來""有一個人來"，這兩句聽了，可以知道所論的人並不是個早已論及的，那傳話的心裡還茫無定向呢。設若傳話的人說"那個人來了"，聽了可以知道來的是早已提過的那個人，傳話的如此分清了界限，那就是確然指明了。

我們這些"那"字、"這"字，原是分別彼此之用。

那可自然，那個且等後來再說。就是這第二十二句裡，專用"那個人"的"那"字，却沒有彼此之分，實因指定，不是泛論。

漢話裡用那個"其"字，像似和英文裡指定的字眼兒，有時相合，也不能常。

那可不錯。比方"其餘"的那個"其"字，原是指定了，早已開除之外，所剩的都在裡頭。還有"其要在此"那一句，是專指最要的地方兒，所論像是"那個人"。"其心不可問"這一句裡那"其"字,不過是當"他"字講。至於名目裡不用先加指定的字樣,兩國的話裡都有可去的地方兒,即如"人是萬物裡最靈的""金比銀重"這兩句裡,那"人"字、"金"字、"銀"字,這都是大類的總名,是可以直說的,還有人姓、地名等項,也是這麼着。

言語例略第三段

　　至於漢話裡頭,那名目又有個專屬。是這麼着。話裡凡有提起是人、是物,可以有上頭加一個同類的名目,是要看形像的用處,做爲陪伴的字。即如"一個人""一位官""一匹馬""一隻船",這四個裡頭,那"個"字、"位"字、"匹"字、"隻"字,就是陪伴"人""官""馬""船"這些名目的。這陪伴的字,都不但竟是加在上頭,也有可以隨着本名目說的。比方話裡說"馬""船"的大數兒,也可說"馬匹""船隻"這麼樣。又有本名目剛先提過,接着說的話,可以把陪伴字做爲替換之用。設若有人買了牛,他告訴我說"我昨兒買了牛",我問他"買了多少隻",他回答"買了十幾隻",這就是"牛"字作爲本名目,那"隻"字就是陪伴的。有陪伴的替換本名目,本名目就可以不重復再提了。這替換名目的,也是文裡有時可以替換。總之,細察那陪伴字的實用,像是把總類、專項分晰辯明的意思。即如"皇天"之"天","后土"之"土",是有類無項的名目,那兒有陪伴的字樣?至若那些有類可以分項的那宗總名,要數出每類多少項,就把那陪伴字當作細目。爲方便,如今把那些陪伴的字眼兒,連各司的名目一併開列於左①,爲學話的便用。

盞　　拏一盞燈來,我要看書。那個燈籠是走道兒用的。那"盞"字也當"碗"字用,"一盞茶""一碗茶"都可以說。

張　　所有"桌、椅、牀、凳、弓、紙、機、羅",這些字用"張"字做陪伴,是因爲像形,稍有寬大的樣子。

陣　　"一陣大雨、一陣大風、一陣吵鬧",這個"陣"字本意原是打仗,是因那個忽然的形勢,故此用做陪伴字,彷彿是來的很急,不能等着的神氣。

乘　　那"乘"字,本是乘船、乘車、乘馬的"乘"字。轎有說"一乘"的,又說

---

① 底本爲豎排,下文所列舉的陪伴詞編排在上述文字的左側,故說"開列於左"。

"一頂"的多。

劑　"一劑藥"是合好些味藥做湯飲的，若是把好些味藥要配丸藥，那稱爲"一料藥"。

架　"一架碾、一架鷹、一架鐘、一架房柁"，這裡頭就是"兩架房柁"，還可以說"一對"。

間　是四根柱子的中間爲"一間"，故此爲房子、屋子這些名目的陪伴，還有得細分的。比方人說"我買了房子"，那是買了一所、一處，必是包着好些間房子在裡頭。或說"那個房子好"，那是統一個大門裡都算上。或問"那個房子裡有多少間"，那人回答"有三十多間"，那都是那個房子裡頭不分大小，按各間而說。王公府裡，大約北面都有個後樓，上下兩層，各分五七間不等。那樓分間在外頭，說是"五七間房子"，身在裏頭，說是"五七間屋子"。"我們倆在一個屋裏住"這句話，是那幾間屋子連到一塊兒，出入都是由一個門走。或說"我們倆在一間屋子住"，那是一個單間，另有屋門的。"這一溜房子有多少間"，是問這橫連着的房子有多少。

件　這陪伴衣裳的字，是專用"件"字。到了"一件事情""幾件傢伙""幾件文書"，這宗字樣要換別的字陪伴也可以。比方說"一樁事情""幾樣傢伙""幾套文書"，都使得。

隻　那"隻"字的陪伴，有"雞、鴨、鵝、牛、羊、虎、船、箱"等字；又有"鞋、靴、襪、胳臂、手、脚、眼睛"，都是原來成雙的，要指一半而說，所以纔用這個"隻"字，即如"那個鞋丟了一隻"。

枝　"枝"是樹上長得一枝"枝"字。"一枝花兒"，那是好些朵花兒在一塊兒長着。"一枝筆""一枝笛"可以說，也沒有"一管筆""一管笛"說的多。"枝子"和"枝"不同用，就是"一枝子兵""一枝子勇"可以用。

軸　"一軸畫兒"，是一張裱了的條幅，因爲底下兩頭兒露出木頭軸兒來，故此纔說，還有誥封論幾軸，也是一樣的意思。

句　這"句"字就是陪伴"話""文"這兩個字。

卷　"一卷冊子、一卷書"，還是說"一本冊子、一本書"的多。

炷　"一炷香"，是單說一枝香。若是好些炷用紙束在一塊兒，那爲"一股"，五股在一塊兒爲"一封"。

處　"處"就是"地方兒"的意思，說"買了一處房子"，是一個院牆之內的，那些間房子都在裏頭，連單間沒院牆的也可以說。

串　一串珠子，一串誦珠，一串朝珠。誦珠、朝珠也說"一掛"，單珠是"顆"字陪伴。

樁　地下埋的木橛叫"樁"，話裏說有"一樁事情"，是在多少事情裏單要提出這個來說，是特立樣子，常說還是"一件事"多。

牀　"一牀被、一牀褥子、一牀氈子"都說得。

方　這"方"字就是做"磚""石"的陪伴。

封　這"封"字是做"書""信"等字的陪伴，因為這個字本有包藏不露的理，所以說"一封書字""一封信"。

幅　"幅"和"張"不同，與"條"字近些兒，但是寬窄沒甚分別。一幅箋紙就是一張箋紙，論布可以說一幅布，論綢也有一幅一幅的說，都是兩邊織就的意思。

副　一副對字、一副環子，都是一對的意思。

桿　說一桿槍、一桿秤、一桿叉①，都是因那東西的形像纔說。若是長槍，說"一條"也使得，其餘別的却不能。

根　用這"根"字陪伴那桅杆、旗杆、棍子、杆子、燈草、木頭、頭髮、鬍子等名目，都是按着形像說的。"一根棍子"說"一條棍子"也可以。

個　這"個"字的用處最多，惟獨"幾個人""這個理""這個東西"是更常說的，別的用"個"字都是活用。

棵　這"棵"字就是專做"樹"的陪伴，沒別的用法。

顆　"一顆珠子、一顆首級"，都是按那名目形像說的。是圓的東西，都可以分一顆一顆的多。

口　"一口鍋、一口鐘、一口刀、一口缸、幾口人"都說得。雖然這"口"字是這些名目的陪伴，獨論人還有分別，總說男女的人數兒，是論口；單說婦女，也是論口；至於專論眾男人，也說多少名，也說多少個。"一口刀"原是兵器，"一把刀"也可以說。屠户用的，也是"一把刀"。"那一口鐘"的"鐘"，是廟裡掛的，鐘裡頭沒鐸，有人撞，纔有聲兒。

---

① 叉：底本作"又"。

股　"一股道"就是"一條道"，文話"一股路"也説得。

塊　"一塊洋錢、一塊墨、一塊磚、一塊匾"都可以説。這"塊"字的用處也是最廣的，比方"挐一塊銀子""買了一塊氊子"。

管　"管"是長柄的東西，中間是空的，作爲陪伴字，即如"一管筆""一管笛""一管簫"，改説"一枝"也是一樣。

綑　"一綑柴火、一綑草、一綑葱"，這些説，都是因爲有束在一塊兒的意思。

粒　"一粒米、一粒丸藥"，都是指那東西的形像而論。

領　除了"一領蓆子、一領葦箔"，别没有什麽用處。

面　這"面"字就是做鑼、鼓、旗、鏡的陪伴字。

把　是有把兒、手裡可以挐的東西，都論幾把。比方"一把茶壺、兩把刀子、一把鏟子、一把叉子、一把扇子、一把鎖頭"，這類都是。椅子説"一把"、説"一張"都使得。

包　凡是收裹①起來的，都可以用"包"字做陪伴的字，即如"一包糖""一包煙土"等類就是。

本　"一本書、一本帳"都説得。"一本書"還可以説"一卷書"，"帳"却不能説"卷"字。

匹　"馬"字的陪伴是專用"匹"字，到了"一匹驢騾"，還可以説"一頭"，若活説"一個"也可以，"駱駝"常説是"幾個"。

疋　"疋"字專做綢緞、綾羅、紗布等項的陪伴，必是兩頭兒不鈌纏可以説。

篇　"一篇文章、一篇賦、一篇論"都是成章的意思，所以用"篇"做陪伴。到了説"這書有多少篇兒"，那是論張數兒，和成章有點分别。

鋪　除了"一鋪炕"之外，没有甚麽别的。是牀，總得説"一張牀"。那"鋪店"之"鋪"，是同音不同聲的。

所　"一所房子"和"一處房子"相同，都是總論一個大門之内的。

扇　"扇"本是祛②暑招風的東西，因爲門的樣兒彷彿，故此説"扇"。那房

---

①　裹：底本作"裏"。

②　祛：底本作"趄"。祛：《漢語大字典》引《集韵》："丘於切，平魚溪。"《海篇・示部》："祛，去也。"《正字通・示部》："祛，遣也，逐也。"

子門扇不齊，還得做四五扇。

首　"首"字單是做詩纔用，彷彿限定首尾的意思。詩家做詩，看題隨做，詩首多寡不定，各首句數不同，或有四句，或有八句，最多十二句、十六句，都説一首，那首數兒不是一定必要雙數，做三五首、做幾十首都好。

擡　"擡"本是兩個人或是數人搭着一樣兒東西。出殯的可以有六十四擡。嫁粧至少的八擡，富家可以一百多擡。送禮物的"擡"，都是雙數。

擔　"擔"是一個人拏扁擔挑着東西。"他挑着一擔柴火"，是他挑扁擔，扁擔兩頭兒挑着柴火。比方僅有一綑柴火，那是用棍子挑着，扛在肩髈兒上。

刀　"刀"就是"一刀紙"這一句話，本是幾十張紙擱平，搭在一塊兒，是因用刀力可以裁得開的。

道　"一道河、一道橋、一道牆、一道口子、一道上諭"，都是"條"字的意思。京城前門外頭，那是個三道橋。

套　"一套書"，是幾本書套在一塊兒，可以是一部全書，也可以是一部書分爲幾套。"一套衣裳"，是一袍一褂，可以裡邊穿一件，外面套一件。

條　"一條線、一條繩子、一條帶子、一條鎖、一條狗、一條虹、一條理、一條街"，這都是常説的。到了"一條河"，也説"一道河"，"一條被"還説"一牀被"。

貼　除了"一貼膏藥"，沒別的話。"一貼金箔"，多説是"一張金箔"。

頂　這"頂"字就是做"轎子""帽子"的陪伴。

朶　除了"一朶花"，沒別的用處。那朶還没開花之先，俗名叫"咕朶"①。

垜　"一垜木頭、一垜磚"，説得是擺得齊整。

頭　"一頭牛、一頭騾子、一頭驢"，隨便説"一個騾子、一個驢、一個牛"也使得，惟獨羊是論"隻"不論"頭"。

堵　"堵"是做"牆"字的陪伴，用"堵"字、"道"字，都是一樣。

堆　"堆"字和"垜"字彷彿，但"垜"是整齊，"堆"是雜亂。也有説"一堆木

---

①　咕朶：骨朶。

頭、一堆磚"，也說"一堆土"等類。
頓　"一頓飯、一頓打"，是這個"頓"字做陪伴，像似因為有些兒足了的意思。
座　"一座山、一座墳、一座廟、一座塔"，都說得。
尊　"一尊礮"，也說"一位礮、一架礮"。
尾　"一尾魚"，還說"一條魚"。
位　"位"字的本義是人、是物，或坐或立，各歸其應得之所就是了。話裏頭有"三位大人、一位礮、幾位客"這樣子。
文　那"文"字除了銅錢之外，不當陪伴字樣，問其原由，是周朝鑄錢，上頭加字文的時候兒起的。"一文錢"常說是"一個大錢"，或問"這東西要幾文錢"，答的是"多少大錢"這麽說。
眼　"眼"就是說"井"，用這個"眼"字作陪伴。

言語例略第四段

　　就是剛講的這些陪伴的字，看起來每與數目自連着而用的多，再要提起名目裏的數兒，那有單的、總的不同，就是漢話分單數兒、總數兒。有好些個是有本名目不加數目字眼兒，可以當數目字用的；有重用名目的字，可以當數目用的；有用這"衆""多""多少""好些個""都""均""全""大家""諸""凡""等"這些字的。到了要說名目的數兒，有把數目字加在上頭的，有先提出名目後加數目字的。比方"聽見衆人說""來的人很多""有多少""有好些個""都是甚麽人""均屬良善""爲甚麽全來了""大家有公事""求諸位辦理""凡事有個頭緒""這些人等自然就回去了"。"來了多少人"那句話，也可以當"來了許多人"。"有人來"這句話，不能定是一個人來，是多少人來。"有兩個人來""有三個人來"，這都可以說得。三個人以上，常說得是"幾個人"。說"好些個人"，是人數較多些兒，似乎一看數不清。"那家裏那些人們，狠不和睦。"話裏不提"人"，用不着"們"字。"他來的是賣牛羊"這句話，必不是賣一隻牛、一隻羊的意思。有人說"他要賣隻牛、賣匹馬"，賣的一定是一隻牛、一匹馬。"這間房子"，是單說一間，"這房子"，是間數兒不定。"有人來了。是幾個人？四個人。那些人做什麽來？他們是拉了幾匹馬來。那幾匹馬是誰要買的？不是都要買的，買一匹也可以。我不大很要買馬。"

言語例略第五段

英國用名目,是人是物,限定三个式樣,都是隨勢改換。漢話裏既是沒有這個分別,權且分出三等,請看以下四段,就是分三等先後的榜樣。

那茶碗是誰砸得?是那小孫子砸得。
這個字是甚麼人寫得?是姓張的那個人寫得。
畜牲裏最靈的是甚麼?最靈的是狗。
那小小子兒打得是誰?他打得是那妞兒。
那樵夫在那兒做甚麼呢?他在那兒砍樹枝子呢。
他把那本書丟了。丟得是誰的書?是我的那本書。
你那本書不是送給他麼?不是送給他的,是借給的。你跟他要他的那本,補你的罷咧。他那一本和我的不一樣。
你是那一天借給他的?就是前天借給他的。
你怎麼這麼借給他呢?他在街上遇見我挐着這本書,他和我借,我不肯。
你不肯,他怎麼挐了去得呢?我説不肯,他打手裡頭硬搶了去,説後天還我。
他實在可惡,你以後不可和他穿換①。

"那賊匪燒過我老人家的房子"這一句裡,按着英話的説法,"賊匪"是頭等,"房子"是二等,"老人家"是三等。怎麼見得呢?比方要問"放火是誰","是那賊匪";"燒的是甚麼","是房子";"是誰的房子","是老人家的房子"。總之,那名目不論甚麼,是"行的"當爲頭等,"受的"就當爲二等,"歸爲的"就當爲三等。

---

① 穿换:交往。

言語例略第六叚

人分得是男女,禽獸分得是公母。凡死物東西,都不分陰陽,山、水、木、石,都算是死物。

那邊兒坐着的一個爺們、一個娘兒們,是夫婦麼?不是,是兄妹。
我買了七隻小鷄子,有兩隻公的,五隻母的。
兒馬是公的,騍馬是母的。
牨①牛話頭裡是公牛,母牛是母牛。

言語例略第七叚

那名目的實字若要分項定等,必得加字眼兒,實字像是爲主的,分項定等的字眼兒是輔助的。比方單說"好"一個字,是空說,沒有着落,"好"字之外必得³添人、添物,纔爲分項之用。比方"這是個好人""那個人好",這兩句那"好"字,是品評人的字眼兒。"這個紙白""那個紙紅",這"紅""白"兩個字,是分紙項的。"粗紙""細紙""這個紙粗""那個紙細",各等句裡頭,這"粗""細"兩個字是分等的。至於用那輔助的字眼兒,也得³分層次,看這一章就可以知道。

他明白,你更明白,你比他明白,這些人裡最明白是他,他比他們那些人明白,他比人明白,他是天底下最明白的人。那是做不來的,那更是做不來的,那再做不來的,這些法子頂做不來的是那個。京城裡頭的房脊,頂高的是皇宮。他的錢比我的錢多。我比不起他的能幹。他身量高,我的身量矮。他們倆說官話,那³一個强?姓李的强些兒。這三個人的學問,那³一個强?還是姓李的强。

言語例略第八叚

人說話裡頭,稱"自己"爲"我",我向"誰"說話,稱"誰"爲"你","你""我"

---

① 牨:底本作"犩"。"犩"是指毛色黑白相間的牛,並不區分公母,指公牛的是"牨牛"。

"偺們兩個"之外爲"旁人"，你、我提起旁人，稱爲是"他"。所稱的不止一個人，爲"我們""偺們""他們"。

　　漢話裡頭提起禽獸來，"他"字可以說得。論死物，那"他"字用不着。提起狗來着，可以說"他會看家"。問人"那桌子拏過來了麼"，人答"拏過來了"，不能說"拏他過來了"。

　　　　我去拜的那個人沒在家。
　　　　你去拜的是誰？
　　　　是從前教我說官話一位先生。
　　　　他姓甚麼？
　　　　姓張。
　　　　是在虎皮衚衕住的那張家的麼？
　　　　再說是甚麼胡同？
　　　　我說得是虎皮衚衕，是在東大街南頭兒路西裡，第四條的那個衚衕。
　　　　那倒不是張先生住得那個衚衕，他住得是城外頭。
　　　　他如今教得是誰？
　　　　他教得有倆人，都是我的親戚。
　　　　教他們甚麼功課呢？
　　　　教那個大的辨文書，小的看"四書"。
　　　　他們倆那³一個見長³？
　　　　我看那小的比大的強。
　　　　你納現在看得是甚麼書？
　　　　還是你去年送給我的那一本書。

　　說"誰"字兒，就是提人纔用得。說"甚麼"、說"那個"這倆字眼兒，提人、提東西都用得着。"叫你來得是誰""叫你來得是甚麼人""叫你來得那個人""你要甚麼來""我要那茶碗來""你在這兒做甚麼""我在這兒拾到①屋子""你愛喜②是那³一個"，說人、說物都可以。

────────────

　　① 拾到：拾掇。
　　② 愛喜：喜愛。

他在那兒辦的是甚麽事？
辦的是甚麽事,他還没告訴我説。
他實在要的是這們着。
所有犯法的總得³究辦,無論是誰犯了法,就得究辦。
無論是誰,該賞,我必得³賞。
那賊很兇,遇誰都殺。
凡有進入內地,必取執照。
那話是假的,憑誰説都不可信。
憑他保舉是誰,都得³陞賞。
他叫我辦甚麽,我必得³辦甚麽。
我不是叫你把那邊所有的書都挈過來麽？
原是,還有我沒有挈過來的麽？
立櫃裡頭的那一本還落下了。
他不是你的父親麽？
不是,是我的哥哥。
哦,他的歲數兒多大呢？
比我大二十多。
那一本書,是你的,是你借來的？
是我本人的。
哦,是你託那姓張的給你買的麽？
不是,是我本人買的。
你今兒上東花園兒逛逛罷。
不行,我今兒有差使。
交給我替你當,好不好？
費你納的心,必得我自己辦的。
你各自個兒辦,和別人辦有甚麽不一樣？
不但是我本人的責任,若是我自己個兒不辦,必招上司的挑斥。
誰告訴上司？
不用人告訴他們,他們自己就可以查出來了。
這兩匹馬那³一個好？

依我說，這一匹好，那一匹不好。

那一道河的兩岸兒，那³一邊兒好？那一邊兒有景致，這一邊兒荒些個。

這些牛都是你買的？

這三個黃的是我的，那幾個黑的是他買的。

你拏我這些東西作甚麼？

不都是你的。

那一個不是我的呢？

這一樣就不是你的。

就是了，這一個我可不要，那些個你擱下罷。

國家的百官，各人有各人的差使。

他們倆人，各人有各人的辦法。

賭錢的各自各兒下各自各的注。

那兩個主意都不好用。

那一天有兩個人給他出主意，聽誰的都可以救他的命，可惜那兩個主意他都沒肯聽。

他問我賃房子，是長住是暫住？

我說怎麼着都可以。

這個單子，你們倆不論誰抄寫都可以。

他們倆每月三次回家，每次准一個人回去。

明兒個怕有事，你們倆總得³留下一個人，不論誰都使得。

他那一天喝醉，遇見人就打。

你說得那個賊，都是腦袋上纏着紅布麼？

共總有沒有，我可不知道，我見的是個個纏着紅布的。

他們倆人，你愛喜那一個？

不論³那一個，我都不愛喜。

你們這些人進來的時候兒，個個兒都得³帶腰牌①。

---

① 腰牌：官吏繫在身邊證明身份的通行證。明清時期對官吏所佩帶的腰牌有嚴格的規定，不同級別、身份的官吏佩帶不同質地和形制的腰牌，互相之間不得混淆僭越，違者從重治罪。

你看這兩個,那³一個好呢?
那³一個都好。
這兩樣兒玉器,你要那³一個?
兩個都好。論一個,那一個都使得。
那磁器,他要買那³一個呢?
通共他都要買。
你要買的是那³一件兒?
我都不要買。
是你有理,是他有理呢?
眾人都說是我有理。
他家裡那³個病鬧得利害,除了他一個人,其餘都死了。
那件事是人都可以明白。
那件事他爲甚麽不找人打一個主意?
沒有人能替打算。
那³兒呢? 這宗事情,是人都可以打算,大家都說這個人執拗,所以他不肯聽別人的主意。
他實在可憐,人人都不管。
也不是,有幾個人管他,不多,却有幾個恨他很利害的。
啊,有幾個可以數得出來的?
你算是幾個?
我算着有五個人。
我想不止五個人,還多得很呢。
有人告訴你麽?
不錯,有某人告訴我說,有某家幾個人就很不喜歡他。
哎呀,你買的這個煤是多少斤?
共總八百斤。
怎麽買的這麽多呢?
你說的得³買好些個。
我說好些個,也不要這麽多。
你不要這麽些個,還可以轉賣給別人。

你是多少錢買得？
是四吊錢一百斤買的。
哎，買得這麼貴，是在那³一個舖子裡買的？
是平安街泰興煤舖。
他這麼貴，你為甚麼不到別處去呢？
離這兒左近沒有別的煤舖。
那³兒的話呢？我那一天上平安街，看見好幾個煤舖呢。
往遠些兒舖子是有，還是彼此通氣兒。
雖是通氣兒，還可以還價兒，不能這兒要多少，那兒也是要多少。
都是彼此相襯的意思。
看煤也不見很好，這宗煤要賣四吊錢一百斤，實在是豈有此理。
我彷彿記得去年，這宗煤還貴些兒。
別的不別的，這斤數兒太多，我可不能全買，憑你撥出幾成轉賣給別人罷咧。
你不要全數兒，實要多少？
可以留三四百斤都可以。
那煤價呢？
你可以給了。
改日子再給罷。

言語例略第九段

英國無論人、物，所有議及是為的、是做的、是受的，這宗字樣都是歸為那九項之一。漢文並沒有這個限制，較難創出個專名子來，就是那"活字"這字樣，雖不能算全是對的，權用也無不可。讓我把兩國隨用那活字，有相對有相反的地方兒勉強做個榜樣。

即如有漢人説"馬跑""鳥飛""虫扒①""魚游"這幾句話，既是這麽接連着，所説的必是"馬類都是跑的""鳥類都是飛的""虫類都是扒的""魚類都是游的"這個意思。或是偶爾聽見那旁人説"馬跑"那句話，必算他專指"有匹馬正在跑着"，還是常説"那個馬跑"的多。"他念書""我寫字"這兩句所論，可以是現在我們倆正在那兒做這兩件事，也可以是向來各人如此分課的意思。有問的"你們倆在那兒都是睡覺麽"，答的可是有"他睡我醒着""他是睡覺我醒着""他睡覺我醒着""我是醒着"，這些樣子都無不可。這裡頭用活字，是作爲的光景多，那行的、受的可以緩商，先把那英文使用活字，各有分定六個式樣説一説。比方"我愛他，你肯不肯"那"愛"字、"肯"字各當直説、直問，指明准定的意思。"他來我必見他"那是句②是否准來未定的意思。"他可以做先生"那句話，就是或指他會做先生，或指他願意，纔能彀做先生。"叫人"用"來"一個字，那是令人的。就有"走罷""跑去"，是令人走，令人快走的。"他愛看書"那句話裡頭有"愛"字、"看"字，都是活字。其中那"愛"字，既屬"他"字所主，就是按英文定例，歸爲直説的式樣；那"看"字不屬專主，尚算凡論的限制。"看書好""看書是個好事"，這些"看"字，是無論看書的是誰，與"他看書"是專指某人是看書的，兩個説法不同，一見就可以了然。英文的活字，上頭五個變換略説明白了，剩有一個是較比難些兒。"試論當時那姓張的，他那些孩子們，他最疼愛的那個病了""那漢帝最寵的那臣子謀叛""那炸砲炸開的時候兒，那些兵站着的打傷了，躺着的都躲避了""我骨頭那麽真是個疼，躺着、站着、坐着都是不安""國勢大亂，就彷彿牆要躺下了"，這些句裡頭，那"疼愛的""寵的""站着""躺着""坐着""要躺下"各等字樣，繙做英話，都算是歸活字第六個式樣的裡頭，細查那"的"字、"着"字實用，像似活字所議，是作是爲的，專一指的就是那正義。再加那"的"字、"着"字，那都是陪出旁義，是爲補足專指其事，或可正在現有，或可正在已有，或可正在將有，各等形勢。事情是作的、是爲的，所有時候不同，總不過分三等。是已經的，就是過去的；是未有的，就是將來的；是目下的，就是現在的。這是三個大綱，還有細目得³分的。"我昨天上衙門""今天看書""明

---

① 扒：爬。《漢語大字典》引宋曾鞏《離齊州後》："畫船終日扒沙行，已去齊州一月程。"《三國演義》第九十回："洞内孟獲宗黨，皆棄宮闕，扒山越嶺而走。"《儒林外史》第十一回："只見一個稀醉的醉漢闖將進來，進門就跌了一交，扒起來，摸一摸頭，向内裏直跑。"

② 句：底本作"包"。

天再歇歇"這三句，就是分時候三等的大概。

　　至於那細目，就是"你辦過那個文書沒有？""我正在辦着。""你買過那本書沒有？""買過了。""他早起來的時候兒，我正在喫飯，到晚上回來，我已經出門去了。""你多偺可以過來麽？""我明兒晌午來，好不好？""不行，你是晌午來，我正要上衙門去。""你倒放心罷，改日彼此相見。你那一件事，必是我給你先都辦妥了。""我是寫信給京城裡，叫他們把我那些書都從船上寄了來。""我這半天，也都是寫信來着。""到後天，我看那個書已經三個月了，到今天晚上，第八本就看完了。""你總³得用心罷。""用心我是用心，我不是不用心。""買馬的那時候兒，你爲甚麼不找個好的呢？""找是找過了，總沒找着。"

言語例略第十叚

　　你在樓上坐着①看甚麼呢？
　　我坐着看那個人。
　　看他在那兒作甚麼呢？
　　我看他是打甚麼呢。
　　那個人你認得不認得？
　　我從前沒見過。
　　你在這兒坐着，看了有多大工夫兒呢？
　　不很大的工夫兒。
　　恐怕你看錯，沒人打甚麼。
　　沒錯，到這時候我還看着呢。
　　我還怕是錯了，沒有這個人。
　　那兒沒這個人？頭裡說的時候兒，看是看，現在還是看。
　　我沒問你的時候兒，你看見過沒有呢？
　　早我就看見了。
　　你剛纔說在這兒坐的工夫不大。
　　我那時候兒說的是實話。

---

① 着：底本作"看"。

我出去看一看①,你看的那個人是有沒有?
很好,你到那兒就知道有沒有。
你等我回來,行不行?
你快回來,我還在這兒坐着。
你沒有甚麼事辦麼?
事還有,到不了你回來,我就准辦結了。
到那兒了果②有這個人,回來我認錯。
等你看明了,至不濟我先有三天的笑話不完。
怎麼先有三天的笑話呢?
我説至不濟你得³等三天繩得問明。
我就去看,怎麼會耽誤三天。
你立刻去看,還趕不上呢。
那兒你還看着那個人,我怎麼趕不上呢?
叫我説,他還在那兒,那就是撒謊。
你這半天沒有正是看着的話麼?
當時正看着,未必此時還能趕上。
你説他走了,是不是?
我若是説他走了,你還能駁我麼?
駁與不駁沒要緊,那時候兒你看見他動身,也可以告訴我。
那時候兒你上樓,自己可以看見了。
那時候兒你不許我上樓,這時候兒你許我上樓麼?
隨你,愛上樓,愛找那個人去,都使得。
找他幹甚麼?
大概追他半天,也看不見。
嗳,別有氣。
我不是有氣,就是不信你的話。
嗳,你別這麼着,從前就打量着是誑你,如今是真的。

---

① 看:底本作"着"。
② 果:果然。

你誑了是這麼半天了。

就打量着這麼半天是誑你，與你何妨？總而言之，你想我這會兒追趕得上麼？

我頭裡叫你去的時候兒你就走，還容易趕得上。

就是那會兒走，也未必准能按着他的道兒去。

你真矯情，可以不叫你去罷。

你叫我去罷。

這個人你不認得，不能找。

我回去了。

我如今上來了，你先指給我他往那們去了。

指給不指給不要緊，還得³等三天，他可以回來。

他這三天上那兒去？

他上墳地裡監工去。

你說不認得，怎麼知道是修墳地去？

頭裡我不認得，後來我看出來是王立。

王立在這兒打人做甚麼？

我沒提他是打人。

他還是打馬來着麼？

不是打馬，是打騾子。

他騎着騾子，我那³兒趕得上呢？

他不是騎着，是拉着。

你滿嘴裡的話，都是誑哄我，我不再問了。

咳，這是那³兒的話，你各自各兒起疑，不再問也好啊。

上頭剛看的那個問答章，原意是作出英話，用這活字的榜樣，就是因為那都是行的多、受的少，現在打算再添幾句，補足了那受的格局。

"父母都是養兒子"那句話所提，是"父母"行的，"兒子"為"父母"所養，這一句是"兒子"受的。

"你打我"那字眼兒，是分定那"打"是"你"行的，"我"被"你"打，是那"打"為"我"所受的。

就是那受甚麼的理，漢話論的不止一樣的字眼兒。比方那人實在可憐，從前在王大人那兒做門上,是被人的寃屈,說他私受銀錢,因爲這個挨打很利害,就把他辭了。他回鄉去,道兒上又碰見賊,把他擄到山中,不但甚麼都搶乾净了,還受了傷很重。不是有車從那兒過,有人把他扶起來,他一定要死了。等他回到本村,就知道他那住的地方新近都是被賊擾亂,他父親的房子也燒了,所有的產業也都毀壞了。他女人原是財主家裡的姑娘,賊鬧的時候兒,是叫兒子扔下跑了。那人找到他丈人家,求他們給他打算些兒。他們雖然是有錢,回答說:"我們近來的買賣很不好,甚麼都喫虧,萬難相幫。"你想他初次叫人寃枉,挨罵挨打,後來是賊搶受傷,並且家裡一無所有,他一身受了這些苦處,還叫他女人家裡見笑,像人受這樣兒苦難,向來還有的麼?

言語例略第十一段

那一個人,今兒個可以來不可以來?
怕今兒不能來,明兒個可以來。
他昨兒個爲甚麼不來呢?
他昨兒個是來了,來得晚,你來得早。
他爲甚麼來得晚?
我在衙門裡先散的,他後散的,常是這麼着。
他來的是我出門的時候兒,沒出門的時候兒?
你納先走了,他後來的。
你告訴他,明兒個散衙門趕着來。
恐怕不行。他明兒個來了,我纔可以見他,不能先見着。
那[3]兒呢?你立刻到衙門裡不能見麼?
一定趕不上,我到衙門裡,他必先走了。
他如今住的是那兒?
住的是我從前住的那個衚衕。
你說的從前,是甚麼時候兒?
是你納初次進京的時候兒。那是早已了。
不錯,那就是前十年了,是不是?
原是。也快十年了。

初次進京不是隨王大人一塊兒麼？
不是，那是第三次了。
你納通共進過幾次京？
共總五次。初次是隨着先父。
令尊是多喒進京？
是那道光二十三年的時候兒。
多喒回去的？
三四個月的工夫兒就回去了。
二次是怎麼來的？
是過了二年，先父打發我有事進京來。
我都記得，那次你納進京，住得日子也不多。
我在京幾天，家裡有個急信來。
啊？不是令尊病重啊？
不是，是舍弟受傷，説是要死。
令弟還在罷？
不錯，他的傷痕慢慢的好了。
我彷彿記得那時候兒，是令尊病着來着。
是真的，我在道兒上的時候兒，聽見説病了，到了家幾天，就不在了。
是，所以後來你納許久没進京。
自然的，丁憂①不能出門的。滿服②後就是跟王大人來的那一次。
王大人如今還在京麼？
現在出差了，過些日子就回來了。
聽見説你納慢慢兒的也有出京的意思？
不錯，可以快走了。這兒差使的期滿了，就可以回去。
他是那[3]兒來的人？
他是通州來的。
離京是通州遠，是張家灣遠？

---

① 丁憂：官員因父母去世而離職守喪。
② 滿服：服喪期滿。

由齊化門論,到通州近一點兒。
你到過那兒沒有?
你問得是那兒?
我說得是通州。
沒到過通州,到過張家灣一次。
到張家灣怎麼沒到通州呢?
打天津坐船,就到了張家灣。
啊,這麼看起來,你不是京城的人麼?
我不是京城的人。
那麼你貴處是那塊兒呢?
我是江蘇人。
還是江蘇那一府呢?
本籍是蘇州。
蘇城東門裡頭那宋家,你認得不認得?
怕是東門外罷。
內外我不狠記得,是從前作過御史的,原是我到過他家好些盪①,他回了藉。
不是前年麼?
我記不很清楚,他前前後後時常得來往,他在道兒上受了多少的罪。
那是那³一次呢?
哎,就是前年的事情。我一個親戚同他一塊兒走來着。
不是在大名府那個地方兒,遇見賊了麼?
不是賊,是鄉勇②變了。
是叫他們追上了,是遇見了?
都不是,他風聞得大道兒上有事,他走岔道兒斜着往南去。
那麼着,那兒不可以躲避呢?

---

① 盪:趟。
② 鄉勇:清朝用兵時臨時招募的輔助軍隊。源於清代前期的鄉兵。(李穆文編著《完善周密的軍制軍法》,西北大學出版社,2006年,120頁)

不但没躲避，反倒走到他們跟前兒去了。

是坐着車，是騎着牲口？

是坐車到某處兒。

前後都是勇，是那進退兩頭兒難，聽見說勇還放槍？

没放槍。

那麽是受得甚麽傷呢？

傷的是這麽着，我的親戚和宋都老爺坐着一輛車，我的親戚在左邊，宋都老爺在右邊，勇從左邊擁來了，要搶車，把車擠得橫轅下，倆人都弔①下來了，我的親戚在上頭，宋都老爺在底下，摔得傷很重。

哎呀，到這個地步兒，勇怎麽不要他們的命？

唉，他們脫身是個徼倖的事。

是來了甚麽救星呢？

是這麽着，勇正把車裡的箱子拉出來的時候兒，他們的那些跟人②騎着牲口趕了來了，勇聽見馬跑的聲兒，不知道是甚麽，都四下裡驚散了。

你到過那關帝廟是多少回？

到過門口兒三回，往裡頭就是一次。

頭一次進去，第二次爲甚麽不進去？

我頭一次進去，是先給了廟裡點兒香錢。

第二次呢？是他們不肯要錢麽？

他們要是要，我說上回給是因爲初次來纔給，這一回不給了。

既是這麽，第二次不教你進去，怎麽第三次又去呢？

有人説，第二次是彼此沒説明白，不如再試一試。

就是那第三次，和尚怎麽樣呢？

他更不愛商量，直說斷不能進去。

爲甚麽原故呢？

他説，一來是官廟，二來當家的没在家，三來那一天你納没給香資③。

---

① 弔：落。《漢語大字典》引明湯顯祖《牡丹亭·旅寄》："彩頭兒恰遇著弔水之人。"《古今小説·閒雲菴阮三償冤債》："女兒撲簌簌弔下淚來。"

② 跟人：仆人。

③ 香資：香火錢。

就是了,他既有這個話,你還没提給他錢麽?
我倒提了,他説"比初次多到三倍,我也不能應許進去"。
這個很好,那個不好得很。
他寫得字不大很好,他兄弟寫得十分好。
他十分讚美你。
你納那天請他喫飯,他很覺體面。
京北那件事鬧出來,皇上氣極了。
你爲一件不要緊的事過於生氣,説話太傷雅了。
那人過於糊塗,甚麽話都不懂。
那件衣裳可以多嗻拏了來?
昨兒晚上差不多兒得了,料估①着這時候准得了。
那房子上月差不多就得了,如今纔全完了。
我好些天總没看書,《通鑑》是差不多忘了,那《漢書》所全忘了。
今兒遇見的那倆人,姓張的,差不多我不認得了,那姓李的,所不認得了。
頭裡那山上樹木很密,如今差不多没有了,是百姓太不照應。
那些人都好,最好的是姓李的。
那些人他都不願意要,頂不願意要的是姓劉的。
那些人他都責罰得利害,偏重的是姓王的。
他今兒來,着重的是帶他兒子見我。
你昨兒個不是這麽説麽?
是這麽説的。
你昨兒個説的不是這麽着。
我説的原是這麽着。
這個不是好法子麽?
不好。
怎麽呢?不是你納的法子麽?
總不是。
這兩個法子,你説那[3]一個好?

————
① 料估:估料。

這一個還可以商量,那一個萬不可行。
那兩個人你找着了沒有?
找了姓李的,没在家;姓張的,並没有這麼一個人。
風颳得可怕,今兒晚上星宿很亮,可喜,那個雪下得過逾深。
那茶葉實在是壞的。
也不是全壞,還有幾分可用。
那位先生教得不好。
他唱得很好聽。
我身子些微有點兒乏。
那小孩子在那³兒呢?
左右①是在家裡。
總不過是在家。
他辦過這件事,是甚麼時候兒,甚麼地方兒,甚麼緣故,甚麼法子辦的,我都知道。
他一聽見那件事,立刻就走了。
他早已有病,至今没好。
他早已的病,如今好了。
他這一次來的日子不多。
他這些天裡頭,來過一盪。
他剛出門去,瓦面就叫風全脱了。
早起天晴,忽然雲彩鋪滿了。
我早起起來,常幌②是天一亮的時候兒。
那箱子我帶不了來,是一時收拾不及。
那客人們動身晚了,趕不出城來。
他每月受五兩銀子的工錢。
他差一點兒壞了官。
那底下人,他差一點兒散了工。

---

① 左右:反正。
② 常幌:有時,偶爾。也作"常晃""晃常"。

我天天兒出去逛一逛。
我們到他那塊兒瞧瞧,他總是很喜歡。
他和賊對敵,打了個敗仗。
他辦那件事,費了很大的力,沒成效。
那個地方兒,頭裡居民很衆,如今很蕭條。
道兒雖遠,我可以快走,不大工夫就到了。

言語例略第十二叚

牆頭兒上露出一個人來。他倚靠着牆。
那羣人我那時都見過,姓張的不在那裡頭。
他們倆交情日子深。我瞧他去,他没在家,我留下話,日落之前我再來。
他們把一根木頭橫在道兒上,絆了我一個觔斗。
他道兒上遇見了很利害的一個險。
房子背後有園子没有?
山上有個廟,山背後洞裡有房子。
我們是從東華門外頭過去。你是進園子裡頭去麼?
我們從裡頭打過個穿兒。
昨兒個一天都是熱。
偺們那天論的那個事,從分手後還没聽見甚麽消息。
那上水的小船兒,都是頂水拉着。
把那馬從馬圈裡拉了來,騙上跑了。
我昨兒個圍着皇城走了一遭。
先是看他往那邊去,後來轉過臉,見往我這邊來了。
那個人跑過這塊①莊稼地,從小道兒奔大道跑了。
張老爺他如今往漢口去了。
是由水路走,是由旱路走?
他是搭輪船從大江去。

---

①　塊:底本作"瑰"。

得多少天纔到？

七天。

我估摸輪船從上海到漢口，不是四天就到麼？

四天就到也可以，此次是因爲沿江各口又上貨又下貨，所以不能那麼快。

言語例略第十三段

雖然下很大的雨，他也到過衙門。

今年冬天也不大冷，也不大潮。

那天那個熱鬧，不但小童出來看，連小妞兒也看。

他寫的字不論粗細，他想人都可以看得出來。

不管你去不去，我一定去。

連他帶我，都是受傷。

我想等你試一回，不怕你不喜歡。

憑你去辦，兩個法子都好。

你快說，或東或西，是怎麼樣？

這個事不是竟空喜歡，還有實在好處。

言語例略第十四段

那心裡驚訝，嘴裡說出來的話，就是有歎美的，有喜歡的，有憐恤的，有憎惡的，有想不到而驚的，有情願的，各等神氣不同。

咳，你學話不彀三個月，說的可以那麼順當麼？

哎呀，你受了這些年的辛苦，還不知道憐恤別人麼？

可惡，那個人不但白耽悞工夫，還鬧了許多的錯兒。

可惜了兒，他的官都快陞了，因爲不要緊的事把他革了。

啊，你們外國的機器真是巧妙得很。

你那天作的那首詩，是玉老爺瞧過，就讚"妙"，不止一次，連呼"妙妙"。

奇怪，他放着好的不要，偏要那個壞的，有這個道理麼？

情願那張老爺的傷快好了，就可以來救援。

我聽見說他好了。

他好了。好極！

又問他後天可以來。

後天麼？巴不得。

來！

喳！

拏水來。

老爺要的是涼水，是開水？

要涼水洗澡，要溫水洗臉。

臉盆裡有溫水，那澡盆是漏的，怕不能倒水。

快叫人收拾罷。我那衣裳，你抽打①了沒有？

衣裳是早已抽打了，靴子也刷了。

怎麼呢？那手巾、那胰子還擱在那³裡？

那胰子在屉板兒上，手巾在架子掛着。

言語例略第十五叚

唉，慢慢的，這些字眼兒都是甚麼意思？

那"亂"字本是不整齊的意思，東西沒布置是"雜亂"，辦事也有"雜亂無章"之説。那賊匪鬧得利害是"反亂"。年歲不收成，百姓沒有吃穿，各處兒搶奪，那就是"荒亂"。家裡沒規矩是"混亂"。"世界混亂"，是説普天下大亂之極。那"擾亂地方"，是匪類把某處百姓不是殺就是燒。"治亂無常"這一句，是天下有時太平，有時大亂，都不能定的意思。

領教。就是這些句裡頭，最常用的是那個字眼兒？

隨常用的怕是"雜亂"罷，隨便甚麼都可以説。

老爺，先生來了。

請。拏茶來啊。先生請坐。

請坐。

---

① 抽打：用揮子、毛巾等敲打衣物，以去掉塵土。

昨天看那話條子,有幾處不懂得。
還有甚麼難處呢,您納說一說。
這一個字我找不着。
那是個俗字,字典上沒有的。
就是這個呢?
那是"亂"字。
還是歸那³個部首?
部首本是"乙",您納找的是那³個部首?
我找的是"爪"部。
那是錯了。那"亂"字的意思,您納明白不明白?
我彷彿記得見過一次,也不定,常說的是連那³個字說,先生請告訴我。
那字眼多了,有"雜亂",有"反亂",有"荒亂",有"混亂",有"擾亂",有"治亂"。
老爺,點油燈,點蠟燭?
我帶來的有一盞油燈,還有幾包蠟。
老爺,今兒點那³個呢?
今兒快黑了,先點蠟,明兒看再買油。
如今天快冷了,老爺屋裡地下鋪氈子不鋪?
氈子是要鋪的。
那燒火的煤炭呢?
那炭是廚子管,那煤是老爺們合夥兒買。
後頭那窗戶透風得利害,沒有攔住的好法子。
此地那窗戶冬天都是挐紙糊上。
啊,是這麼着,就是明天可以把那後頭的糊上,前頭不用糊。
我屋裡的那些傢伙,在那兒去買?
老爺屋裡這些還不彀用的麼?
這個不是我的,都是借的。
就是那桌子、椅子,我可以給老爺在舖子裡買去。
還要書架子裝書。
那書架子沒現成的,得叫木匠做。那臉盆架、牀,老爺要不要?

臉盆架要買,牀有我帶來的。
老爺的床在那³兒?
那床是鐵的,在那長木箱子裏裝着。
我去找木匠來把他打開。
還有,我的衣裳臟了,得³洗。
我已經告訴洗衣裳的了,可以快來。
老爺的行李來了。
啊,狠好。那箱子你數過了沒有?
數了,大小通共二十四件。
那裡有那麼些?怕不是都是我的。
老爺的箱子幾隻,記得不記得?
有三隻皮箱、一隻木箱,還有鋪盖,還有零碎包兒兩件,共總七樣兒。
請老爺出去看看,那³個是老爺的。
就是了,那車錢呢?還得³給多少?
向來天津來的,那大車都是五塊錢,小車是三塊錢。
等一會兒,我同那些老爺們算清了給他。

亞細亞言語集之七　大尾

明治十二年三月五日版權免許
同　十三年八月　　出　　版　　　定價四拾錢
同　廿五年五月九日印刷再刻出版

編輯者　東京市四谷區左門町二十四番地　　廣部精
發行者　東京市小石川區大門町二十五番地　　青山清吉
關西大賣捌所　大阪南區心齋橋南一丁目　　松村九兵衞
關西大賣捌所　東京市京橋區南傳馬町一丁目　吉川半七
同　　　　　　同　　日本橋區通三丁目　　林平次郎

六字話

那書舖篠山來，他說要見大人。
你讓他進來罷。
老爺讓你進來。
今兒天氣不好。
是，下得雪不少。
你有洋書沒有？
要甚麼洋書呢？
我是要英國書。
英國書都沒有。
這個書好不好？
這是甚麼書呢？
一本是滿洲書，一本是印度書。
都是用不着的。
你有法國書麼？
此刻沒帶了來，我就去拿過來。
法國的行軍書，中您的意了麼？
這書價多少錢？
不過三塊來錢。
噯呀，這麼貴麼？
老爺看值多少？
我陪不出許多。
那位是令郎麼？

不錯，是我兒子。
少爺有學名麼？
他叫做東太郎。
貴甲子甚麼年？
他快十三歲了。
母親往那兒去？
我還不知道呢。
怎麼不知道呢？
剛從學房回來。
來這兒做甚麼？
他哥哥打我了，所以我到這兒。
你們不要撒撥。
你定不要偷懶。
這書你念過麼？
我還没有念過。
你朋友來不來？
我朋友都不來。
你瞧朋友去麼？
近來没去瞧他。
東太兄快來了。
阿，我朋友來了。
他愛下象棊麼？
我要和你下棊。
下一盤棊解悶。
我要和他化拳①。
你來和我猜三②。

―――――――――

① 化拳：划拳。
② 猜三：划拳。也說"猜三划五""猜三喝五"。

打雙六①頑兒罷。
我和你踢毬兒。
掀簾子看一看。
唉,孩子們很多,
那個院子裏頭,站著是甚麼人?
我猜是柴大兄。
李八,李八,來來。(李八是底下人的名。)②
喳,叫我做甚麼?
那兒柴爺來了,你快去讓他來。
柴兄請坐請坐。
令尊近來好阿?
家父托您的福。
那旁岔兒的話,全都筭結了麼?
那還没筭結呢。
怎麼没筭結呢?
噯,原是那話裏,有很難的事情。
你説給我聽聽。
唉,説起來話長。現有緊要的事,不得詳細説了,明兒可以細説。
那都隨您的便。
他是書舖的麼?
是,書舖的篠山。
先生買甚麼書?
我要買這個書。
那不是洋書麼?
不錯,是法國書。
這部書多少錢?
三塊錢。貴不貴?

---

① 打雙六:一種棋類游戲。又説"打雙陸"。
② 括弧内文字是對上文"李八"的説明,原爲小字,這裏爲了清晰添加括弧。

我看著多點兒。
依你看多少錢？
兩塊半還可以。
掌櫃的，肯不肯？
老爺常照顧我，就給兩塊半罷。
這票子是兩塊，再搭上這半塊，就是兩塊半錢，你可以查收罷。
那麼著，多謝呀。
請問兩位老爺，這兩塊的票子，我看有點毛病。
有甚麼毛病呢？
柴大哥看一看。
一點毛病沒有。
你再留心看罷。
沒有別的不好。
是這票子邊兒，有一點兒破了。所以我求老爺，換給一張好的。
換給你也可以。
這是一塊洋錢。
你想好不好麼？
這是個好元寶。
多謝，改天再來。
同你一塊兒去罷。
柴兄請留步罷。
好說，我也告假。

歐洲奇話

第一條

我有個笑話說給你聽。當日，有一條狗叼著一塊肉過河，瞧見河裡的影兒。他想錯了，當是真的，去搶那塊肉，可就把嘴裡的肉鬆了。可見不但沒得著那個，倒先把這個丟了，這是勸人不要貪心的意思。

第二條

有個狼，嗓子叫骨頭噎住了，他想法子，要求鳥兒給他叼出來。各鳥兒因為狼是最愛撲生的，都不肯向前。狼急了，就起一個誓，還說："你們若肯給我出力，我後來一定有個重報。"傍邊兒有個鶴聽他這麼說，寔在不忍的，就給他叼出來了。這鶴叼完了，和狼要馬錢。那狼說："我沒害你，那還不是重報嗎？"這是勸人不要給不好人出死力的意思。

第三條

有個鷹叼著個小甲魚正飛着，可巧有佮莊家漢在地下站著瞧見了。這個和那個說："你看這個鷹叼著甲魚，他若是鬆了嘴掉下來，偺們撿回家喫去。"那鷹聽說，心裡一有氣，就說是："你這懶蛤蟆，也想天鵝①肉喫。"沒想到嘴一鬆，把甲魚掉了地下，可就真叫那佮莊家漢撿去了。這是勸人不要生閒氣的意思。

---

① 鵝：底本作"蛾"。

第四條

　　有個老鴰在樹枝兒上叼著塊奶餅子,起①那麼來了個狐狸瞧見了,他想法子要騙老鴰,就説:"老鴰哥哥,我看你身上長的実②在好看,又威武,又溫柔,而且你一身的翎兒,活脱兒像星星那麼亮,想必你的聲兒更好聽了。"老鴰聽説,心裡一喜歡③,也很願意叫一聲給他聽,一連嘎嘎的叫了幾聲,可就把嘴裡的奶餅子鬆了,叫那狐狸叼了去了。這是勸人別愛聽甜言蜜語,他嘴裡雖是甜哥哥蜜姐姐,心裡總想佔便宜的。

第五條

　　有個莊家漢起屯裡進城,買了個山羊帶囘家去。可巧有三光棍瞧見了,約會著要訛他這隻羊,估摸著他必打一樹林子裡打穿兒④,這三人預先商量下,就在林子裡隔不遠站著一個人。等著他那莊家漢到了,頭一個的就説:"這莊家漢怎麼背著狗?"他心裡想著,這人必是眼離了明,是羊可説是狗。又走到第二個那裡,聽他説:"是這老頭兒糊塗了,為甚麼把狗背在身上?"這莊家漢心裡疑惑,把羊起脊梁上拿下,細看,還是羊。他又走,及至到了第三那塊,還是那麼説,他就想著是自己瞧錯,把狗當做羊了,可就把羊扔了,叫那三光⑤棍訛去了。這話雖是没要緊的小説兒,這事是天天有的。

第六條

　　蜜蜂和羊較比誰於人的益處多。兩個各自誇各自,議論不定,去求人給評論。這人説:"自然是羊的益處多。"蜜蜂不服,問:"你怎麼見得?"這人説:"蜜

---

① 起:從,自,表示起點。
② 実:實。
③ 歡:底本作"勸"。
④ 打穿兒:穿過。
⑤ 此處底本無"光"字,據文義補。

是最甜的，自然頂好喫，但是没有也可以。到了羊，是人人離不開的，打頭没羊毛就不行，而且人取羊毛，那羊是順情順理的叫人取。若是取蜜，那蜂就要拿鈎子螫人。"可見人若是有好處給人，總得像羊那樣才好。

第七條

有個獅子在樹林子裡躺著，可巧來了個耗子，把獅子攪醒了，獅子要喫他。那耗子就央求著説："你若不喫我，後來一定有重報。"那獅子説："你這麽小的個東西，怎麽能毂重報我？"耗子説："那可是没準兒的事情。"那獅子雖不信，也就放了他。有一天，獅子掉在陷坑裡，坑上浄大繩子攔著，出不來。可巧那耗子來看見了，因爲很感激獅子，就約著衆耗子相幫，齦①那繩子，齦斷了，那獅子才出來了。可見別看東西小不中用，只要你待他有好處，將來一定要得他的便宜。

第八條

有俩至好的朋友一塊兒出門，半道兒上遇見個人熊，照②他們俩撲來了。這一個扒③上樹藏著，還剩那一個心裡很著急，忽然想起個法子，他聽説，人熊是不喫死口的。他就躺在地下粧死兒。人熊過來，在他腿上、身上都聞聞，末末了兒還在他臉上、耳朵上聞聞才走了。那在樹上的，看見人熊走了，才下來，笑著問那一個説："剛才人熊和你耳朵裡説甚麽？"那一個説："人熊説的話很多，頂要緊的他説是以後你交朋友，到險處，他不站乾岸④兒，就是好朋友。"

第九條

有個人想要發財，故此到外國去走走。有天走到海邊兒，一個國叫做荷蘭國，他就進了荷蘭的京城去逛去了，可巧逛到國王的宫殿那裡，看見那房子又

---

① 齦：咬啃。後作"啃"。
② 照：朝，向。
③ 扒：爬，伏地行。後作"爬"。
④ 站乾岸：袖手旁觀，怕受牽連、招麻煩。

好，玻璃又亮，門口兒好些護衛，他就問旁邊兒人："這是誰的房子？"那人不懂他的口音，就說："不懂得。"他也是不懂荷蘭的話，想著這是姓"卜"名"懂得"的房子。他又出城到海邊兒的口子上，看見好些火輪船、夾板船，有上貨的，有卸貨的，也有用大車和小車子拉的，也有用担子挑的，貨物多得很。他又問人："這貨是誰的？"那人也說："不懂得。"他想著，這卜老爺這麼濶，以後我要發財，也像他才好，就又進城住店去。道兒上遇見出殯的，執事①又新，跟人又多，棺材又好，他又問人："這是誰的殯？"那人還是說："不懂得。"他心裡想著，這位卜老爺，這麼財主，可惜了兒會死了。囘店心裡很憂慮。起憂慮裡醒悟了，從此以後他安分守己，再不想發財了。

第十條

有爺兒倆出門逛去，道兒上瞧見一塊舊馬掌。他父親叫他兒子撿，他兒子說："爲這個還值得哈腰兒嗎？"他父親也沒言語，就撿起來了。走到一個鄉村兒，因為沒帶著錢，就把舊馬掌賣了，買了點李子喫。那孩子瞧見了，狠願意喫，就只不敢要。他父親也總沒給他。走不遠兒，故意兒的掉一個，那孩子撿起來喫了。故意兒又掉一個，那孩子又撿起來喫了。一直掉了好幾十囘，那孩子一直撿了好幾十囘。他父親說："你說為那麼點兒馬掌不值得哈腰，你若是肯哈那麼一囘的腰，以後也省得哈這麼好幾十囘的腰了。"

第十一條

有爺兒倆上街閒遛踏②，這孩子說："爸爸呀，我看見一個狗，比您的馬棚裡頂大的馬還猛些兒。"他父親沒理他，走不遠，他父親說："一會兒偺們得過一個橋，這橋有個顯應，若是撒誑的，起那兒過一定要摔折腿。"他兒子聽說很害怕，就問他父親："偺們得多會兒才能過這橋呢？"他父親說："再二刻的工夫就到了。"就又走，果然瞧見一個橋，他兒子又說："爸爸呀，我才說狗比馬大，是我

---

① 執事：儀仗。
② 遛踏：溜達。

瞧錯了，不過有羊那麼大。"他父親還不理他。一會兒到橋邊了，他又説："爸爸呀，我才細細的一想，那狗不過比平常的狗略大一點兒。"

第十二條

有個鄉下爺兒倆，起別處囘家，道兒上僱脚驢子，倆人才僱了一個。他父親想著，他兒子年紀小，腿脚軟，就叫他騎著，自己跟著走。到了個熱鬧地方，聽見人都説："這孩子可真不孝，他騎驢，可叫他老子跟著走。"他老子聽見這話，就叫他兒子下來走，他自各兒騎上。到別處，又聽見人説："這老頭兒可不疼他兒子，怎麼自各兒騎驢，叫那孩子跟著走呢？"他又聽見了説，就也叫他兒子一塊兒騎上走。又聽人説："這爺兒倆，可是要把驢給壓死。"他聽見説，心裡很著急，就同他兒子都下來，跟著驢後頭步攆兒①。又聽見人都笑著説："這爺兒倆，放著驢不騎，可跟著步攆兒。"可見世上是最愛評論人的，聽不得人的七言八語，只要自己行的合理就是了。

第十三條

有個西邊囘囘國②的客人，出外做買賣賺了錢，囘家的時候兒帶著八十匹駱駝往囘來，走到了個河邊兒，把駱駝放在河沿，他躺在地下歇著。起那麼來了個囘囘師父，看見他就和他説："施主呀，我看你做買賣賺錢也不能很多，有一個山，那裡頭金銀財宝多得很，別人進不去，就是我可以進去，我想同你一塊兒帶著駱駝進去，載滿了出來，豈不是發財了麼？就只得分給我四十駱駝。"那客答應了。倆人就帶著駱駝一塊兒走。走了三天，到了山邊兒了，那師父念個咒語，山就開了，及至進去，又關上了。看見金銀財宝都是堆著磊③著的，他們

---

① 步攆兒：步行。

② 囘囘國：西域國名，即花剌子模國。因居民信仰伊斯蘭教，元朝稱其教爲"囘囘教"，稱其國爲"囘囘國"。

③ 磊：壘。

倆把八十駱駝都裝滿了。臨出來的時候，看見那師父在個戛刺子①裡拿出個小匣子打開看，看完又蓋上，揣在懷裡，倆人同駱駝往外走。他又念個咒語，山又開了，趕到都出來，又関上了。走到個十字路口，每人帶著四十駱駝要分手，那師父還說些願意他享受的好話才走了。這客人想著，那四十駱駝是我的，為甚麼都給他呢？走不遠就把那師父叫住說："師父呀，不是我起貪心，我深知駱駝是不好掇弄②的牲口，這四十匹我怕你照應不來，再給我十個，你帶著三十，還好照管些兒。"那師父說："你這話也是。"就給他十個，帶那三十走。走不遠，客人又叫住說："那三十，我想你還照應不來，再給我十個罷。"那師父又給了。才走不遠，又叫住，又和他要了十個。才要走，又和他要了五個。才要走，又和他要了四個。那師父都給了，還剩一個。那客人說："不是我沒穀，我想你是出家人，用不著這些金銀財寶，索性把那個駱駝也給我罷。"那師父也給了。就又走，走不遠，他想著那師父還有個小匣子，就又叫住，和師父和他說了些感激的話，又問："那小匣子裡是甚麼？"那師父就告訴他說："這匣子裡是膏藥，這膏藥有個顯應，要用這藥抹在左眼，地下的金銀財宝都看得見；若抹在右眼，就倆眼都瞎了。"客人就求他給往左眼上抹。果然抹上，就把地下的金銀財寶都看見了。客人心裡又想著，若抹在右眼上，那些金銀財寶一定就都得著了。他說會瞎眼，準是攛③我，就又很很的央求他，把藥給抹在右眼上，那師父怕他瞎，一定不肯。客人說："你若不肯，我就要殺你。"那師父沒法子，就給他抹上。剛抹上，就倆眼全瞎了。那師父把駱駝都拉著走了。那客人嘴裡還咒罵著到了個橋上，又凍又餓，落了個和④過往的人們討飯喫。後來也就那麼窩作死了。（以下十二條及其翻譯等出於下一編。④）

第十四條

有個宮殿在海邊兒上，那海有個水旋兒，是極險的。有天國王帶著好些世

---

① 戛刺子：旮旯子。
② 掇弄：收拾，拾掇。
③ 攛：篡。
④ 這句話原文爲日文，陳曉翻譯。

襲的官員、宮女和侍衛人們上那兒躭①去，跕在樓的欄杆邊兒上看那水旋兒，就和眾人說："我有個金盅子，扔在水旋裡，誰敢去撈出來，就把這盅子給他。"說著把盅子扔去了。那些官們都私下議論說："他就是給我國王做，我也不敢撈去。"國王見他們都不敢去，就又問："還是沒人敢去？"第三回國王又說："難道這些人都沒一個有膽子敢去的嗎？"剛說著，起侍衛裡出來一個年輕的，解了帶子，脫了袍子，就跳下去了。眾人都想他必回不來了，不大會兒，就露出胳膊、頸子來，手裡托著盅子掄打著就上來了，跪在國王跟前說："我剛下去，就叫一個旋兒打下去了，我睜眼看見一塊石頭好些個尖兒，我就抱住了，那盅子也在那上頭，我剛拿起盅子，只見好些利害的魚、奇怪東西，都圍攏我來，我膩味看他，一鬆手，又叫個旋兒把我飄起來的。"國王很誇他有膽子，就叫公主把酒斟在金盅子裡，親手遞給他喝。國王又把手上頂好的個界指②兒摘下說："我再把盅子扔下去，你敢再撈上來，我把界指兒也給你。"那個侍衛正猶疑著，公主因為看見這侍衛心裡很感動，就跪在國王身邊說："他已經冒過險，眾人也就可以知道他是有膽子的了。若是父王一定還要把這盅子扔下去，也該看看他們這功高位大的人們有膽子沒有？"國王聽說，也就看事做事的。又說："你若敢再去撈上來，我封你大官，還把公主今兒就嫁給你。"說著把盅子又扔下去了。那侍衛聽說，心裡不忍的，就又下去。眾人都等了很大的工夫，盼③他還上來，越等越不上來，才知道他是死了。

第十五條

黑臘國東邊有個不很大的島，叫薩摩，島上有個平常人，名叫波里加底。因為百姓愛他，就推他做國王。他一輩子的運氣是極順當，不過海外有兩枝敵兵。同時有個麥西王阿馬西，和薩摩王至好。有一天他到薩摩島，波里加底同他在宮殿有樓的欄杆邊兒往外看，就指著四圍好看的地方兒說："你看這大島，都是我的，我可稱起是有福氣的了。"麥西王說："你如今平地登天，自然算是造

---

① 躭：晃，搖晃。
② 界指：戒指。
③ 盼：底本作"盻"。下文從改，不再出注。

化好，但還得等海外那枝敵兵滅了，我才敢那麼說。"正說著，來了個報子，跪下說："大元帥打發我來報，那枝敵兵都逃散了。"又從桶裡拿出個敵兵頭兒的首級來。麦西王退了一步說："你福氣雖大，若天一颶風，你海上那些舨保不住不沉，等舨都回來了，我再說不晚。"正說著，聽見海口有好些亂哄哄的聲兒，往那麼細看，敢情舨都回來了。麦西王說："你福氣可是大，但是那枝海賊沒滅，我還不敢說。"正說著，起那船上又來了個報子，告訴那枝海賊都叫風給颳沉了。麦西王說："你的福氣可真稱的起是大，你福氣越大，我越替你愁得慌，我看見好些那運氣好的人，將來一定有個不好兒。從前我樣樣兒事情就很順當來著，我寡有個小子，後來死了。可見世上福和禍是連著的，現在你淨有好，沒不好兒，我很替你擔心。現時你的福大，那禍雖還沒到，橫豎總有那麼一天，不如預先去招一個禍來才好，把你那頂心愛的東西找一件扔了，將來的禍或者可以盼小點兒。"薩摩王想這話也有理，就把個頂心愛的傳家界指兒扔下海去了。第二天，可巧就來個打魚的，拿著很大的個魚來孝敬薩摩王。那國王就交給厨子開膛去，開開一瞧，肚子裡有個界指兒。厨子認得是國王的，就還送上去了。那麦西王看見說："你的福可大的了不得了，將來你的禍一定要比你的福也小不了。"說完之後，自己回麥西去了。從此他和波里加底也就絕交了。後來薩摩王和波斯國打仗，果然叫人活拿去給釘死了。

第十六條

羅馬國有位將軍和個士子相好，常常來往。這天，士子到將軍的家裡找他去，進門兒就問他的丫頭說："你主人在家沒有？"那丫頭進去一會兒，又出來告訴說："沒在家。"那士子明知他是在家，故意的不見，也就回去了。有天那將軍又去找士子去，到了門兒，就拍著門兒問："老爺在家沒有？"那士子在裡頭答應說："老爺沒在家。"那將軍是聽慣他的語聲兒的，就說："明是你說話的聲兒，怎麼說沒在家？"那士子說："上回我上你家去，我還信你家的丫頭的話，怎麼今兒你就不信我的話呢？"

第十七條

有個侯爺，他夫人長的很好，性子也很好。侯爺家裡的底下人很多，單有一個管家，他很殷勤，所以侯爺和太太都另眼看待他。為這個，別的下人都恨他，但是他沒有錯兒，沒法子害他。有一天侯爺要打圍，帶著個苦徒累一塊兒去。臨到家的時候，苦徒累和侯爺說："太太待管家很好，在別人一定要疑惑的，我想太太是個賢慧人，侯爺自然可以放心。"侯爺問他："這話從那兒說起？"他故意兒詫異說："外人都傳說的事，難道就只侯爺一個人不知道麼？"說著又起懷裡掏出一封假信，遞給侯爺。瞧信裡的話，都是似露不露的。這侯爺本來性急，聽這些話沒顧得細查，就有點信真咯。侯爺家裡有個鋳窰。第二天，侯爺到那鋳窰裡，和那些匠人說："我打發一個人來，他若說你們按著侯爺的話辦了沒有，你們就把他推在火裡燒死他。"侯爺回家後，果然就告訴管家的這話，叫他去說。這管家臨去時候，還連著問太太："有甚麼事沒有？"可巧太太有一封信叫他順路送去，這管家送完太太的信，到鋳窰裡傳說侯爺告訴的話。那些匠人指著火說，那人已經在這裡頭了。這管家也不明白這話，就回來了。侯爺一見著他很納悶，就問他："我叫你說的話，可說了沒有？"那管家說："我把侯爺的話照樣告訴了那些匠人，他們都指著火說，那人已經在這裡頭。"侯爺聽這話也不明白，就又問他。他說："我臨去的時候，太太叫我順路送一封信，送完信就到鋳窰傳侯爺的話。"原來侯爺先打發他上鋳窰，後又打發那苦徒累去，問這管家燒死了沒有。誰想他因為送信耽誤了工夫，那苦徒累倒先到了，因此給燒死了。侯爺心裡明白，這事是天意，以後也就不疑惑太太了。這就應了"害人反害自"的俗語兒了。

第十八條

意大里亞國①南邊有個大島，名叫西吉里阿。島裡有個大城，叫做錫拉故思，四圍還有好些地方，都屬這城管。城裡沒有國王，但是眾富户商議著辦理國政。那城裡有個元帥，名叫提阿呢思，因為有功勞，百姓也都服他管，他就自

---

① 意大里亞國：古羅汶國。

立為王了。為這個,那些富户們就有不忿的,内中有個富户,名叫達莫,身邊兒藏著一把刀進宮殿,打算要刺①提阿呢思,不想叫護衛拿著一摸,他的身上有一把刀,護衛不敢隱藏,就告訴了提阿呢思。提阿呢思審問他:"拿刀進來幹甚麼?"達莫心裡想著不犯著瞞他,就從實的說了。又說:"你自然是要殺我,但是我家裡有個②妹妹要出嫁,請你容我三天的工夫,聘了妹妹再囘來領死。現在暫托我朋友紛的阿思在這兒做壓帳。"臨走,提阿呢思又囑咐他:"你三天後若不來,我就把你朋友殺了,你可就跑罷,我不再害你。"這達莫就走了,過三天辦完了妹妹的事,果然又囘來。半道兒上有一個小河溝子,那上頭有個小木橋,才要到那兒,下起雨來,河裡的水漲滿了,把木橋都冲躺下了。他心裡祝贊著,求神佛把雨止住才好。誰想越等雨越大,他没法子,就跳下河去。因為他力量大,也就洑過河去了。趕他過了河,天又响晴了的了。走到個樹林子裡,遇見五個打槓子的,他就和那賊打,把賊的一根棒槌搶過來,打死了三賊,那倆也就跑了。他因為洑水,又和賊對打,所以身上很乏了,他心裡又祝贊著求神佛保佑,怎麼能得一口水喝才好。正想著,忽聽見水的聲兒,跟著聲兒找去,果然有個泉眼,他就喝了幾口,也就解了乏了。又走,快到城了,遇見倆走道兒的,這個和那個説:"今兒把紛的阿思釘死了。"他聽這話,心裡著急,趕忙著進城。正走到門洞裡,遇見他的跟人説:"紛的阿思已經釘死了,你不跑還來幹甚麼?"達莫説:"一來我明我的心,二來我要做個樣子給那暴虐的國王看。"説完,他就一直奔法塲裡去了。有好些看熱鬧的人圍著,正要把紛的阿思往十字架上抽,他起人群兒裡就喊著説:"我來了。"那些看的人也都納罕③,劊子手也不敢釘。他的朋友把這事告訴了國王,那國王看見這個,也就感動了,把達莫和紛的阿思都放了。

第十九條

小亞細亞有個昌底亞國,國王名叫葛雷蘇士。他的國很大,又興旺,又很

---

① 刺:底本作"剌"。
② 個:底本作"姻"。
③ 納罕:驚奇,詫異。

富足，並且一輩子沒有甚麼不順心的事。那時候兒，黑臘國有個最出名的聰明人，名叫索倫。各處的百姓因為他很有名，都尊敬他。他常愛到各國走走。有一天，他到了昌底亞國，國王因他是有名的人，就帶著他逛逛宮殿，又把所有貴重的東西也都叫他看。看完了，國王就問著索倫說："你本是個頂聰明的人，又兼常到各處去，經多見廣，你可知道，如今天下頂有造化的人是誰？"那索倫想了一想，就說："我們國裡有個人，他常給國家出力打仗，他養了幾個兒子、幾個孫子，也都為人很好，並且都做了官，後來他老了，還給國家出力打仗陣亡了，百姓都敬重他，都給他蓋廟塐①像，永遠供養他。我想他可算是有造化的了。"國王一問的時候，本想著索倫必說著他是有造化的，誰想索倫所說的是一個百姓，就又問："除了這個人之外，頂有造化的是誰？"索倫想了想，又說："我們國有個寡婦，養了兩個兒子，素來身體很堅壯，也很孝順。有一天，這寡婦要上遠處辦事，一時車馬都僱不著，事又是必得辦的事，沒法子，叫他娘坐在車上，那倆兒子拉著走。及至到了那兒，有個廟，把車邰②在廟門口兒，他娘去辦事去了，那倆兒子也乏了，就在廟門口兒躺著，及至他娘辦完事回來了，還到廟裡祝贊著，求神佛保佑那倆孩子，趕出來一瞧，那倆孩子都死了。百姓們聽說都很誇那倆孩子的孝順。我想，這兩個人可算是有造化的了。"國王聽說，心裡很有點兒不喜歡，就又問說："你看我國度彀多麼大，又彀多麼興旺，國富兵強，在西邊也可算是數一數二的了，難道還算不得是個有造化的麼？"那索倫說："人的壽數大約總在六七十年，一年有三百多天，今天的造化好，保不定明天的造化不好，你雖然國也很興旺，又很富足，但是你還活著，我終不敢說你是有造化的。"國王聽他這話，更不喜歡。索倫也知道他不喜歡這話，也就走了。這國王有倆兒子，大的是又聾又啞，就這點兒是他不順心的事，他二兒子可長的模樣兒又好，又聰明，他小的時候兒，國王夢見他二兒子叫人拿鎗扎死了。因為這個，永遠不叫他出去，也不准他動各樣兒的兵器。

---

① 塐：塑。
② 邰：卸。

第十九條下

　　這呂底亞相連的有個小國，國王有倆兒子。二兒子有一天失手把他哥哥扎死了，就跑到葛雷蘇士那裡。葛雷蘇士因可憐他是個流落的人，不但收留他，還待他很好。這呂底亞國裡有個鄉村，野猪常常出來害罷人，這鄉村的人們都没法子整治，就求國王給他們除害。國王聽說就派貼身侍衛上那鄉村裡打圍。國王的二兒子知道了，自己想著："我如今也十來多歲，身上也很有力量了，但是常常□在宮裡，也叫百姓們笑話。"就告訴國王，也要跟去。國王不肯叫他去，他又說："如今是去打圍，又不是打仗，所跟的人們都是自己人，又不是敵兵，跟去怕甚麼呢？"國王没法子，才肯了，但是有那個夢在心裡，總不放心，就叫從前所收留的那個人來，把這緣故告訴他，還說："我一向待你很好，如今我二兒子跟去打圍，求你一路上照應他好，叫我放心。"那人也應許了，就一同著倒①去了圍場上。侍衛們把那野猪圍住，那個人就拿鎗扎野猪。誰想失手，又把國王的二兒子扎死了，他就囬到國王跟前請罪。國王因他是無心中失手，不是安心，那兒能就殺他呢，故此也就不治他罪。那人自己一想："我在本國把哥哥扎死了，如今又把這國王心愛的個兒子扎死，可見我的命運不好。"就自己拿寶劍扎死了。

　　黑臘國裡有個廟，廟裡有神仙，能附在人身上斷人的禍福。這年，葛雷蘇士打算要滅波斯國，因爲是打仗的事情，不敢輕舉妄動，就叫幾個大臣到那廟裡去問。那神仙附在人身上說："你如今去和波斯國打仗，一定要把那大國滅了。"那幾個大臣囬來告訴了國王，國王想著一定是要把波斯國滅了，就帶著兵進了波斯國。誰想倒打了個大敗仗，退囬本國去了。不到一年的工夫，波斯國的國王居魯士帶著大兵來報前仇。葛雷蘇士又打一個大敗仗，國也滅了，自己也被那國活拿了去。那居魯士拿了葛雷蘇士，把他架在乾劈柴堆上，要燒死他。居魯士在傍邊兒看著，那葛雷蘇士到這時節也就不言不語的等死了。剛要舉火，葛雷蘇士忽然大嚷三聲"索倫"。居魯士聽見，不明白是甚麼緣故，就叫人把他放下來問他，他就把從前索倫和他所說的話，一五一十的都告訴了居魯士。居魯士聽見這些緣故，心裡也實在感動，不但没把葛雷蘇士燒死，後來

---

① 倒：到。底本"倒""到"多處混用，不再逐一出注。

還和他交朋友。所有波斯國裡的大事，也都和他商量著辦理。

第二十條

當初波斯還没立國的時候，有個美底亞國，國王名叫阿思的亞葛士。他有個女孩兒，名叫曼他内，到了該當婚配的時候，國王夢見他女孩兒身上直流水，這水直把個亞細亞的西土全給淹了。醒了想著很以為奇怪，就請人來圓這個夢，圓夢①的説："據這夢看起來，你女孩兒將來養的兒子，一定要得你的天下。"因這緣故，他就不肯把女孩兒給那十分好的人家兒，不過給了波斯的個百姓，波斯在當日不過是美底亞國的奴才。及至他女孩兒出嫁後懷了胎，快要養的時候，國王又夢見他女孩兒身上長出一顆葡萄樹，那顆樹把亞細亞都蓋滿了。國王又請圓夢的給圓，他説："這夢和從前的那夢一個意思，你得小心著。"及至曼他内養了孩子，就給他起個名，叫作居魯士。國王聽見信就把那孩子硬抱了來，雖然有要殺他的心，可不忍得自己動手，交給他一個最親信的大臣，名叫哈巴故士，叫他殺這孩子。哈巴故士想著，一個小孩子又没罪，就也不忍殺。他又交給個放官牛的，叫他殺那孩子。那放官牛的是夫婦倆，只養了一個孩子，剛養下來就死了。他夫婦倆很著急，如今見有這個孩子就留下養活著，把他的自己死孩子扔在樹林子裡。因為這倆孩子的面龐兒都差不多兒，他就去告訴哈巴故士，説："我已經把那孩子餓死了，扔在樹林子裡了。"過了幾天，哈巴故士打發人去驗，果然不錯，也就把這個事扔開了。又過了七八年的工夫，居魯士有一天和衆孩子們頑兒，那孩子們裡頭有幾個是大官的兒子，正頑兒著的時候兒，他們都推居魯士做國王。居魯士就叫這個辦這個去，那個辦那個去。内中有個孩子，他父親是波斯的總督，居魯士分派他的事，他不聽，居魯士想著自己是國王，就打了他幾下。那孩子回家告訴了他父親，他父親很有氣，就把這事順便奏了國王。國王就把居魯士叫了來，問他為甚麼敢打大臣的兒子。他見了國王很不怯上②，大探探兒的説："一來我不過和他頑兒，二來他既推我做國王，怎麼就打不得他麼？"國王見他説話大道，不像平常人的兒子，而

---

① 底本此處無"圓夢"，據文義補。
② 怯上：害怕，敬畏。

且還和他女孩兒長像①一樣，就問著哈巴故士。哈巴故士不能瞞，就把自己也不忍殺，交給放官牛的殺他的話說了。國王聽說，就又把那放官牛的拿來，細細一問，那人不敢隱藏，就把前事都直說出來了。國王知道是他女孩兒的兒子，就又問那圓夢的。圓夢的說："他頑兒的時候，已經應驗過，可以不怕了。"國王就把居魯士又送還了他女孩兒，但是心裡總恨哈巴故士。有一天，國王請哈巴故士爺兒倆進宮喫飯，國王叫人把他兒子殺了，拿那肉來給哈巴故士喫，喫完了還問這肉好喫不好喫，他還說是好喫。國王又叫把個有碟子蓋著的碗拿給哈巴故士瞧，趕揭開碟子一看，原來是他兒子的腦袋，還問他知道不知道。哈巴故士在當時沒法子，只可說是知道，但是心裡未免懷恨著。他打算要攛掇著居魯士反，又不能自己去和他說，後來實在想著怕國王的利害，就拿一個野貓，打發人給居魯士送去，叫他親自開膛。居魯士開了膛一看，裡頭有一封書子，書子上說，叫他反，哈巴故士情願做內應。過不多兒的日子，居魯士就假造詖言說國王封他做波斯的總督，就聚了好些個年輕力壯的百姓。頭一天，都叫百姓們到一個山上砍那有刺②兒的乾草，百姓都累的四肢汗流。第二天，又預備下好些酒席，請眾人喫飯。喫完了，居魯士問他們，是昨天樂，還是今天樂？眾人自然都說是今天樂。居魯士說："你們若不跟著我反，就如同昨天一樣，永遠當奴才受罪；你們若肯跟著我反，就如同今天喫飯一樣，是永遠享福的。"眾人聽說，都願意反。居魯士就帶著兵，到美底亞國打仗。那國王把前事都忘了，還派哈巴故士帶兵。那哈巴故士帶著兵反倒做了內應，把美底亞國滅了，把國王也活拿了。後來居魯士很用心治理國事，把相連的好些小國都滅了，把呂底亞國也滅了，末末了兒，帶兵跟北邊的一個國打仗陣亡了。

第二十一條

居魯士陣亡之後，他兒子干必澁做了國王。那時候兒，有個麥西國③，古來都叫做愛居多國。國王名阿瑪西，就是從前和沙摩王波里加底交過朋友的那

---

① 長像：長相。
② 刺：底本"剌"。
③ 麥西國：埃及。

個。他跟前有個女孩兒，干必澁因為還沒娶媳婦，就打發個大臣到愛居多國說要娶他的女孩兒。那阿瑪西打算要給罷，又怕女孩兒到那兒受氣；打算要不給罷，又怕惹惱了干必澁吃不住。沒法子，把百姓的個女孩兒送了去，就假充是自己的女孩兒。過了一年多的工夫，阿瑪西也死了，他兒子做了國王。干必澁把這些緣故都知道了，心裡很有氣，就帶兵去和愛居多打仗，把愛居多的京城攻破了，把國王和衆官們也活拿了。有一天，干必澁要給他們一個熱鬧瞧，把愛居多衆官的女孩兒們，國王的女孩兒也在內，叫他們都挑水做苦活。衆官和百姓們看見都哭了，獨國王不哭。又把衆官的兒子，連國王的兒子也在內，都帶著鎖走過去，衆官和百姓看見，又都哭了，國王還是不哭。末末了兒，有個老頭兒是國王從前最親愛的大臣，現在因為不做官窮了，和波斯的兵們要飯兒，國王看見反倒哭了。干必澁問他，你看見你兒子、女孩兒受罪倒不哭，怎麼看見這老頭兒要飯倒哭呢？國王說，因為你把我兒子、女孩兒整治的太苦了，我倒哭不出來了，如今見這老頭兒要飯，一著急才有了眼淚。干必澁聽這話也有點兒感動，就待他好了點兒。後來還是怕他要反，就用牛血把國王藥死了。後來干必澁又把好些相連的小國都滅了，又派一個元帥，帶著五萬兵去滅愛居多西邊的一個國，走到沙漠裡，叫沙子全給埋了。干必澁又自己帶著一枝子兵去滅南邊的一個國。那國王打發大臣拿著比尋常大的一張弓來，說："你所帶的兵有能拉開我這弓的，再來和我打仗。"那干必澁走到沙漠裡，好幾天沒有喫的，就把兵十個一排的排開，從十個裡頭拉出一個殺了，把肉給衆兵喫。因為這個，干必澁又退兵到愛居多的京城。干必澁有個兄弟，他能把這張弓拉開一半兒，干必澁忌妒①他，就叫一個大臣把他兄弟殺了。後來干必澁要娶他妹妹，就問衆大臣們使得使不得。衆大臣因都怕他的利害，就說："律例上可沒寫著這樣的事，但你既是國王，可以自主。"干必澁就把他妹妹真娶了。過不多的日子，他妹妹也懷了胎，因為閒談，她妹妹很抱怨他，不該殺了兄弟。干必澁有了氣，就在他妹妹肚子上一脚給踢死了。有一天，干必澁和殺他兄弟的那個大臣靠著窗户說閒話兒，干必澁問說："外頭百姓們說我是好是不好？"那大臣說："百姓們都說你好，但是說有點兒酒癖氣②。"可巧那大臣的兒子從窗户外頭

---

① 忌妒：嫉妒。
② 癖氣：脾氣。

過，干必澀用箭把他射死了，和那大臣説："百姓們若説我太好喝酒，你就照這樣告訴他們，我喝了酒是不糊塗的。"干必澀這一①程子都還在愛居多住著，有一天他悶得慌了，把十二個大臣的兒子都用土埋了，只露著腦袋，他可做為是取樂兒。呂底亞的國王葛雷蘇士在傍邊兒就勸他不要這麼樣，他有氣了，叫手下人殺葛雷蘇士。手下人因為葛雷蘇士是他心愛的人，就把葛雷蘇士藏了，可説是殺了。後來干必澀獨自喝酒，想起葛雷蘇士就嘆息説："可惜了兒的殺了。"手下人説："葛雷蘇士還活著呢。"就把葛雷蘇士帶來，干必澀見了很喜歡，但是因為手下人阻他的令，還是把手下人殺了。後來干必澀打算要回波斯，就先打發那殺他兄弟的大臣回國。那大臣因恨干必澀射死他兒子，回國就造個謠言説："干必澀的兄弟還活著，叫百姓們跟著反。"他預先找一個狠像干必澀兄弟的，假充是他。干必澀知道信兒，就帶兵回國要打仗。他身上帶著沒鞘子的刀，自己扎著自己的腰，死了。這假充干必澀兄弟的那人，自從做了國王，永不出宮殿，而且常帶著一頂大帽子，把臉的上半截都蓋住。眾大臣因這個就都疑惑。後來他娶了一個大臣女孩兒做娘娘，那大臣叫他女孩兒半夜裡偷瞧瞧國王腦袋，原來是沒耳朵。這女孩兒告訴了那大臣，那大臣才知道不是真的，原來是一個出家的師父，他犯了罪，把耳朵剌了去了。這大臣又叫了六個富户來，商量著要殺那國王，七個人商量准了，就拿刀進宮，把國王和那立國王的大臣都殺了，但是國裡沒王，居魯士只有倆兒子，沒別的人可立。七個人商議著，第二天都騎馬到個樹林子裡逛，誰的馬先叫喚，就推誰做國王。七個人裡頭，有一個最聰明的，名叫大流士。他預先叫底下人把馬拉到那個樹林子裡餵他，還撒開叫他樂。趕到第二天，七個人都騎馬到樹林子裡，那大流士的馬果然先叫起來。那六個人就都推大流士做了國王了。

第二十二條

當日，愛居多國在最古的時候有個國王，叫做拉美素，他國很富足，銀錢很多，但是沒有銀庫，他就叫個瓦匠給他蓋。這瓦匠就挨著宮殿傍邊兒給他蓋了一個庫，四圍都沒門，那門就在宮殿裡頭，一直四層的門，都用奇怪的鎖。每一

---

① 底本"一"後有一"成"字。

門一個樣兒，那鑰匙國王收①著。蓋好了，國王就把好些金銀財寶都收在庫裡。那瓦匠家裡也很富足，後來老了到臨死的時候兒，就和他倆孩子說："我家現在雖然富足，但恐我死後，你們把銀錢花完了挨餓，我當日給國王蓋庫的時候兒，在那牆上攔了個石頭子兒，用手推那石頭子，就是門，可以進去，一點兒形跡露不出來。你們若窮了，可以到那兒拿去。"說完就死了。他家雖還富足，那倆孩子因為有這個話在心裡，未免總惦②記著。有一天，他白日先看下地方，到晚上，果然就去了，用手推那石頭子兒，門真開了，進去拿了好些金銀財寶才出來，把門還關好了。國王因為東西多，也都不理會③。後來國王要找一個香串，找不著了，就很疑惑。想著這庫四圍都沒門，怎麼會沒呢？就又把些金銀財寶數出數兒來，攔在庫裡桌上，過幾天進去一看，又丟了幾樣兒。國王想不出緣故來，就和大臣們商量出一個法子，用沙子撒在地上，把庫關好。（以下出於後編）

第二十二條下

過幾天再進去，那當地的沙子上有腳印兒，有大有小的，知道不止一個人，但是總不知道從那兒進去的，就又想個法子，用好些個銕鈎子做出東西來，攔在庫裡挨桌子邊兒，用氈子蓋好了，人若踹④著就能鈎人的肉，解不開。不多兒的幾天兒，這哥兒倆又去了。兄弟先進去，叫那鈎給鈎住了，他哭喊著告訴他哥哥，他哥哥也進去給他解，總解不開。這時候兒天已經快出太陽了，他急了就說："我這人是不中用的了，明天國王一知道，母親和哥哥的性命都保不住，還玷辱了名姓兒。"就叫哥哥把他腦袋殺了，帶回家去。他哥哥先還不肯，後來沒法子，才把他兄弟的腦袋砍下來帶回去。第二天，國王進庫先看見一個人身子，很喜歡，後再細看，原來是個沒腦袋的死屍，估摸著這一定是個聰明人，就出一個主意，把死屍攔在當街十字架上，叫兩個兵看著，有人起那兒過，若是發愁的，就把他拿住。過幾天，這人的母親因不見他兄弟，就問著他大兒子。他

---

① 收：收。
② 惦：底本作"掂"。
③ 不理會：沒注意，沒察覺。
④ 踹：踩。

大兒子把這緣故都告訴了,他母親一定和他要他兄弟的尸首。原來愛居多的風俗,死尸不拿回家是不體面的事。這人答應說:"母親你放心,我自然能拿回來。"過幾天,他買了好些酒,都用口袋裝着,攔在車上,他拉着從那兒過,他故意的把口袋扎破了,那酒直流出來。他就又哭又喊。那倆兵看見,都拿頭盔來接酒喝。他還說:"我灑了酒,你們不幫着我,怎麼反倒喝起來。"說着可又偷偷兒把別的口袋扎破了。那兩兵喝了不少,他才拉走了。等那倆兵都睡着,他又回來,故意兒的先叫他們,後還搖挑他們,見他們還不醒,他才用刀把他兄弟的尸首割下來背上。末末了兒,他還打回哈哈,把倆兵的頭髮①都剃了一半兒才走的。那倆兵醒了,彼此對着都笑起來,彼此都短了一半兒頭髮。再看死尸也沒有了,趕緊告訴了國王。國王把那倆兵收監了。國王又想出個法子,叫他女孩兒去開店,囑咐他女孩兒,若是有客來,你先問他一輩子頂聰明出奇的事,若有說盜庫這件事的,可別放他走了。他女孩兒也應了。後有幾個客來,所說的都是些沒要緊的,他都叫他們去了。末後這人果真去了,一問他,他說:"我能盜庫,彀多麼聰明。後把我兄弟鈎住,我把他腦袋砍下來,帶回去,彀多麼出奇。尸首攔在當街,我能偷去,又彀多麼聰明。"那姑娘要拉他的手,他把手遞過去,那姑娘就一面叫以先②在房子後頭藏的差,一面說:"你既聰明,怎麼叫我拿住你的手?"他說:"你看,我還是聰明。"原來他來的時候兒,就把他兄弟死尸的手砍下藏在袖子裡帶來,現在他遞給那姑娘的手,就是他兄弟的手,他還是走了。那姑娘告訴了國王,國王想着沒法子,但總還願意知道這個人,就出張告示說:"若這人肯自己來出首,我把公主嫁給他。"後來那人來出首,國王真把女孩兒給他了。

第二十三條

當初黑臘國有個德撒立亞地方的國王,名叫卑累斯,他娶了個媳婦,是個水裡的神仙,名叫德地斯。因為他是仙女,故此臨娶他的那天大擺筵宴,把所

---

① 底本缺頁。從此處開始,一直到第二十二條的"他都叫他們去了。末後"處,據六角恒廣《中國語教本類集成》第一集第1卷《亞細亞言語集支那官話部》(再版)補出。(東京不二出版社,1991年,267頁)

② 以先:以前,先前。也說"從先"。

有的神仙都請來赴會。內中單撇下了一位神女,名叫額立斯,沒甚麼緣故呢?因為是他專管世界上惹氣生非的事,故此人都恨他,不願意請他。誰知他因為沒請,就懷恨在心裡。等着他們正在筵宴的時候兒,他躲在暗處,往酒席筵前扔下一個蘋菓。大家撿起一看,那蘋果上寫着"誰是普天蓋下第一長得好的,就算是他的"。那席面上有三位娘娘:一位是天堂正娘娘,名叫優挪;一位是專管文武事情的娘娘,名叫阿塔哪;一位是專管男女恩愛的娘娘,名叫阿佛勒的德。這三位娘娘看見,彼此都要這個蘋菓,因為爭論不定,就大家都到天堂正皇上名叫優皮特那兒,求他給公斷。這優皮特他想着說,給誰不給誰,都不好,就想個法子說:"如今小亞細亞多羅亞城國王的二兒子,名叫巴禮斯,他是普天蓋下頭一個長得好的人。你們去問他,他說這個蘋菓給誰,就算給誰。"這三位娘娘聽見這話,就果然到小亞細亞去,找這個巴禮斯。可巧巴禮斯正在伊答山上放羊,這三位娘娘就把來意一五一十的都告訴他。從中優挪就許他說:"你若說把蘋菓給我,我能把所有小亞細亞的地方都給你。"阿塔哪就許他說:"我若能得這個蘋菓,管保你文武的事情上準能出名。"阿佛勒的德許他說:"蘋菓若落在我的手裡,我給你一個普天蓋下頂長得好的女人。"他因為是年輕的人,總偏乎好色,就說:"這個蘋菓該給阿佛勒的德。"那兩位娘娘沒得着這蘋菓,也就生着氣走了。看官你想,那時候兒頂長得好的女人是誰呢?原來那時候兒,石巴①塌地方有個國王,名叫美尼拉烏②,國王有個媳婦,名叫黑勒哪,他是那時候兒第一長得好的女人。誰想巴禮斯有一天出外閒逛,就逛到石巴塌地方,這石巴塌國王就拿着待上客的禮重待他。那時候兒,美尼拉烏可巧有別的事,出了外了,這巴禮斯可就起了歹意了,用各樣的甜言蜜語去勾引黑勒哪。這黑勒哪叫他哄動了,也就答應了。倆人商量着,半夜裡偷跑回多羅亞城。巴禮斯算是果然得着了個頂長得好的女人。後來美尼拉烏回來,知道這個事,很有氣,就把黑臘國地方所有的國王,共有幾十位,都請了來,把這事都告訴他們。他們聽了,也都很氣不平,每人都帶着兵,坐着舩。美尼拉烏的哥哥,名叫阿加門挪,也是國王,派他作元帥,大傢夥兒一齊都奔多羅亞城,一連氣兒打了十年的仗,後來到了兒把城攻破了,把房都燒了,又從城裡把黑勒哪救出來,巴禮斯

---

① 巴:底本作"巳"。
② 美尼拉烏:底本作"美呢拉烏",與正文其他處"美尼拉烏"不一致,徑改。其他不一致處從改。

一族五十多人也都殺了,才結了。上條兒所說的卑累斯,他娶了個媳婦兒是水仙,後來他媳婦兒養了個兒子,名叫阿西勒,小的時候兒,他媽娘疼他,就和一個知道過去未來的神仙問他兒子的終身怎麼個結果。這個神仙說:"他若是一輩子老在窮鄉僻壤,不出去替國家出力傳名,就可以永壽;他若是出去,作驚天動地、名垂不朽的事情,可是可以出名,但恐怕是要夭壽。"他母親因是很疼他,他自然願意他長命百歲的,就想個法子,把他寄放在一個地方兒養活着,這地方也是一個國王,名叫律克美特,因為和他父親相好,故此托他給養活着。這國王跟前有四五個姑娘,就把他也打扮作姑娘的樣子養活着。那時候兒正是美尼拉烏要去攻多羅亞城,因為不知道用甚麼法子好,就去問一個未卜先知的神仙。這神仙說:"你們要去攻多羅亞城,內中若有阿西勒就攻得破。若沒有他,就攻不破。"美尼拉烏那時候兒也風聞有個阿西勒這人,但是知道他媽把他藏起來,不曉得現時他在那兒,就托出一個國王給他去找。這國王是伊答加島的國王,名叫烏律色,是個很聰明、有智謀的人,就想個法子,扮作買賣人的樣子,帶着各色首飾、綢緞、頭盔、兵器等類,到各處去訪察。約有一年的光景,把所有的地方都走遍了,總沒一點兒的影響。後來也就訪到律克美特的那個地方兒,他又把所帶的各樣兒貨物擺出來賣。可巧律克美特的那幾個姑娘同着阿西勒都到他這兒來,內中也有拿首飾的,也有拿綢緞的,單阿西勒一個人兒,眼神兒單盯①住頭盔,彷彿很愛,可又不敢拿起來。烏律色冷眼兒看見,已經猜着了七八分,就想個法子,吹起剌叭②來,阿西勒聽見這聲兒,實在忍不住了,就把頭盔帶上,又長矛舞了一會兒。烏律色知道他是阿西勒,就把他帶了去了。後來他攻多羅亞城,打仗勇敢向前,果然出了大名。末末了兒,叫巴禮斯在腿上射了一箭,陣亡了。如今誇獎有膽子、能打仗的人,都比作阿西勒,就是這個緣故。

第二十四條

這烏律色,他有個媳婦,名叫卑尼羅貝,是個頂有姿色、又頂賢惠的女人。

---

① 盯:底本作"釘"。
② 剌叭:喇叭。

他們兩口子後來養了個兒子,名叫德勒馬胡。這德勒馬胡才一歲多些上頭,烏律色就去幫着攻多羅亞城,後來多羅亞城破了,他帶着手下人們往回來。走半道兒上,遇見好些個奇怪顛險的事兒,歸其遭了風,船也沉了底兒了,他手下人們全都淹死了,獨他漂到一個岸上沒死。無奈離家太遠,一時不能彀回來。那時候兒伊答加島週圍有幾個小島,那些島上有些家富户子弟們,都是些年輕不安分的人。想着烏律色自從出兵到腳下,約有二十年的光景,別的一塊兒去的人們早都回來了,單烏律色一個沒回來,想必是死在外頭了。大家夥兒就一齊都上他的宮殿裡,宰他的猪、羊,還喝他的酒,並且還起歹意,要霸佔他的媳婦。這卑尼羅貝想着,自己是個女流,兒子呢,歲數又小,惹不起他們,暫且拿好話支演着。後來他們鬧得更凶了,卑尼羅貝總是今兒推明兒,明兒推後兒的,哄着他們。有一天,有個別的國王拿船把烏律色給送回伊答加島,送到船就走了。原來阿塔哪娘娘最愛這烏律色。正在這個夾當兒①上他下來,把烏律色家裡所遭的事情一五一十的都告訴他,還說:"你若就這麼赤手空拳的回去,他們一定要害你的命。我給你換一個花子的模樣兒,等你事情辦完了再改還原裝。至於後事該怎麼辦,你是個有主意的人,自然自己就會隨機應變。"烏律色果然就扮成花子樣兒去了。老遠的就看見他從前養活的那隻狗,也長了癩了,看見烏律色就奔過來,搖頭擺尾的,舔他一口就死了。餘剩下沒有一個認得他的。他溜到大堂門口兒,那些子弟們都拿俏皮話兒罵他,還笑話他,但是扔幾塊骨頭給他。他在那兒幾天,看見他兒子,也很大了,又冷眼兒看着,一個陳給他養猪的,不和他們合夥。等到半夜裡,他把他兒子和陳給他養猪的都叫到跟前兒告訴說:"我就是烏律色,如今回來了。有一個好主意,你告訴你娘,就照着這個話行。"趕到第二天,德勒馬胡就照着教他的那主意,到大堂上和那些子弟們說:"我娘打發我來說,如今也願意嫁你們,但是我一個人,只可嫁一個人,內中得容我挑一個。當初烏律色在時候兒,留下了一張弓,有十二把斧子,那斧把兒上都有個圓窟窿,把斧把兒衝上埋着,他拉開弓,一箭能穿過十二個斧把上的窟窿,還要着了靶子。你們內中誰能就嫁給誰。"那些人們,不但不能,連弓也都拉不開,因此他們更鬧得利害了。烏律色在傍邊兒看着就說:"我雖是個花子,當初也過了幾天的好日子,把弓給我白試一試。"那些人正在沒好氣上,

---

① 夾當兒:關鍵時間,重要時候。

聽他這話，打算拿他開心取笑兒，就真把弓遞給他。烏律色接過弓來，一箭就把十二個斧把子窟窿都穿過去，還着了靶子，就又搭上一支箭，把那些子弟們裡頭為首的射死了，大嚷着說：“我就是烏律色，回來了。”正在這個時候兒，阿塔哪就把他的原裝還了他。衆人一看，果然是烏律色。這個夾當兒，德勒馬胡和他陳養活猪的都拿兵器幫着，在大堂上打了一仗，把那些人們都打的打、射的射，全都殺了，他父子、夫婦才團圓了。

歐洲奇話　終

續常言

第一

水有源頭,木有根。
打得雷大,落得雨小。
凡事必有因。
剪草除根,萌①芽不發。
風不來,樹不動。
樹倒無陰。
肉腐出蟲,魚枯出蠹。
棚柴火燄高。
樹高千丈,葉落歸根。
牆隙而高,其崩必疾。
濁其源,而求流之清。
欲滅跡,而足雪踪。
挖樹必從挩子起。
鈍斧磨成鍼,只要工夫深。
成人不自在,自在不成人。
不上高山,不顯平地。
不登山不知天之高,不臨溪不知地之厚。②

---

① 萌:底本作"萠"。
② 底本缺頁,從"不登山不知天之高,不臨溪不知地之厚"處到"近鮑者臭,近蘭者香"處,據六角恒廣《中國語教本類集成》第一集第1卷《亞細亞言語集支那官話部》(再版)補出。(東京不二出版社,1991年,278頁)

將相本無種,男兒當自強。
擊石原有火,不擊乃無煙。
路不行不倒,事不為不成。
坐食山崩。
不入虎穴,不得虎子。
咬得菜根,百事可做。
臨淵羨魚,不如退而結網。
從來好事必竟①多磨。
上梁不正下梁歪,中梁不正倒下來。
跟好人,學好人;跟端公,扛假神。
跟好人,學好人;跟討飯的,睡廟門。
近鮑者臭,近蘭者香。
人斷不可和小人在一塊。
法司馬廣積陰功。
臭肉同味。
一羊前行,衆羊後繼。
莫看強盜吃肉,只看強盜受罪。
跟好學好。
白布吊在染缸,皂白難分。
為老不正,教壞子孫②。
照本宣科。
照樣畫葫蘆。
牽牛喝水,先打濕脚。
籮筐裝石灰,在處有跡窩。
上之所為,民之歸也。
大船拖成漕,小船不用篙。
見善如不及,見惡如探湯。

---

① 必竟:畢竟。
② 孫:底本作"孩"。此情况後文多見,依文義徑改。

嫂嫂做鞋，嬸子有樣。

第一下

見人屙¹尿⁴喉²嚨²癢。
不大其棟，不能任重。
針無兩頭利。
按倒雞母毻⁴①兒。
癩⁴蝦²蟆³②墊牀腳——硬挣。
褲襠¹裏打拳。
螞蟻搬泰山。
一把掌③遮不住這日頭。
隔牆丟瓦，未知仰撲。
後頸³窩裏毛——摸得到看不見。

第二

巧媳婦難作無米之炊。
一隻脚踏不得兩隻船。
牛不吃水，按不住頭。
廟廊²之材，非一木之枝。
水裏按葫蘆——你起我落。
一根竹篙打不倒唇²④。
事不量力，如夸¹父追日。

---

① 毻：菢。《改併四聲篇海》引《龍龕手鑒》：步報切。同"菢"。鳥孵卵。《改併四聲篇海·毛部》引《龍龕手鑒》："毻，鳥伏卵。"《康熙字典·毛部》："毻，本作菢。"
② 蝦蟆：蛤蟆。
③ 把掌：巴掌。
④ 唇：豚。《漢語大字典》引《玉篇·户部》："唇，俗豚字。"清蒲松齡《日用俗字·莊農章》："莊稼忙亂無頭唇，只有冬月稍清閑。"

獨脚戲難唱。
一個虱¹子頂不起被窩。
一木焉能支大廈⁴。
這一杯湧³酒難得吃。
同邊草鞋，各穿一隻。
誰人保得千年計。
若要功夫深，鐵杵磨成綉⁴花針。
救⁴人救到頭，殺人殺斷喉。
拳不離手，曲不離口。
做事做到頭，殺猪殺到喉。
要得高，人前操。
萬丈高樓從地起。
知非難，行之為難。
見者易，學者難。
領其手，不能謝其責。
難者不會，會者不難。
辛苦討得快活吃。
畫虎不成終類犬。
百般道路百般難。
忙中有錯。
從容幹好事。
慢功出細貨。
若要心腸堅，鑿²山通海泉。
九層之臺，起於累土。
渡人渡上岸。
辦事太忙，就有參差了。
久火煉成鋼。
費力不討巧。
箭在弦上，不得不發。
砍的沒得車的圓。

等得黃河清，人壽幾何？
挖樹尋根。
用心計較般般易，退步思量事事難。
習慣成自然。
一回生，二回熟。
傘把通屁眼——一節一節的來。
七艄①公，八水手，你齊我不齊。
七手八脚。
罎子裏捉烏龜②——手到擎拿③。
不費吹灰之力。
捉倒強盜連夜解。
燒香打破磬。
粥冷自然稠④。
只有急過的，没有緩過。
一勤天下無難事。
忙行無好步。
世上無難事，只怕心不堅。
千個師傅千個法。
説得出來，做不出來。
有志者事竟成。
有志不在年高，無志空長百歲。
螺螄彎彎就，自有出頭路。
事怕有心人。

---

① 艄：底本作"梢"。
② 龜：龜。
③ 手到擎拿：比喻不費力氣就達到目標。也作"手到擒拿"。
④ 稠：底本作"綢"。

第三

大丈夫起家容易，真君子立志何難。
事業要好只在志氣，事業要大只在勤勞。
有志吃志，無志吃力。
平生志氣與天高。
不事王侯，高尚其志。
士先立志。
兩眼並不觀河水，一心只望跳龍門。
舒手就捉天上月，入水能擒海中鰲。
錦鱗未變志常在。
狗相咬，易得好。
狗通人性。
狗不嫌家貧。
狗有義，人不知。
一犬吠形，百犬吠聲。
犬守夜，鷄司晨。
貓子搬倒甑，替狗子趕倒張。
馬不背主。
征馬戀鬭戰。
良馬比君子。
人畜一般。
風馬牛不相及。
馬能識主。
麟鳳龜龍，謂之"四靈"。
迅馬遊韁，不必守防。
燕子啣泥①，一塲空。

---

① 泥：底本作"呢"。

黃鶯不打窩下食。

麻鵲雖小，肝膽俱全。

寒鷄半夜啼。

處處老鴉一般黑。

老鴉不吃鷄——該鷹的。

新秋鴈帶來。

鷺鶯不吃鷺鶯肉。

燕雀豈知鴻鵠志。

時值估價，不得相罵。

求買求賣，生意不快。

現錢不抓，不是行家。

園裡選瓜，越選越差。

人無利息，誰肯早起。

兩足忙忙走，只為身合口。

大雪紛紛下，柴米油鹽都長價。

賺錢少用錢多，一身受奔波。

成千累萬，要有力賺。

三個錢買，兩個錢賣，不圖賺錢只圖快。

出外做客，不要露白。

天晴不出門，天濕賣涼粉，六月賣氈帽，正月賣門神。

撇開油喝湯，不與我相商。

先錢後酒，吃了就走。

賺錢公分，折本公認。

客是寶，貨是艸。

隨筆登賬，免後思量。

有錢莫賣臘月貨。

貨賣三家不上①當。

小錢不去，大錢不來。

---

① 上：底本作"尚"。

以小到大。
人無笑臉休開店。
便宜不是貨,是貨不便宜。
賣瓜的説瓜甜。
見快莫趕。
十日灘頭坐,一日走九州。

第四

打網日①,曬②網時。
林中不賣薪,湖上不鬻魚。
利大害大。
貨消碼頭,錢用地頭。
開店容易,守店難。
數錢如看金,不差半毫分。
折本不知賤賣貨。
内行不上當。
秤鈎打釘——両扯直。
貨有好歹,價有高低。
人強命不強,人硬貨不硬。
河裡無魚,蝦也貴。
生意有路,人無路。
買貨的客人怕上當。
嘴要争,船要撑。
現錢買現貨。
銅銀子買母豬肉。
得了便財唱雅調。

---

① 日:底本作"目"。
② 曬:底本作"灑"。

瞞天講價①,就地還錢。

肥了騾子瘦了馬。

不得魚也得蝦。

生意中要一團和氣。

生意各有道路。

人多變化心不蠢,貨不停留利自生。

百貨中百客。

三天賣兩條黃瓜。

水長船高,高抬市價。

價高招遠客。

目下一言為定,早晚時價不同。

買賣爭毫厘。

爭價不爭平。

鮮魚小菜,提②籃③着價。

放得千日貨,自有賺錢時。

一本萬利,滿載而歸。

蠅頭小利,奔西走東。

秤平斗滿不虧人。

買不盡便易④,上不盡當。

耐煩等得羣魚到,大魚不來小魚來。

親兄弟明算賬。

親家不親家,蘿蔔三百錢一擔。

小主意賺大錢。

癡漢⑤不把本饒人。

買貨買得真,折本折得輕。

---

① 瞞天講價:也說"漫天講價""滿天講價"。
② 提:底本作"堤"。
③ 籃:底本作"藍"。
④ 便易:便宜。
⑤ 漢:底本作"僕"。

賺錢不費力,費力不賺錢。
好客三年不換店,好店三年不換客。
會做買賣,不爭衙稅。
関老爺賣豆腐——人強貨弱。
會買莫買怕人,會賣莫賣怕人。
此處無魚別下鈎。
未算買,先算賣。
不圖今年竹,也圖來年笋。
一串錢打起脚後跟。
両人一般心,有錢堪買金,一人一般心,無錢堪買針。
本大利小還是大,本小利大還是小。
本大利大。
扠①鷄也要両顆米。
非針不引線,無水不渡船。
肉爛了在鍋裏。
同夥本如同命。

第五

有錢開飯店,不怕你大肚漢②。
乾指甲舔不取鹽米。
莊家無牛,客無本。
撿倒麥子開磨坊。
手上没得一根麻線,心裡想打十二股網。
本小利窄,賒欠不得。
有錢將錢,無錢將言。
還利不為欠,還本不為騙。

---

① 扠:叉。
② 漢:底本作"僕"。

借傘不①用謝，只要晾過夜。
是銅是鐵，腰裏一撇。
千賒不如八百現。
賒賬斷主顧。
現錢照顧，賒者免言。
賒三不如現二。
欠字壓人頭。
荒年易得過，實收難見人。
世上若要人情好，賒去貨物莫取錢。
寅年支了卯年糧。
㧕倒柱頭把磉磴借人。
忍嘴不欠債。
丟肉骨打狗子。
肉餃打狗——有去無來。
逼得像烏龜。
殺他無皮，刲他無肉。
不怕奸，只怕没錢。
人死債爛。
父債子還，子債父不知。
忍口莫欠債，無錢且耐煩。
水流長江歸大海，原物交還舊主人。
借錢不還反招怪。
只有犯罪的，那有該債的牢。
欠債不如勤見面。
上山捉虎易，開口借②錢難。
拆東牆，補西壁。
家家賣私酒，不犯是好手。

---

① 不：底本作"力"。
② 借：底本作"備"。

上當莫做聲①。
將錢不買輸。
賣得三分假,買不得一担真。
走了和尚走不了廟。
吃虧只這一回。
假顏染就真紅色,也被旁人説是非。
站得樹下等風。
碼頭未找倒就挑籃。
借屋漏騙店錢。
吃虧是佔便宜。
跟倒龍船喊號子。
少一個,短一歲。
做中做保,觥代不小。
官不保人,私不保債。
招弓如招箭。
當當抵當當還在。
當當莫做聲。
當當取當當抵當。
軍犯開小押,財主開典當。
斧打鑿鑿入木。
只有添錢中人,那有貼錢中人。
薦主面子大。
當人不當物。
中人不挑,担保人不還錢。
話落中人口。
硬肩的保。
保得將軍進,保得將軍出。

---

① 聲:底本作"生"。

第六

賣基賣窠,請中說合。
自己無能,反推物鈍。
打鑼①賣糖,各有一行。
秀才談書,屠戶談豬。
工字不出頭,只能養一口。
逢年過節,百工都歇。
世間只有三般醜,忘八戲子吹鼓手。
挑籃抬轎,歇下就要。
銀匠不偷銀,餓死一家人。裁縫不偷布,婦人莫得褲。
鄉裏老,收了穀,不打官事,就蓋屋。
為人莫學吹鼓手,坐階簷喝冷酒。
教學不離書,窮人不離豬。
百藝無如一藝精。
隔行如隔山。
河水不氾井水。②
當行厭當行。
同道者相愛,同藝者相嫉。
幫人一日為奴,肩挑四兩為客。
打魚的不離船邊。
船多不礙港,車多不礙路。
和尚歸寺,客歸店。
殺豬剝狗,無有下稍。
買賣如修行。
與肩挑貿易,勿佔便宜。

---

① 鑼:底本作"籮"。
② 氾:泛。也作"犯"。

賣布的不怕扁担量。
開飯店的不怕你肚子大。
三生趕不倒一熟。
管山的燒柴,管河的吃水。
田家自有樂。
行行出狀元。
藝多不養家。
熱油苦菜,各隨人愛。
吃飯不撐腰,必定是喉包。
鷄叫早,肚子飽,鷄叫中,肚子空。
吃盡天下鹽好,用盡天下錢好。
猪不可吃肝血,魚不可喫蝦鼈。
行不計路,食不計數。
飯有三餐不餓,衣有三件不破。
顧嘴不顧身。
衣破難對人。
衣不長寸,鞋不差分。
穿衣喫飯不犯條律。
勿貪口腹而恣殺牲禽。
先顧食,後顧衣。
侵晨飯好,算不得午後飽。
魚喫新鮮,米喫熟。
物無定味,適口者珍。
飯不熟,氣不匀。
鄉裏人一年兩回輦①,喫了年飯望喫新。
喫飯靠天。
衣飯逐日生。
肚饑好喫麥米飯。

---

① 輦:底本作"暈"。

閉眼喫毛蟲。
飲食約而精①,園蔬愈珍饈。
一根草有一根草的露水養。
新是香,陳是臭。
多喫少滋味,少喫多滋味。

第七

物可充腸皆美食。
日圖三餐,夜圖一宿。
口是無量斗。
有衣打扮便成人。
頂冠束帶世人愛。
一搖三擺實排塲。
屋要人襯,人要衣襯。
興家為如針挑土,敗家猶如水推舟②。
人大分家,樹大分椏。
堂前無古畫,不是舊人家。
要得好,老敬小。
一家不穀,百家相湊。
早起三日當一工,免得求人落下封。
家裡不和,外人欺。
寧可成一房,不可敗一户。
一團③和氣,百無禁忌。
做得辱門敗户。
當家纔知鹽米貴。

----

① 精:底本作"糧"。
② 舟:底本作"洲"。
③ 團:底本作"圖"。

相論逞英豪,家計漸漸退。
婢美妾嬌,非閨房之福。
招女婿搬把戲。
家人犯法,罪在家主。
家鬼弄家神。
會説説都市,不會説屋裡。
國易治,家難齊。
房屋不在高堂,不漏便好;衣服不在綾羅,和煖便好;飲食不在珍饈,一飽便好;娶妻不在顔色,賢德便好。
蠢妻逆子,無法可治。
錢出急家門。
家和萬事興,事不由人算。
家和福自至。
頹惰自甘,家道必索。
天亮不起,睡不多時。
一夜不眠,十日不安。
你不來,我不怪;你要來,受我戒。
不願柴頭破,只願斧頭脱。
起心人難留,留下結冤仇。
俸他碗,服他①管。
怕你不嫁你,嫁你不怕你。
長短是根棍,大小是個人。
人要頑得活,處處用得着。
要人抱在懷裏,不要人丢崖裏。
養病不養閑。
催工莫催食。
在家衛家,在國衛國。
抽頭扶脚。

---

① 他:底本作"化"。

除了尼山別有廟。
奴僕勿用俊秀。
堂中無俊僕,必是好人家。
明珠投漆。
打照面過日子。
站倒三百両,坐倒三百両。
直木先伐①,甘井先竭②。
東方不亮,西方亮。
家敗奴欺主。
在回流窩裏,打一個轉身的。
宰相門下七品官。

第八

官大書差大。
一人挑水吃,二人抬水吃,三人没得水吃。
餓夫不能當差。
千錯萬錯,來人不錯。
打我來,罵我來,要我吃虧,就不來。
冷茶冷飯吃得,冷言冷語受不得。
狗瘦主人羞。
鼻子大過臉。
斗米不成包。
牡丹雖好,必要綠葉扶持。
茶裡不尋飯裡尋。
三分匠人,七分主人。
大樹下好歇陰。

---

① 伐:底本作"伏"。
② 竭:底本作"渴"。

老虎不吃人，惡像難看。
千人上路，主事一人。
一國三公。
姜太公釣魚——願者上釣。
蒸板上一塊肉——隨你橫砍直砍。
舍了屠户，難道連毛吃猪？
主子管奴才——靴子裏摸襪子。
疑人莫用人，用人莫疑人。
親願親好，鄰願鄰好。
徧處兒擇地方住。
居街房接鄰里。
昔孟母擇鄰處。
良禽擇木而棲。
分家三年成鄰舍。
鳥則擇木，木豈能擇鳥？
察實莫過鄰里。
行要好伴，住要好鄰。
得好鄉隣，勝遠親。
朝廷無空地，鄰舍有賢人。
近鄰不如隔壁，隔壁不如對門。
不同花樹同花園。
田土相界，屋宇相連。
風土人情我盡知。
訓子嬰孩，教婦初來。
養子不教如養驢，養女不教如養猪。
有田不耕倉禀虛，有書不讀子孫愚。
桑條從小揉。
恨鐵不成鋼。

善人聽說心中刺①,惡人聽說耳邊風。
教子要有義方。
天下之事,非教無成。
堂前教子,枕邊教妻。
事雖小不作不成,子雖賢不教不明。
教子孫両條正路,惟讀惟耕。
教子教孫須教藝,栽桑栽柘②少栽花。
上等之人不教而善;中等之人一教而善;下等之人教亦不善。
幼小讀書要琢磨,休恨嚴師教訓多,黃金不打難成器,寶劍鈍時也要磨。
讀書望中舉,不可畫老虎。

第九

學憲三年両考,科歲文武大小。
秀才怕歲考,耕田怕打草。
只進黑人,不進黑文。
各顯本事③跳龍門。
那怕文章高天下,試官不中也枉然。
舉子三年成白丁。
一舉首登龍虎榜,十年身到鳳凰池。
河鯉登龍門。
獨占鰲頭。
一命二運三風水,四積陰功五讀書。
中了文章總是好的。
業患不能精,無患有司之不明。
行患不能成,無患有司之不公。

---

① 刺:底本作"刾"。
② 柘:底本作"拓"。
③ 事:底本作"勢"。

進考望入學，犯罪怕坐牢。
學者如禾如稻①，不學者如蒿如草。
文章脈②齊頸，不提也不醒。
滿嘴裏的之乎也者。
之乎者也已焉哉，七字能分好秀才。
秀才不出屋，能知天下事。
讀書不成方作吏。
求不倒官，有秀才在。
鑿壁偷光。
士者國之寶，儒為席上珍。
秀才人情紙半張。
讀書人講理，做工人講嘴。
學問粗疎，不可掛讀書之名。
寒士不受人憐。
文名共仰。
斯文同骨肉。
秀才不是窮家子，和尚不是富家兒。
既讀孔子之書，必達周公之禮。
學在一人之下，用在萬人之上。
士為知己用，女為悅己容。
手拈一管筆，到處不求人。
腹有詩書氣自華。
讀了《增廣》會說話。③

---

① 稻：稻。
② 脈：底本作"脈"。
③ 底本只有"讀了增"，沒有"廣會說話"，據"續常言第十"中"第一條"補出。

第十

讀了《增廣》①會說話。
讀了《幼學》②好設罵。
讀《春秋》曉得謹嚴。
讀《左傳》曉得浮誇。
看《三國》會用計。
看《孫子》知用兵。
看《綱鑑》可以知古人事籍。
天下書同文。
耕讀為本。
舌織而衣,筆耕而食。
詩中有畫,畫中有詩。
名教中自有樂地。
讀書不負三代。
讀孫吳之書,可以知戰[4]。
看地理便知天下形勢。
教不嚴,師之惰。
惜錢莫教子,護短莫從師。
師嚴則道尊。
燈盞無油枉費心。
財主敗落便教書。
課少了主人嫌懶惰,功多了弟子道難為。
請師當請名人。
一日之師終身為父。
能學則庶民之子為公卿,不學則公卿之子為庶民。

---

① 《增廣》:《增廣賢文》,又名《古今賢文》《昔時賢文》,中國古代兒童啟蒙書目。
② 《幼學》:《幼學瓊林》,又名《幼學須知》《成語考》《故事尋源》。

自古書有味,硯田無惡歲。
布衣煖,菜根香,詩書滋味長。
天資高,學力到。
家有書聲家必興,家有歌聲家必傾。
只要用心讀,何愁書不熟。
子孫雖愚,經書不可不讀。
三年讀書,不如聽講。
黃金有價,書無價。
人不學古今,馬牛而①襟裾。
幼不學,老何為。
少年不知勤學早,白頭方悔讀書遲。
功夫不日進則日退。
學經不明不如歸耕。
千般易學,一竅難得。
開卷有益。
磨穿鐵硯。
實字求解,虛字求神。
字字要咬出汁漿來。
熟讀深思。
不能囫圇吞棗。
両耳不聽窗外事,一心只讀案前書。
三更燈火五更雞,正是男兒立志時。
讀書如流水。
善學者如攻堅木。
讀書須用意,一字值千金。
積金千萬両,不如明解經書。
人學始知道,不學亦枉然。
世間萬般皆下品,思量惟有讀書高。

---

① 而:底本作"面"。

學然後知不足。
三日不讀書,語言無味。
以吃愈饑,以學愈愚。
讀書志在聖賢,為官心存君國。

第十一

做倒老,學不了。
讀古文曉得做時文。
學之染人,勝於丹青。
書乃隨身之寶。
學無老少,達者為先。
學無前後,達者為師。
古今之事理無窮,一人之知識有限。
富家不用買良田,書中自有千鐘粟。
安居不用架高堂,書中自有黃金屋。
娶妻莫恨無良媒,書中有女顏如玉。
讀得書多無價寶。
莫厭經史煩,只恐工夫少。
欲知天下事,須讀古人書。
戴碓①臼跳加官——擂死不好看。
老鴉笑豬黑,自醜不覺得。
麻鵲跟倒鷂子飛。
羊尾巴蓋不倒羊屁股。
跳過魚籃吃豆腐。
猴子戴鬼臉——好大面孔。
看戲的流眼淚——替古人耽憂②。

---

① 碓:底本作"確"。
② 耽憂:擔憂。

跴脚坑的憐憫打絲網的。
撞木鐘的。
大哥莫笑二哥。
鬍子頭髮一把梳。
揭開頂瓜皮，把飯倒進去。
茅①屋安獸頭。
癡鷄母㧅鴨娃，癡家婆疼外孫。
只望葫蘆天樣大。
站住毛厮②不屙③屎。
落得河水不洗船。
用屁股打門。
別人屁臭，自己屁香。
吞了怕是骨頭，吐了怕是肉。
瞎子上山看景致。
揑著鼻子誆眼睛。
木匠做枷，自枷自。
扇子本姓搖，搖起就跑。
鼓兒星，東邊起，西邊落，你念七遍過，我念七遍過。
人多好做活，人少好吃喝。
貓兒去，老鼠出來伸腰。
癩㾌④頭上打蒼蠅——一打一個。
褲襠裏捉狗蚤——一定有準。
你看我，我看你，好看不好看？
賭眼色吃大糖。
無張打野。

---

① 茅：底本作"芽"。
② 毛厮：西南官話"茅司"，即厠所。
③ 屙：底本作"阿"。
④ 癩㾌：癩痢。

癡漢等丫①頭。
巡司打公舘——熱鬧衙門。
各人打屁各人驚。
徙宅忘妻。
包袱、雨傘、我。
戴凉帽出天方,熱得狠。
六月天穿皮襖。

第十二

聽錯話,嗻②錯罵。
以小人之心,度君子之腹。
投到李密手裏去了。
抓沙抵水。
望梅止渴,畫餅充饑。
抱薪救火。
挑雪填井。
抱着燈臺鬪住亮。
騎驢覓驢。
得魚忘筌。
開門揖盜。
砍倒樹捉八哥。
買乾魚放生——不知死活。
着蓑衣救火——惹禍上身。
家懶外勤。
紅蘿蔔炒大蒜——亂炒菜。
閑得罎子裏養烏龜。

① 丫:底本作"了"。
② 嗻:《漢語大字典》引《龍龕手鑒·口部》:"嗻,俗。音奢。"

求教於愚人。
抱琵琶進磨坊——對牛彈琴。
過後興兵,悔太遲。
水裏撈明月。
銀匠舖裏打鋤頭。
鐵匠舖裏打金鎖。
蔴子攪豆子。
雞蛋裏頭挑骨頭。
落水擒水泡。
大礟打麻雀。
隔靴子抓癢。

第十三

不曉得頭尾做事。
屙屎不揩屁股。
隔口袋買貓。
強盜過後殺壁子。
賊刮火燒,命裏所招。
雷打火燒,命裡所招。
牆打火燒,命之所招。
有緣遇着,無緣錯過。
命好不用乖,心好不用齋。
有福同享,有禍同當。
命裡帶六合,處處合得着。
富貴命裡排,各自等時來。
心好命又好,富貴直到老;心好命不好,天地終須保;命好心不好,中途夭折了;心命俱不好,貧賤受煩惱。
橫財不富命窮人。
醫得病,醫不得命。

紅顏女子多薄命。
福生有基,禍生有胎。
命裡只有八合米,走盡天下不滿升。
世事皆先定,浮生空自忙。
萬般皆由命,半點不由人。
路逢險處難廻避,事到頭來不自由。
大家都是命,半點不由人。
心高命不高。
有意栽花花不發,無心插柳柳成陰。
越讀越不中,我其如命何?越不中越要讀,命其如我何?
善惡隨人作,禍福自己招。
人能命不能。
城隍廟的籌盤。
係我財不去,係我子不死。
杯酒塊肉皆前定。
妻財子祿皆前定。
誰人不愛子孫賢,誰人不愛千鐘粟,奈五行不是這般題目。
莫道文王卦不靈,只怕先生斷不真。

第十四

今天攢明天攢,攢來攢去買了一把傘。
忽然一陣狂風起,両手抱住光竹桿。
時運低,走江西。
命裡有時終須有,命裡無時莫苦①求。
兵強則滅,木強則折。
人在時中,行船遇順風。
朝爲田舍郎,暮登天子堂。

---

① 苦:底本作"若"。

人在時中,又胖又白,借錢五十,答應一百;人不在時,又瘦又黑,借錢五十,答應没得。

桃花二月開,菊花九月開,各自等時來。

一發如雷,一敗如灰。

第十五

戲不彀,神仙湊。

上身長,坐官堂;下身長,走忙忙。

敲碗敲筷,窮死萬代。

眼跳心驚,坐臥不寧。

人情莫道春光好,只怕西風有冷時。

空手出門,抱財歸家。

一家打牆,兩家方便。

有福傷財,無福傷己。

時來誰不來,時不來誰來。

稻場打穀,終有一日。

癩瘵跟着月亮走——沾光沾光。

矮子扒樓梯——一步高一步。

矮子打二起,純高也総①不高。

扯起篷來走順風。

那怕你一筆抒破天。

掃塲結大瓜。

睡錯搖籃,脱錯了胎。

運去金成鐵,時來鐵似金。

黄河尚有澄清日,豈有人無得運時。

貧無達士持金贈,病有高人説藥方。

屋漏更遭連夜雨,行船却被打頭風。

---

① 総:總。

各人名下一重天。
酸甜苦辣都嘗過。
善游者溺，善騎者墮。
時來逢好友，運去遇佳人。
撥開浮雲見青天。
兩干不雜。
眼睛跳，晦氣到。
馬有千里之能，非人不能自往。人有凌雲之志，非運不能亨通。
狂風單打下風人。
有朝①一日時運轉，富貴榮華天降來。
破帆遇順風。
甘羅②十二受秦恩，太公八十食周禄。

第十六

一舉兩得。
一舉兩便。
一弓搭兩箭。
稻草包珍珠。
選日不如撞日。
瞎雞公撞米頭。
庭前生瑞草，好事不如無。
當斷不斷，反受其難。
時不至來運不通，行船不遇擋頭風。
因風吹火，用力不多。
近官得貴，近厨得食。
當取不取，過後莫悔。

---

① 朝：底本作"遭"。
② 底本"甘羅"後有衍一"七"。

馬到臨崖收韁晚,禍至頭來悔不及。
陽溝裡篾片,也有翻身日。
白日莫閑過,青春不再來。
英雄無用武之處。

第十七

近水樓臺先得月,向陽花木早逢春。
少壯不努力,老大徒傷悲。
一年之計在於春,一日之計在於寅,一家之計在於和,一生之計在於勤。
但有綠楊堪繫馬,處處有路透長安。
條條大路通北京。
船到江心補漏遲。
順風吹火,下水行船。
殺人不死反為仇。
借風過河。
熱灶裡着把火。
打鐵趕熱。
見幾而作①。
遇貴人吃飽飯,遇宰相穿朝衣。
瓜熟自落。
快刀打豆腐——兩面光。
遇飲酒時須飲酒,得高歌處且高歌。
休別有魚處,莫戀淺灘②頭。
逢場作戲,不可專意。
抹牌擲骰,必有下塲白。
輸錢只為贏錢起。

---

① 見幾而作:見機而作。
② 灘:底本作"難"。

信了賭，賣了屋。
上塲四把刀，你不殺我我殺你。
錢到賭塲，人到法塲。
賭博家財盡，囊空自然休。
勸君莫賭是贏錢。
當局者迷，旁觀者清。
躲脫不是禍，是禍躲不脫。
鐵嘴豆腐腳，是禍躲不脫。
白虎當門生，無災必有禍。
吃肉不長肉，只為多憂愁。
螞蝗搭倒鷺鷥腳，要脫不得脫。
生離死別，悲哀最切。
牛落磨坊馬落驛，戲子怕的城守裡。
禍從口出，病從口入。
烏鴉當頭過，無災必有禍。
知我者為我心憂，不知我者為我何求。
喊天天不應，叫地地不靈。
人欺天勿欺，吃虧就是便宜。
豐熟年年有，災殃各地方。
所樂者淺，所患者深。
愁鎖眉尖。
心思亂如麻。
火燒烏龜肉裡疼。
遇急思親戚，臨危托故人。
禍福無門，惟人所招。
啞巴吃黃連──苦在心裡。
獨木搭橋，真難得過。
既墮釜甑，反顧何益？反覆之水，收之實難。
正離狼窩，反逢虎口。
前門拒虎，後門進狼。

一葉既動，百枝皆搖。
人在家裡坐，禍從天上來。
翻船的幾時淹死了扯縴的？
禍從天上來，但求心無愧。
從苦中得甘。
老鼠扒牛角——越扒越尖了。

第十八

苦比黃連勝十分。
嗚呼哀哉，人死難猜。
苦不出頭。
望到伸頭，便要伸腳。
人不傷心淚不流。
三不幸：少年喪父，中年死妻，老來無子。
盲人騎瞎馬，夜半臨深池。
招殃之端，莫狠於氣性；避禍之法，莫過於忍讓。
不作風波於世上，自無冰炭到胸中。
上天無路，入地無門。
齒疼方知齒疼人。
羊落虎口。
寧作太平犬，莫作逆亂人。
千算萬算，當頭一鑽。
善人得福為之賞，惡人得福為之殃。
牛耕田，馬喫穀，別人養兒，他享福。
添人進口，越喫越有。
有福不會享，扯起篷來盪槳①。
和得鄉隣好，猶如撿得寶。

---

①　槳：底本作"漿"。

一人有福，拖帶滿屋。
一天一咒，添福添壽。
心閒蓄頭髮，身閒蓄指甲。
鬧裡有錢，靜處安身。
越老越康健。
人壽年豐節氣和。
身安茅屋穩，性定菜根香。
欲求生快活，須下死工夫。
樂極生悲。
無端獲福，禍必隨之。
苦日難熬，歡時易過。
天下無不散的筵席。
福不雙至，禍不單行。
明月不常圓，彩雲容易散。
福在醜人邊。
前人栽樹，後人歇涼。
前人開路後人行。
燒衙祭的日子，一年有幾回。
但能依本分，終身無煩惱。
黃金未為貴，安樂值錢多。
五福之中壽為先（壽、富、康寧、修好德、考終命）。
福壽康寧，人所同欲。
國清大才貴，家富小兒驕。
居之安平為福。
比神仙還舒服。
高不得低不得就好。
福自天來。
有福不可享盡。
沒有梧桐樹，叫不着鳳凰來。
家和人和萬事和。

"平安"兩字值千金。
百事從順,大吉大利。
福至心靈。
爽口食多偏作病,快心事過恐生殃。
知足者貧賤亦樂,不知足者貴富亦憂。
門前無債主,家中無病人。
快活不知時日過。

第十九

"清閒①"兩字錢難買。
多惜福,少惹禍。
人生無似清閒好,得到清閒豈偶然。
隨富隨貧且隨喜,不開口笑是癡人。
日度三餐,夜眠一宿。
一両黃金,四両福氣。
寡欲精神爽,思多血氣衰。
一搥一脚,乾淨擎②脱。
大魚欺蝦,蝦欺泥巴。
吃得虧,在一堆。
飛蛾撲燈,自燒其身。
惹禍招災,問罪應該。
龍遊淺水遭蝦戲,虎落平垟被犬③欺。
含血噴人,先汙自己。
害人終害己。
碰倒釘子。

---

① 閒:底本作"間"。
② 擎:撇。
③ 犬:底本作"大"。

鷄蛋撞石頭,一撞就流黃。
明箭容易躲,暗箭最難防。
暗藏甲兵。
袖裏藏刀。
借刀殺人。
殺人不用刀。
城門失火,殃及池魚。
好漢不吃眼前虧。
拿得大帽子來壓。
勿恃勢力而凌逼孤寡。
强盜打死賣猪血的——饒命喝湯。
螳螂捕蟬,豈知黃雀在後。
打虎不着,反被虎傷。
六月蚊虫招扇打。
解衣抱火,自惹其災。
自己搬磚,打自己的脚。
告花子背不起——自討的。
紙筆殺人不用刀。
嬌鳥被籠。
一龍阻住千江水。
一馬不行百馬憂。
冷水入口,點點在心。
水缸裏搬罾——寃網。
平生莫作皺眉事,世上應無切齒人。
牽羊入虎群。
打死人要填命,哄死人不填命。
把烟筒①我鑽。
瞎子害火眼,又狠又利害。

---

① 烟筒:烟囱。

直巷趕狗，回頭一口。
落井下石。
助桀為虐。
虧人是禍，饒人是福。
人害人不死，天害人纔害死了。
寧在世上挨，不願土裡埋。
今日脫了鞋合襪，不知明日躧不躧。
人生智未生，智生人易老，生智一切生，不覺無常到。
樹老根還在，人死兩丟開。
一下雷哄天下響。
蟲蟻也貪生怕死。
人生在世，如風前燭，如瓦上霜。
人生在世如春夢，靈魂一走萬事休。

第二十

人活百歲也是死，早死早些脫了身。
人之修短有數。
人生七十古來稀。
魚遊釜中，雖生不久。
人生在世，無非是戲。
不覺又是白頭翁。
長江後浪催前浪，世上新人換舊人。
古人不見今時月，今月曾經照古人。
山中也有千年樹，世上難逢百歲人。
人見白頭嗔，我見白頭喜。多少少年亡，不見白頭死。
人生一世，草生一春。
月過十五光明少，人到中年萬事休。
人生不滿百，常懷千歲憂。
人生似鳥同林宿，大限來時各自飛。

閻王註定二更死，並不留人到五更。
患病的怕鬼叫。
死在眉毛尖上來了。
油乾燈息。
他死不閉眼。
曉得是和尚長，木魚長？
辦到棺材人不死。
浮生若夢。
花開花謝年年有，人老何會轉少年。
生有日，死有時。
無藥可延卿相壽，有錢難買子孫賢。
長城萬里今猶在，不見當年秦始皇。
人生百歲，那有三萬六千日之樂。
終須白骨埋青塚，難把黃金買黑頭。
皇帝有錢難買萬萬歲。
乞①丐不過朽木橋。
今朝不保明朝事。
上床難保下床來。
一人拚②命，萬夫難擋。
妒財莫妒食，怨生莫怨死。
一世如駒過隙。
處處黃土好埋人。
兒子哭娘，驚天動地。
女兒哭娘，真心實意。
媳婦哭婆婆，假情假意。
女婿哭丈母，驢子放屁。
如魚失水。

---

① 乞：底本作"吃"。
② 拚：拼。

貓兒哭老鼠——假慈悲。
夫人死,百客臨門;將軍亡,一卒不至。
夫死三年妻大孝,妻死無過百日思。
在生不孝,死祭無益。
在生不把父母敬,死後何必哭靈魂。
與其椎牛而祭墓,不如雞豚之逮存。
牀①頭一倉穀,死了有人哭。
死的顧死的,活的顧活的。
哭則不歌,歌則不哭。
功名不上懶人頭。
有麝自然香,莫在當風颺。
人間富貴花間露,世上功名水上漚。
高山打鼓,聲名在外。
豹死留皮,人死留名。
鴈過留聲,人去留名。

續常言　終

---

① 牀:底本作"狀"。

"早期北京話珍本典籍校釋與研究"
叢書總目錄

早期北京話珍稀文獻集成

（一）日本北京話教科書匯編

《燕京婦語》等八種　　　　　　四聲聯珠
華語跬步　　　　　　　　　　　官話指南・改訂官話指南
亞細亞言語集　　　　　　　　　京華事略・北京紀聞
北京風土編・北京事情・北京風俗問答
伊蘇普喻言・今古奇觀・搜奇新編

（二）朝鮮日據時期漢語會話書匯編

改正增補漢語獨學　　　　　　　修正獨習漢語指南
高等官話華語精選　　　　　　　官話華語教範
速修漢語自通　　　　　　　　　無先生速修中國語自通
速修漢語大成　　　　　　　　　官話標準：短期速修中國語自通
中語大全　　　　　　　　　　　"內鮮滿"最速成中國語自通

（三）西人北京話教科書匯編

尋津錄　　　　　　　　　　　　北京話語音讀本
語言自邇集　　　　　　　　　　語言自邇集（第二版）
官話類編　　　　　　　　　　　言語聲片
華語入門　　　　　　　　　　　華英文義津逮
漢英北京官話詞彙　　　　　　　北京官話初階
漢語口語初級讀本・北京兒歌

（四）清代滿漢合璧文獻萃編

清文啓蒙　　　　　　　　　清話問答四十條
一百條・清語易言　　　　　清文指要
續編兼漢清文指要　　　　　庸言知旨
滿漢成語對待　　　　　　　清文接字・字法舉一歌
重刻清文虛字指南編

（五）清代官話正音文獻

正音撮要　　　　　　　　　正音咀華

（六）十全福

（七）清末民初京味兒小説書系

新鮮滋味　　　　　　　　　過新年
小額　　　　　　　　　　　北京
春阿氏　　　　　　　　　　花鞋成老
評講聊齋　　　　　　　　　講演聊齋

（八）清末民初京味兒時評書系

益世餘譚——民國初年北京生活百態
益世餘墨——民國初年北京生活百態

早期北京話研究書系

早期北京話語法演變專題研究
早期北京話語氣詞研究
晚清民國時期南北官話語法差異研究
基於清後期至民國初期北京話文獻語料的個案研究
高本漢《北京話語音讀本》整理與研究
北京話語音演變研究
文化語言學視域下的北京地名研究
語言自邇集——19世紀中期的北京話（第二版）
清末民初北京話語詞彙釋